北京交通大学经济管理学院
国家级虚拟仿真实验教学示范中心　　资助

证券投资技术分析
实训教程

（修订本）

主编　陈海泉

北京交通大学出版社
·北京·

内容简介

本教材共设计了五个实训项目，它们涉及证券投资中最常用、最重要的技术分析理论，如K线理论、趋势理论、均线理论、量价关系理论和形态理论，这些理论涵盖了证券投资技术分析中价格、成交量、时间和空间四个基本要素及它们之间的相互关系。

本教材主要供高校选修过证券投资理论类课程的大二、大三学生实践教学使用，也可作为其他专业的学生学习证券投资技术分析的参考书。

图书在版编目（CIP）数据

证券投资技术分析实训教程 / 陈海泉主编. —北京：北京交通大学出版社，2016.12 （2018.12 重印）

ISBN 978–7–5121–3090–6

I. ① 证… II. ① 陈… III. ① 证券投资–投资分析–高等学校–教材 IV. ① F830.91

中国版本图书馆 CIP 数据核字（2016）第 307797 号

证券投资技术分析实训教程
ZHENGQUAN TOUZI JISHU FENXI SHIXUN JIAOCHENG

策划编辑：吴嫦娥　　　责任编辑：崔　明	
出版发行：北京交通大学出版社　　电话：010-51686414　　http://www.bjtup.com.cn	
地　　址：北京市海淀区高梁桥斜街 44 号　　邮编：100044	
印 刷 者：北京鑫海金澳胶印有限公司	
经　　销：全国新华书店	
开　　本：185 mm×230 mm　　印张：11.75　　字数：263 千字	
版　　次：2016 年 12 月第 1 版　　2018 年 12 月第 2 次印刷	
书　　号：ISBN 978–7–5121–3090–6/F·1663	
印　　数：1 001～2 000 册　　定价：36.00 元	

本书如有质量问题，请向北京交通大学出版社质监组反映。对您的意见和批评，我们表示欢迎和感谢。

投诉电话：010-51686043，51686008；传真：010-62225406；E-mail：press@bjtu.edu.cn。

前　　言

随着中国证券市场的不断成熟和投资者规模的日益扩大，证券投资已经成为当今社会的热点行业和高校里的热门专业，系统学习和掌握证券投资知识已成为包括高校学生在内的每个人渴望的一件事。为了满足高校证券投资实践教学的需要，编者总结了自己多年的投资实践经验，参考了国内外相关教材和著作，结合中国证券市场的运行实践，根据高等院校教学的特点编写了本教材。

对证券市场进行投资分析是投资者进入证券市场后最重要的工作，是必须要做的事情。证券投资分析主要包括基本分析和技术分析，这两者在全球股票市场上都已进化发展了 100 多年，各自都取得了辉煌的战绩，都拥有众多忠实的拥簇者。本教材主要立足于讲解证券投资分析中的技术分析内容，是一本以培养和训练学生技术分析投资能力为目的的实训教材。

技术分析是以证券市场过去和现在的市场行为为分析对象，应用数学和逻辑的方法，探索出一些典型的变化规律，并据此预测证券市场未来变化趋势的技术方法。由于技术分析运用了广泛的数据资料，并采用了多种不同的数据处理方法，因此受到了投资者的重视和青睐。技术分析法不但应用于证券市场，还广泛应用于外汇、期货和其他金融市场。技术分析是证券投资分析中常用的一种分析方法，各种理论和技术指标都经过几十年甚至上百年的实践检验，在今天看来仍然具有指导或参考意义。

本教材共设计了五个实训项目，它们涉及证券投资中最常用、最重要的技术分析理论，如 K 线理论、趋势理论、均线理论、量价关系理论和形态理论，这些理论涵盖技术分析中的价格、成交量、时间和空间四个基本要素及它们之间的相互关系。每个实训项目包含三到四个实训模块，每个实训模块又细分为若干知识点，每个知识点都配以一个实训示例。学生通过知识点和具体示例的学习后，可以自主完成后续的实训任务。

本教材可以作为《证券投资学》理论课程的补充和延伸，建议学时数为 16 学时。

编　者
2016 年 10 月

前　言

目　　录

实训项目 ① K 线理论及其在实战中的应用

本项目共设计了四个任务，分别是 K 线绘制、单日 K 线、双日 K 线组合和三日 K 线组合及其实战分析。简要介绍了 K 线图的基础知识和 K 线分析要领。

K 线图直观、立体感强，且信息丰富，是股票技术分析中最常用和最基础的工具。K 线图可以直观地表示股价走势的强弱、买卖双方力量平衡的变化。K 线是一种特殊的市场语言，不同的形态和组合有不同的含义。

实训目的

1. 理解 K 线图的含义；掌握 K 线图绘制方法和分析要领。
2. 理解各种典型 K 线图、K 线组合图及它们的实战意义。
3. 理解 K 线与股价空间位置之间的关系及它们不同的实战意义。

实训要求

1. 能够熟练使用典型单日 K 线，如星形 K 线、长影 K 线、光秃 K 线。
2. 能够快速识别常见双日 K 线组合，如曙光初现、旭日东升、插入线等组合 K 线特征，熟练掌握其实战要领。

3. 能够快速识别常见三日 K 线组合，如希望之星、黄昏之星、黑三鸦等组合 K 线特征，熟练掌握其实战要领。

实训项目内容

1. K 线绘制及分析要领。
2. 单日 K 线实战分析。
3. 双日 K 线组合实战分析。
4. 三日 K 线组合实战分析。

1.1 K 线绘制及分析要领

1.1.1 K 线图及其分析

1. K 线的画法

K 线是以每个分析周期的开盘价、最高价、最低价和收盘价绘制而成的。以绘制日 K 线为例，首先确定开盘和收盘的价格，它们之间的部分画成矩形实体。如果收盘价高于开盘价，则 K 线被称为阳线，用空心的实体表示；反之称为阴线用黑色实体表示。目前很多软件都可以用彩色实体来表示阴线和阳线，在国内股票和期货市场，通常用红色表示阳线，绿色表示阴线。

最后用上影线和下影线将最高价、最低价与实体分别相互连接。根据日 K 线的画法，投资者也可以画出中短期 K 线图和长期 K 线图。

组成 K 线的基本元素如图 1-1 所示。

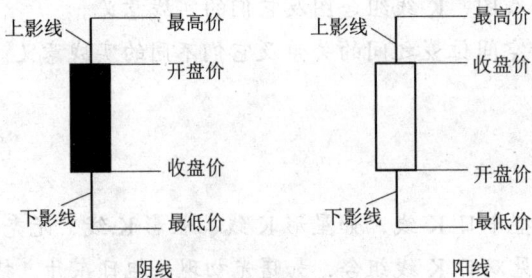

图 1-1 K 线的基本元素

根据计算周期的不同，K 线可分为周 K 线、月 K 线、年 K 线。

周 K 线是指以周一的开盘价，周五的收盘价，全周最高价和全周最低价来画的 K 线图。月 K 线则以一个月的第一个交易日的开盘价，最后一个交易日的收盘价和全月最高价与全月最低价来画的 K 线图，同理可推得年 K 线定义。

中长期投资者可以参照周 K 线和月 K 线来研判行情，而短线操作者可以利用 5 分钟 K 线、15 分钟 K 线、30 分钟 K 线和 60 分钟 K 线来研判短期行情。

2. K 线的分析要领

（1）看实体阴阳

阴阳代表价格走势方向，阳线表示价格上涨，阴线表示价格下跌。根据技术分析中三大假设之一的价格或指数将沿着趋势波动的原理，阳线预示着价格下一阶段继续上涨概率较大，这种顺势分析的方法也是技术理论最核心的思想。同理可得阴线预示着价格可能继续下跌。

（2）看实体大小

实体大小代表价格趋势运动的力度，实体越大，上涨或下跌的趋势越是明显。以阳线为例，其实体就是收盘高于开盘的部分，阳线实体越大说明价格上涨的动力越足，买方的力量明显胜过卖方。同理可得阴线实体越大，下跌动力也越足。

（3）看影线长短

影线是指当日 K 线中最高或最低价格与收盘价之间的距离。影线代表转折信号，向一个方向的影线越长，越不利于价格或指数向这个方向变动，即上影线越长，越不利于价格或指数上涨，下影线越长，越不利于价格或指数下跌。以上影线为例，在卖盘强于买盘的情况下，买方明显处于劣势，不论是阴 K 线还是阳 K 线，上影线部分已构成了下一阶段的上档阻力，价格或指数向下调整的概率居大。同理可得下影线预示着价格或指数向上攻击的概率较大。

（4）看 K 线的位置

相同的 K 线、K 线组合或 K 线走势形态，其所处的位置不同，所代表的实战意义相差很大。例如，同样是阳十字小星，出现在股价或指数的底部区域，代表卖方力量衰竭，多空双方力量出现暂时平衡，行情反转的可能性很大；如果十字小星出现在行情上涨的顶部区域，成交量剧烈放大，表明此处卖盘踊跃，上涨力量受到遏制，行情可能反转下跌。投资者在实战分析时，应该根据 K 线本身的含义，结合其在股价走势图中所处的位置综合来研判。

（5）日线、周线、月线综合使用

同样的 K 线组合，周期越长，可信度越大。日 K 线在日常分析中运用得最多，但是出现骗线的概率最大，所以投资者在使用日 K 线进行分析的同时，应该结合周线、月线共同研判。

（6）结合前后 K 线共同研判

投资者在运用 K 线进行研判时，还需要综合分析前后 K 线，这样才能提高准确率。一般来讲，单根 K 线的力量很难改变一个股价运行的趋势，K 线形态总是服从 K 线排列，在 K 线排列中即使偶尔有相反的 K 线形态出现，投资者应该从 K 线排列角度来考虑操作，而不应该局限于短暂的 K 线形态。

（7） K 线组合与成交量配合使用效果更好

K 线组合必须配合成交量来看。成交量表示的是力量的消耗，是多空双方博弈的激烈程度，而 K 线是博弈的结果。只看 K 线组合，不看成交量，其效果要减半。所以成交量是动因，K 线形态是结果。

1.1.2　不同周期 K 线的设置

K 线首先是一个时间周期的概念，不同类型的投资者使用不同周期的 K 线进行市场分析，比如超短线投资者使用 30 分钟 K 线或日 K 线，中期投资者使用周 K 线或月 K 线，长期投资者使用季 K 线或年 K 线进行分析。通常来说，中长期 K 线相对于短期 K 线，具有较强的稳定性。例如，在同样的 K 线组合出现的情况下，周 K 线所预示的买卖信号的可信度要远远高于日 K 线。在实战分析中，一般使用中长期 K 线，如月 K 线或季 K 线来分析股价趋势，用短期 K 线，如日 K 线来决定具体的买卖点。

投资者可以使用证券分析系统如同花顺软件很方便地设置不同周期的 K 线。具体设置方法如下。

打开交易界面，选择任意股票，如选择老板电器（002508），切换至日线图。在空白处单击右键，弹出一栏菜单；然后选择分析周期，弹出不同周期 K 线的子菜单，选择日线，如图 1-2 所示。

如选择月线，老板电器（002508）的 K 线图变成如图 1-3 所示。

实训示例

同仁堂（600085）在 2009 年到 2015 年之间的日 K 线走势波动幅度很大，有涨有跌（如图 1-4 所示）。如果把 K 线分析周期切换到年 K 线（如图 1-5 所示），这七年都是阳 K 线，表明股价都是上涨的，上升趋势很清晰。对于长线投资者来说，完全没必要关注日 K 线的短期涨跌，只要选好股票，长期持有，以年为单位，收益将是最大的。

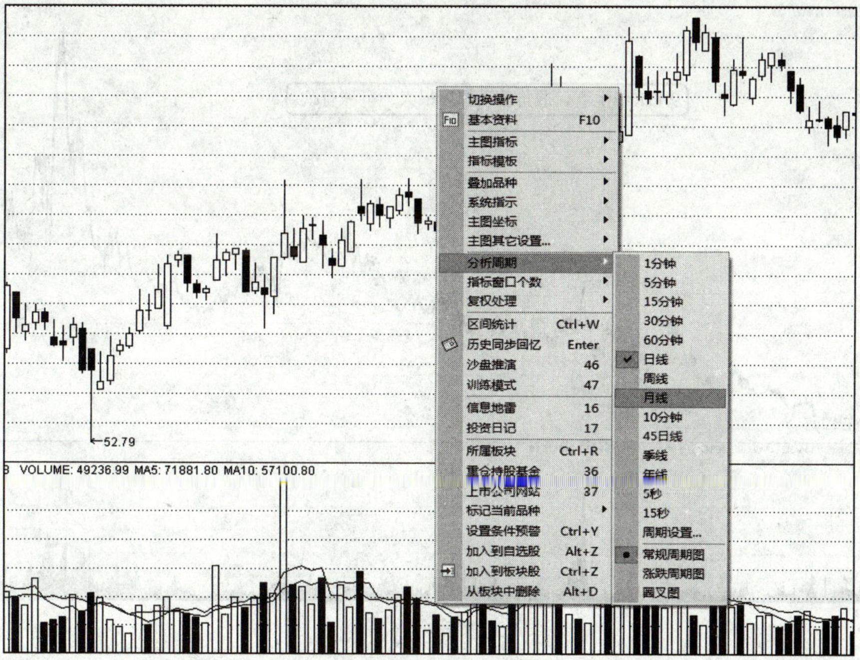

图 1-2　K 线周期的设置

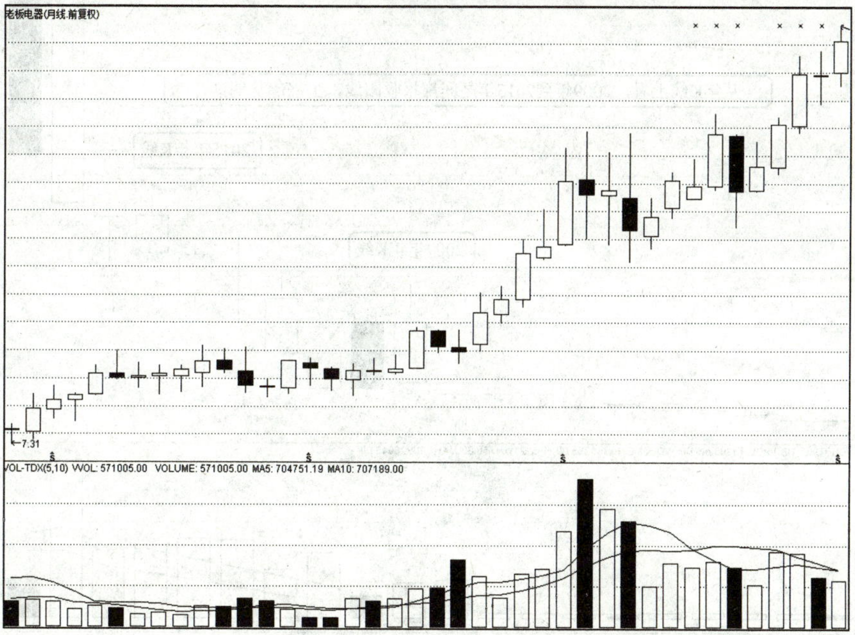

图 1-3　老板电器月 K 线图

从日K线上看，股价波动幅度很大，有涨有跌。

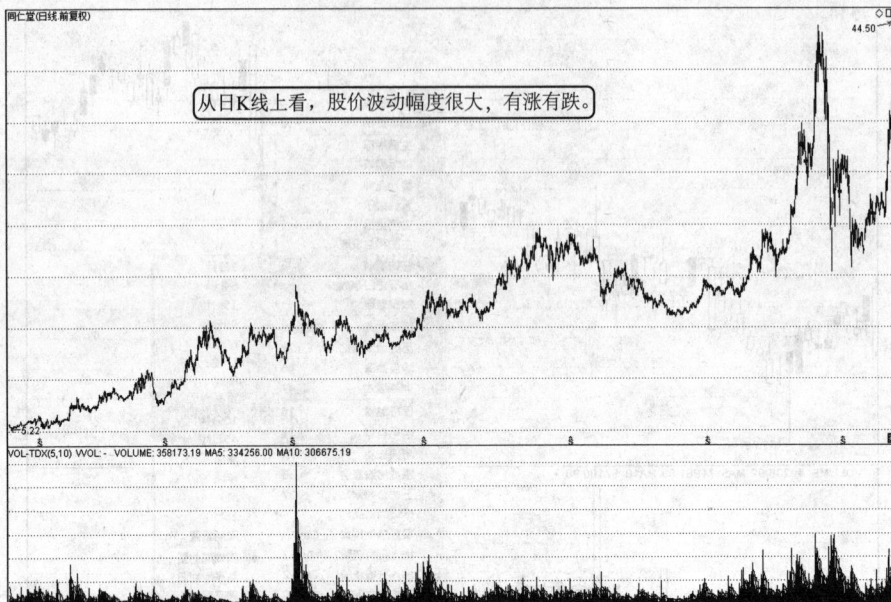

图 1-4　同仁堂日K线

从年K线上看，2009年到2015年之间都报收阳线，上涨趋势明朗。

2015年年K线

2009年年K线

图 1-5　同仁堂年K线

1.2　单日 K 线实战分析

1.2.1　阳线

阳线是指收盘价高于当天的开盘价，在 K 线图上绘制这种价格走势时，就用阳线来表示。当股价收出阳线时，表明买方力量要强于卖方力量，后市股价有可能上涨。

阳线可以分为很多种，有大阳线、中阳线、小阳线，也有带上影线的阳线、带下影线的阳线、带上下影线的阳线及不带上下影线的阳线，如图 1-6 所示。

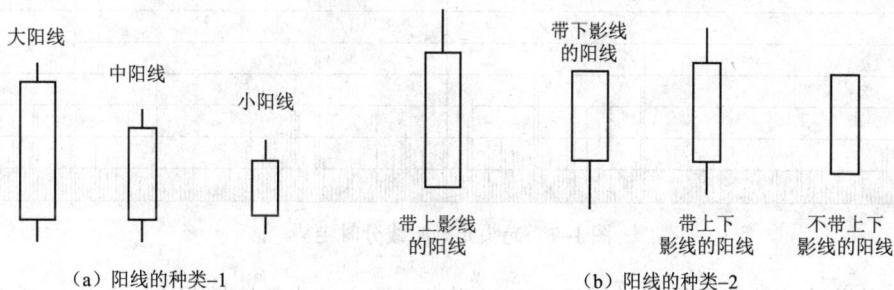

大阳线　中阳线　小阳线　带上影线的阳线　带下影线的阳线　带上下影线的阳线　不带上下影线的阳线

（a）阳线的种类-1　　　　　　　（b）阳线的种类-2

图 1-6　阳线的种类

大阳线、中阳线、小阳线是以当天股价的涨幅来区分的，大阳线是指股价涨幅在 5%以上的阳线，中阳线一般是指涨幅在 3%～5%之间的阳线，而小阳线则是指股价涨幅在 3%以下的阳线。因此，虽然上述三种阳线都是看涨信号，但它们预示后市股价上涨的强度是不一样的，大阳线要强于中阳线，而中阳线又要强于小阳线。

我们俗称不带上下影线的阳线为光头光脚阳线，带下影线的阳线为光头阳线，带上影线的阳线的光脚阳线。

1. 光头光脚阳线

光头光脚阳线就是不带上下影线的阳线，股价经过一天的运行之后以当天的最高价收盘，即收盘价和当天的最高价相等。而当天股价的开盘价就是当天的最低价，也就是说股价在开盘之后就开始一路走高，截至收盘时，股价始终是在开盘价之上运行，如图 1-7 所示。

光头光脚阳线严格来说是上下两头都不带影线的阳线，但通常如果影线很短也被认为没有影线，因此光头光脚的 K 线是指实体较长而影线相对较短的一类 K 线。

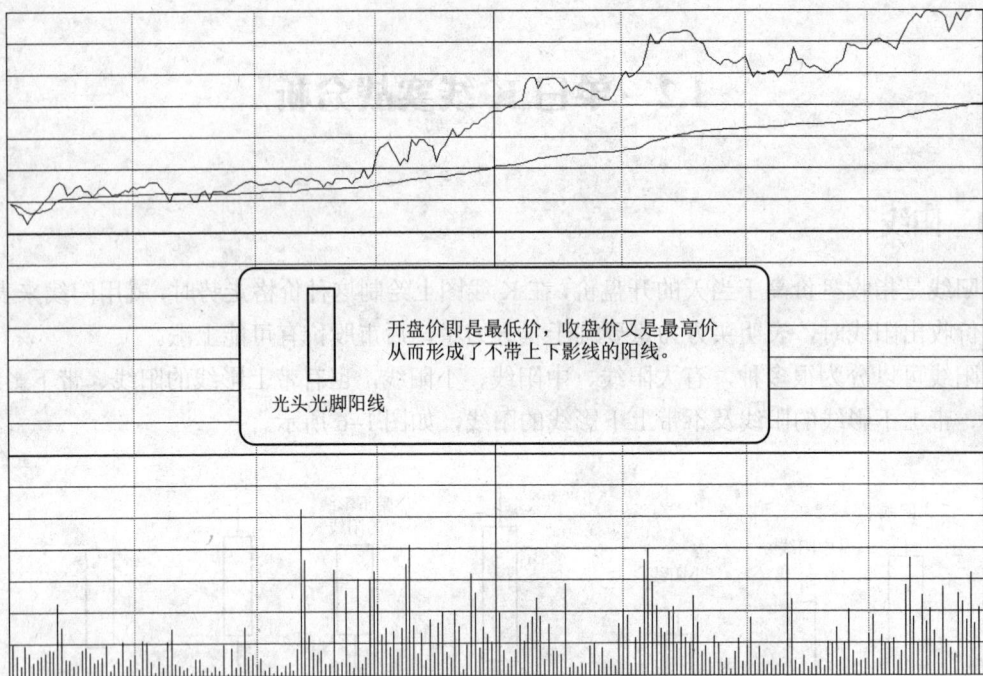

图1-7　光头光脚阳线分时走势

当 K 线收出光头光脚阳线的情况时，说明当天买方的力量比较强大，股价一开盘后买方就占据了上风，在买盘不断增加的情况下，股价被一步步地推高直至收盘时以最高价格报收。在具体的实战买卖决策中，投资者还要结合当时股价所处的位置来分析，光头光脚阳线出现在股价走势图中的不同位置所代表的市场意义会有所不同。

（1）下跌底部区域的光头光脚阳线

如果光头光脚阳线出现在股价经过一段时期下跌的底部区域，并且有成交量显著放大的配合，那么预示着买方开始反攻，股价短期很有可能会告别下跌行情而迎来反弹甚至是一波上涨行情。

实训示例

上证指数（000001）经过长达一年左右的下跌，从 6 124 点跌至 1 664 点，跌幅巨大。2008年 11 月 10 日，股价放量向上突破，且高开高走，形成一个不带上下影线的光头光脚大阳线，涨幅高达 7.27%，是强烈的趋势反转的信号，投资者应引起关注，逢低买入，如图 1-8所示。

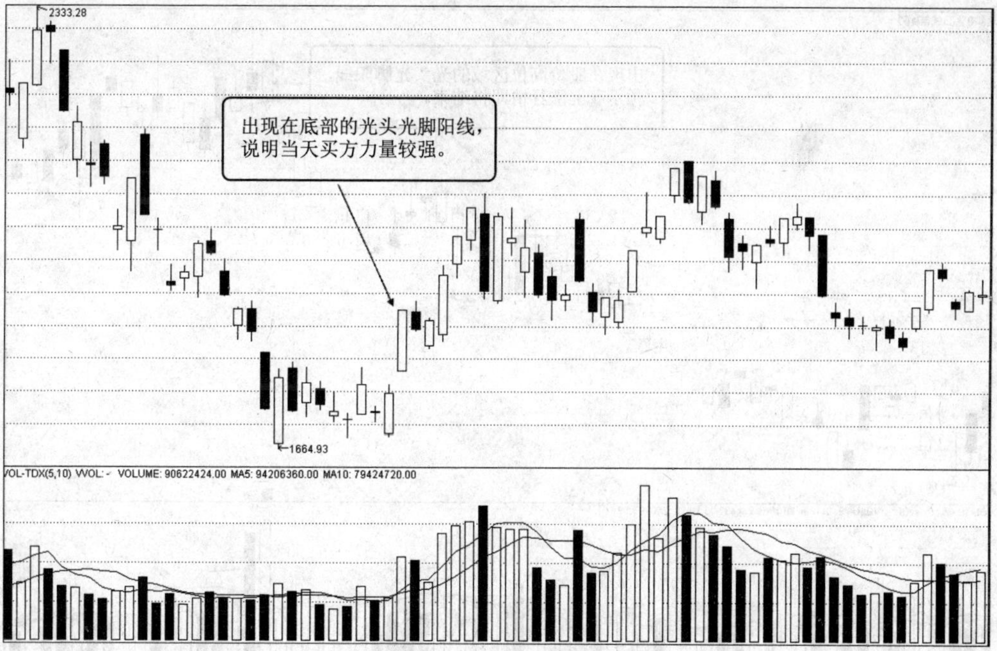

图1-8　上证指数日K线-1

（2）长期上涨高位的光头光脚阳线

如果这种阳线出现在股价经过长期上涨的高位区域，特别是在股价经过长期上涨之后的加速拉升时，则很有可能是主力故意拉高股价做出图形来吸引投资者接盘，从而达到出货的目的。

因此，当股价在高位区域出现光头光脚阳线，特别是在成交量也出现明显放大的情况下，投资者要高度警惕，此时可能预示着该股已是强弩之末，上涨行情即将结束，随时都会迎来下跌行情。

实训示例

南都电源（300068）2015年9月2日到11月13日期间的日K线图，该股经过了一波涨幅翻倍的快速上涨之后，于11月12日放量向上跳空，收出一根涨幅为10%的大阳线，形成股价高位光头光脚的走势形态，预示上涨行情可能即将结束，投资者应该引起警惕，随时准备卖出，如图1-9所示。

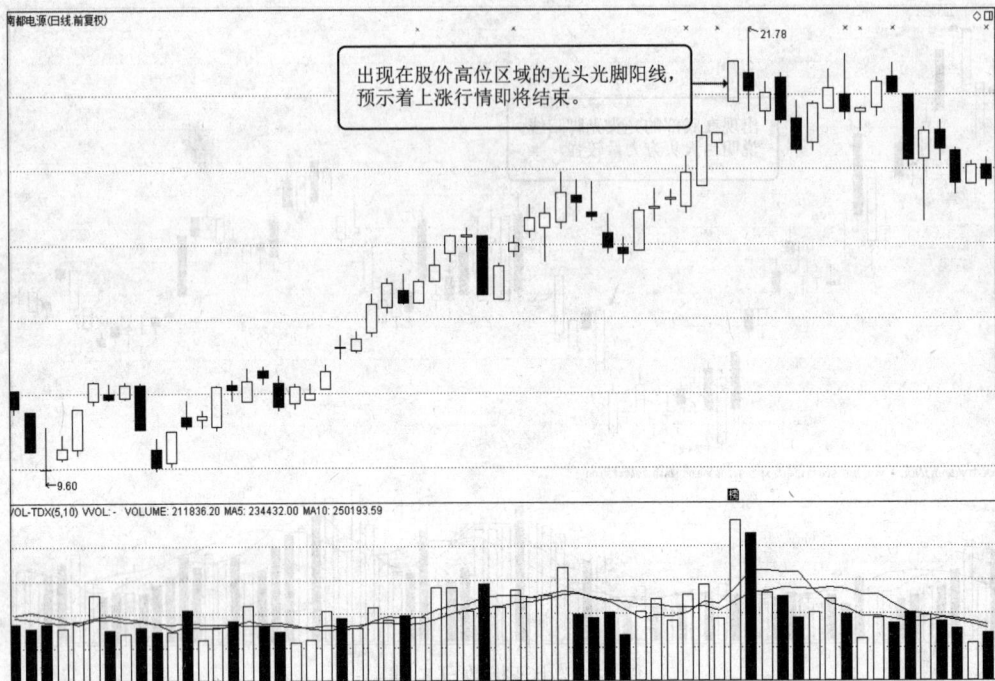

出现在股价高位区域的光头光脚阳线，预示着上涨行情即将结束。

图 1-9　南都电源日 K 线

2. 光脚阳线

这种阳线在实际操作过程中也经常会碰到，股价在当天开盘之后一路走高，当天的开盘价格就是当天的最低价。但在股价一路上涨的过程中受到了上档阻力的抵抗而逐渐回落，截至收盘时股价以低于当天的最高价收盘，最终收出一根带上影线的阳线形态，如图 1-10 所示。

从带上影线的阳线形成原理来看，买方一开始占据了上风，但股价在上涨的过程中受到了阻力，卖方开始反击，股价逐渐回落，但最终还是未能把买方的力量完全打压下去。其中上影线越短，实体越长，说明所受到的上档阻力越小；相反，上影线越长，实体越短，表明受到的阻力越大，后市看跌的可能性较大。

一般来说，如果在低价位区域出现光脚阳线，且实体部分比上影线长，表明买方开始聚积上攻的能量，进行第一次试盘。如果在高价位区域出现光脚阳线，且实体部分比上影线短，表明买方上攻的能量开始衰竭，卖方的能量不断增强，行情有可能在此发生逆转。

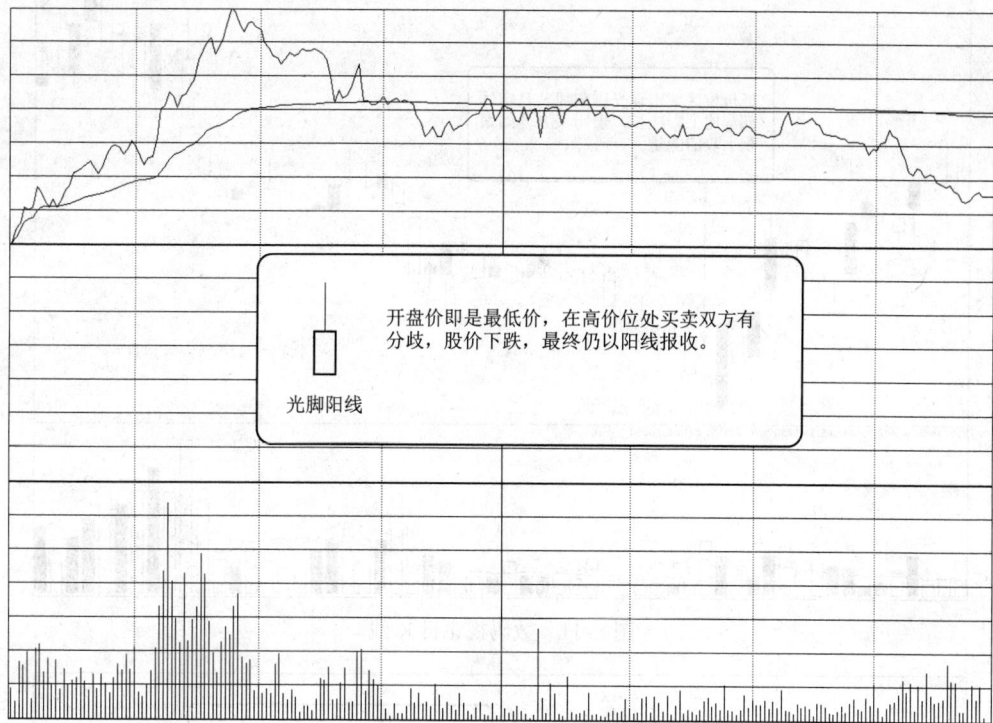

开盘价即是最低价,在高价位处买卖双方有
分歧,股价下跌,最终仍以阳线报收。

光脚阳线

图1-10 光脚阳线分时走势

实训示例

数码视讯(300079)2011年11月底至2012年1月中旬的日K线图。该股经过大幅下跌调整后,2012年1月19日,在接近前低的位置放量收出了一根实体部分比上影线长的光脚阳线,表明买方在当天占据了上风,此后股价反转开始了一段上升趋势并创出了新高,如图1-11所示。

金通灵(300091)在2015年12月28日股价运行到相对高位的时候出现了上影线比实体长很多的光脚阳线,表明买方此处上攻前高受到很大阻力,股价冲高回落,且成交量显著放大,预示上方卖方力量强大,行情有可能在此发生逆转。此后几天股价直线下落,跌幅接近50%,如图1-12所示。

低价位区域出现光脚阳线，且实体部分比上影线长，表明买方开始聚积上攻的能量。

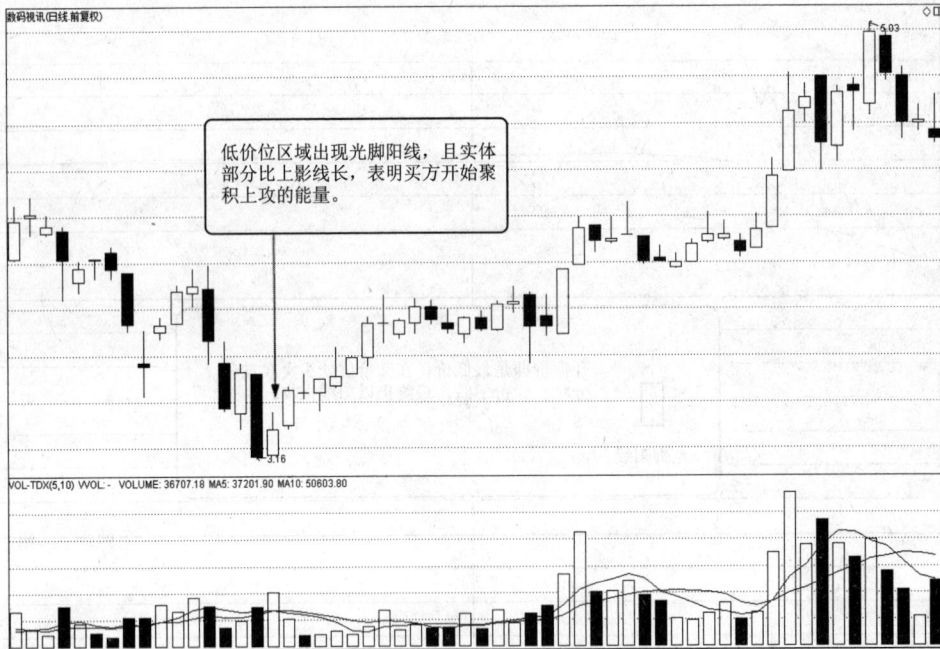

图 1-11　数码视讯日 K 线

高价位区域出现光脚阳线，且实体部分比上影线短，表明买方上攻的能量开始衰竭。

图 1-12　金通灵日 K 线

3. 光头阳线

如果盘中出现带下影线阳线的走势，则说明下档有一定的承接力，股价回落后受到了支撑而反弹。股价在开盘之后并不是一路走高，而是在运行的过程中出现回落，但在回落之后股价又开始逐步地回升，并以高于开盘价的价格收盘，而且收盘价即是当天的最高价格，如图 1-13 所示。

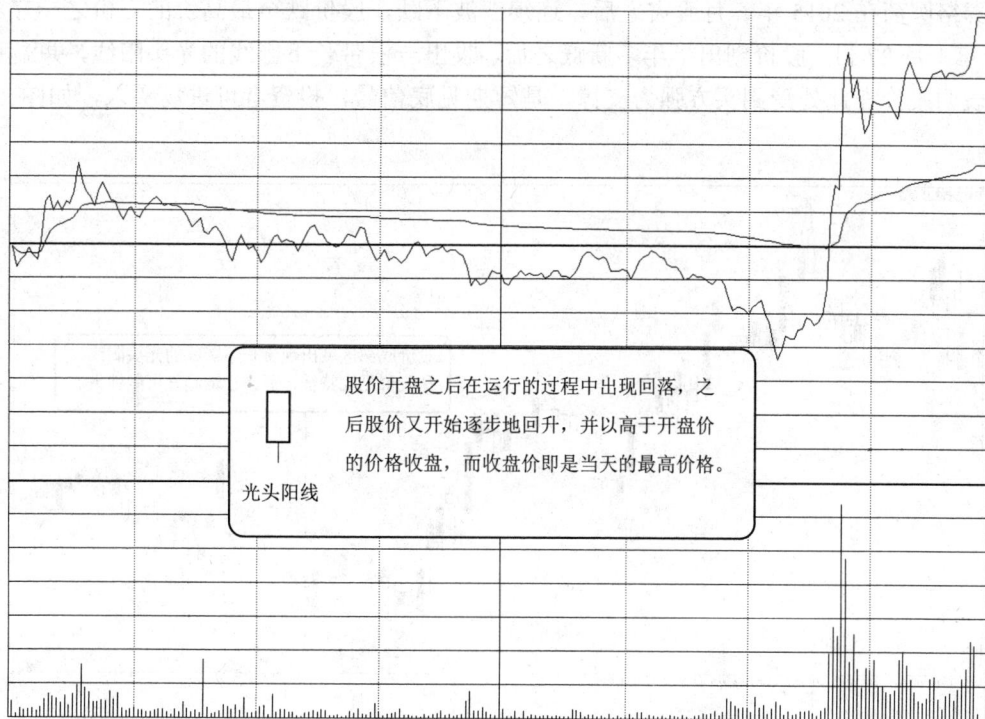

股价开盘之后在运行的过程中出现回落，之后股价又开始逐步地回升，并以高于开盘价的价格收盘，而收盘价即是当天的最高价格。

光头阳线

图 1-13　光头阳线分时走势

在光头阳线的形成过程中，股价在当天的运行中出现了一定幅度的回落，表明股价刚开始遭受到了卖方的打压，跌到一定价位之后，买盘逐渐增多，股价逐步回升，截至收盘时，以高于当天开盘价的价格报收，并且收盘价格即是当天的最高价，买方最终掌握了当天股价走势的主动权。但是，这并不代表后市股价就一定会走强，这种带下影线的阳线出现在股价运行的不同位置时，所代表的市场意义也是不一样的。

（1）底部区域光头阳线

如果这种 K 线形态出现在市场底部或调整结束时，表明股价受到买方支撑，后市行情将进一步趋好。在低价位区域出现光头阳线，同时有成交量的配合，则是短期见底特征。如果股价在当天探底过程中成交量萎缩，随着股价的逐步走高，成交量呈均匀放大态势，并最终以光头阳线报收，往往预示后市股价看涨。

实训示例

泰格医药在 2015 年 6 月股灾之后，连续三波下跌，股价跌至最高价的三份之一左右。2016 年 1 月 27 日，股价创出半年多新低之后，收出一根带长下影线的光头阳线，并温和放量，表明股价在此处受到买方强力支撑，是短期见底信号，投资者可进场买入，如图 1-14 所示。

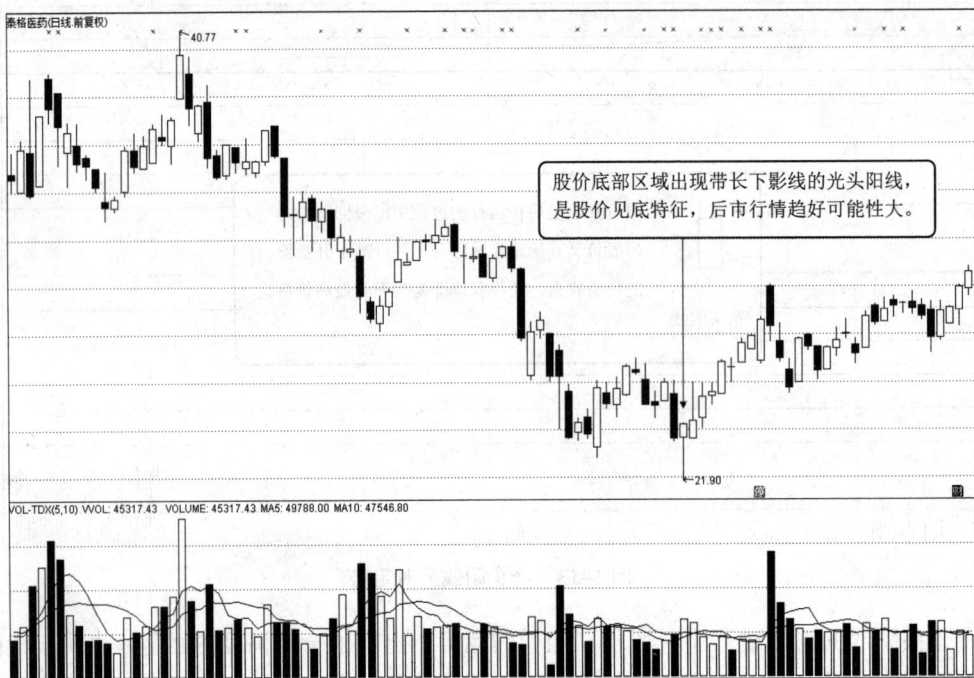

图 1-14　泰格医药日 K 线

（2）顶部区域光头阳线

如果这种 K 线形态出现在股价经过大幅上涨之后的顶部区域，特别是股价在高位进入加速上涨之后出现光头阳线，投资者尤其要注意，这往往是主力筹码开始松动，卖盘在高位涌出的迹象，虽然股价在尾盘出现拉升走高，但很可能是主力故意诱多投资者入场接盘，行情随时可能出现反转。

![实训示例图标] **实训示例**

长亮科技（300348）在 2015 年 2 月初到 6 月初经过了一波连续涨停的走势之后，6 月 5 日，该股在股价高位收出了一根带长下影线的光头阳线，接下来上涨行情就此反转，此后股价出现连续下跌走势，如图 1-15 所示。

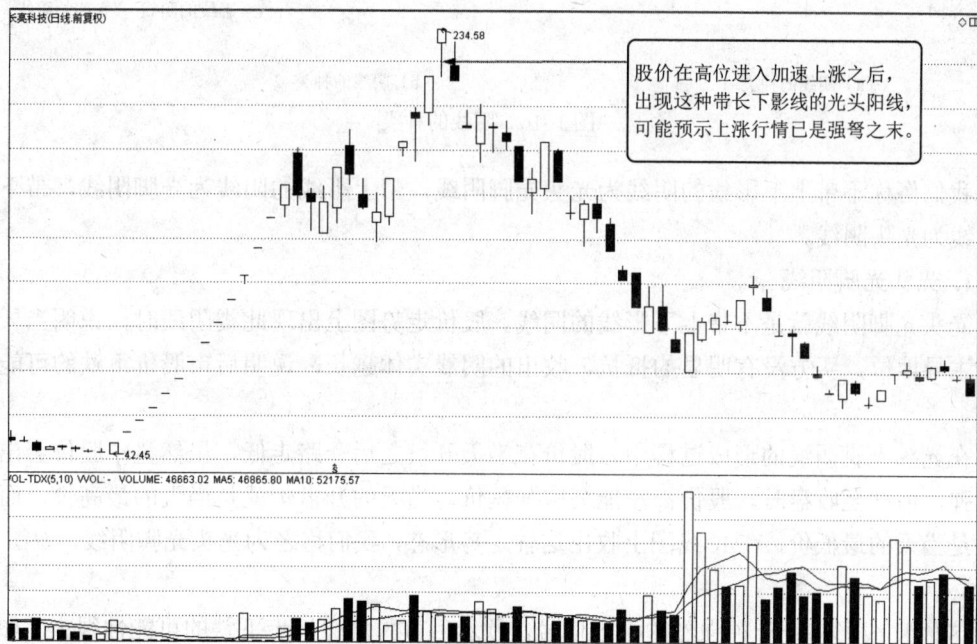

图 1-15　长亮科技日 K 线

1.2.2　阴线

阴线是指收盘价格低于当天的开盘价，在 K 线图上绘制这种价格走势时，就用阴线来表示。当股价收出阴线时，表明卖方力量要强于买方力量，后市股价有可能下跌。

按股价当天的波动幅度来划分，阴线可分为大阴线、中阴线、小阴线，其波动幅度的划分标准可参考前面所述的阳线。波动幅度越大，说明当天做空的动力就越大，后市股价下跌的可能性越大。阴线按股价当天的整体运行情况来看，又可细分为带上影线的阴线、带下影线的阴线、不带上下影线的阴线，以及带上下影线的阴线。阴线的种类如图 1-16 所示。

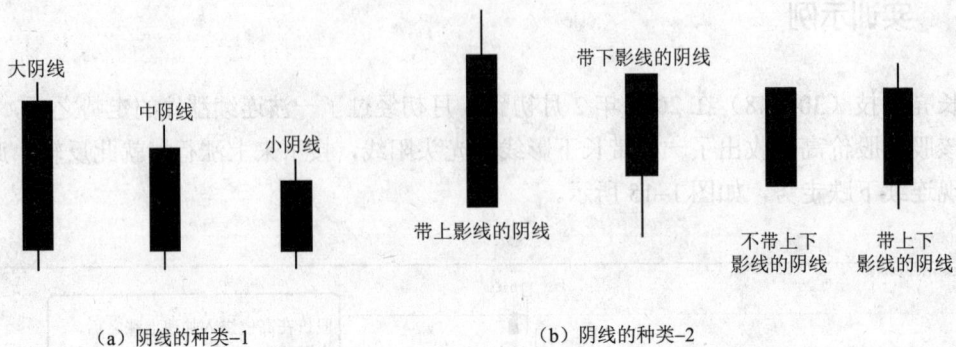

（a）阴线的种类-1   （b）阴线的种类-2

图 1-16　阴线的种类

我们俗称不带上下影线的阴线为光头光脚阴线，带上影线的阴线为光脚阴线，带下影线的阴线为光头阴线。

1. 光头光脚阴线

光头光脚阴线就是不带上下影线的阴线。股价走势图上出现此类阴线时，说明当天卖方占据主导地位，买方没有明显的抵抗，收出的阴线实体越长，说明后市股价下跌的可能性就越大。

在光头光脚阴线的形成过程中，股价在当天开盘之后一路走低，虽然盘中股价会出现震荡反弹，但截至收盘时，股价都没能突破开盘价，当天的开盘价就是当天的最高价，而收盘价就是当天的最低价，在 K 线图上收出这种走势形态，我们称之为光头光脚阴线，如图 1-17所示。

这种 K 线形态是一种强烈的卖出信号，预示后市股价进一步下跌的可能性很大。如果光头光脚出现在股价的高位区域，投资者最好在最短的时间内，将手中持有的股票抛光，尽可能先回避风险。如果光头光脚阴线出现的同时还伴随着成交量显著放大的特征，则是一种明显的见顶信号。

实训示例

黑芝麻（000716）经过一段时间的大幅上涨之后，2015 年 5 月 28 日，在股价高位区域出现一个不带上下影线的光头光脚大阴线，是强烈的股价见顶信号，投资者应果断卖出避险，如图 1-18 所示。

光头光脚阴线

股价在当天开盘之后就一路走低，当天的开盘就是当天的最高价，而收盘价就是当天的最低价。

图 1-17 光头光脚阴线分时走势

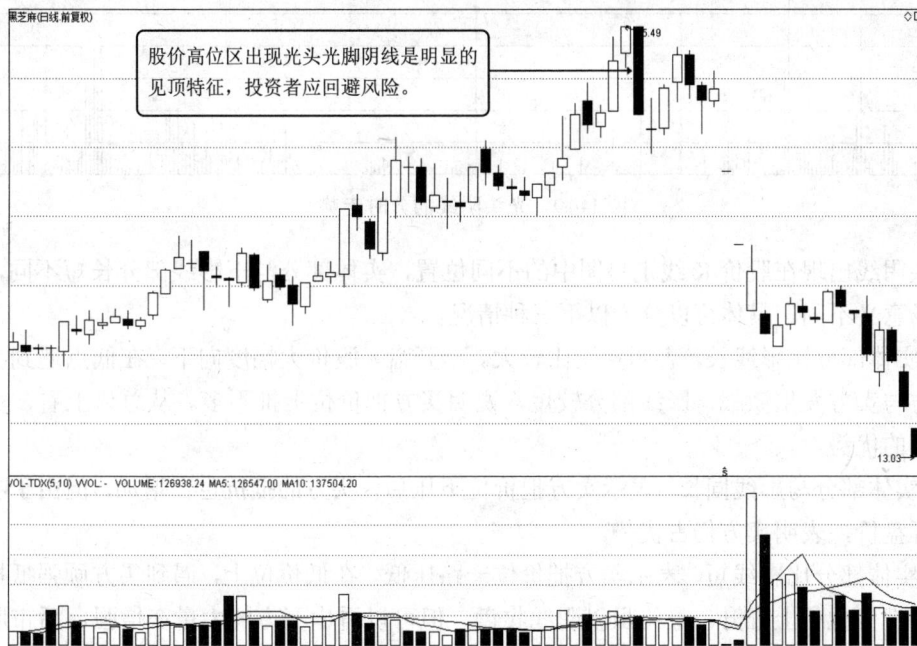

股价高位区出现光头光脚阴线是明显的见顶特征，投资者应回避风险。

图 1-18 黑芝麻日K线

2. 光头阴线

光头阴线是指带有下影线的阴线形态。在这种股价走势图中，通常情况下，股价以当日最高价开盘，之后一路走低，显示卖盘力量强大，但当跌到某一价位时，买方开始入场接盘，股价得到支撑并逐步回升，如图 1-19 所示。

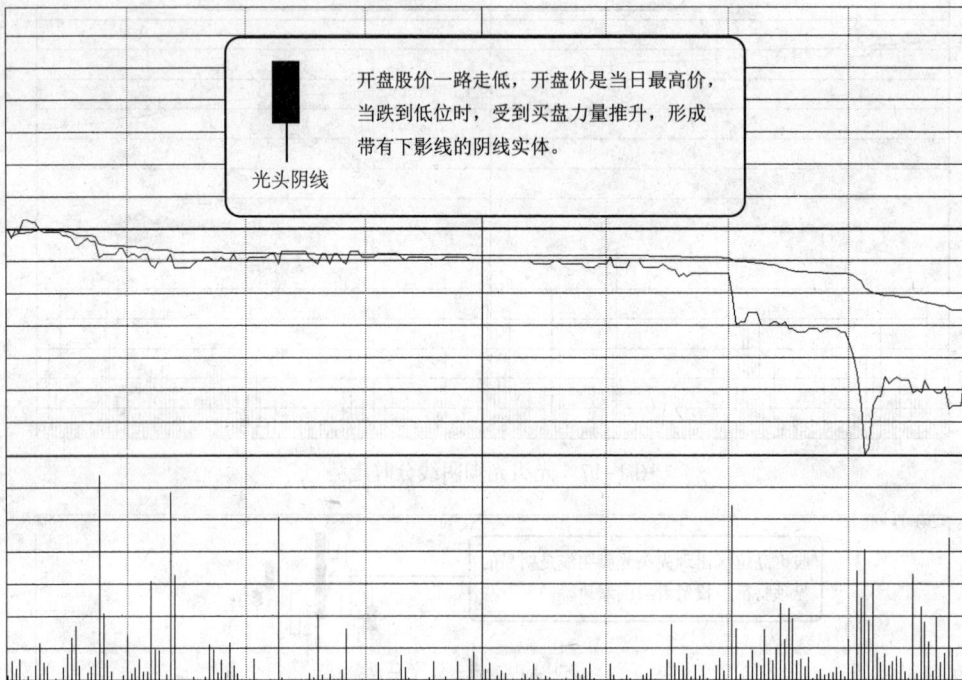

图 1-19　光头阴线的分时走势

光头阴线出现在股价 K 线走势图中的不同位置，实体部分与下影线部分长短不同，所代表的市场意义不同，具体可以分为以下三种情况。

① 实体部分比影线长，表明卖压比较大。一开盘，股价大幅度向下，在低点遇到买方抵抗，买方与卖方发生激战，影线部分较短，说明买方把价位上推不多。从总体上看，卖方占了比较大的优势。

② 实体部分与影线同长，表示卖方把价位下压后，买方的抵抗也在增加，但由于收盘价仍低于开盘价，表明卖方仍占优势。

③ 实体部分比影线短，表示卖方把价位一路压低，在低价位上，遇到买方顽强抵抗并反击，逐渐把价位往上推升，最终虽以阴线收盘，但可以看出买方的力量在增强，后市股价看涨的概率很大。这种形态如果出现在股价底部区域，说明抄底盘开始介入，股价有反弹迹象，

后市会有一定的上涨机会。

实训示例

黑芝麻（000716）股价经过一段时间的下跌调整后，2014 年 6 月 19 日，收出一根带长下影线的中阴线，且下影线明显长于实体阴线，表明此处有买盘介入托底，下跌行情有望反转，此后黑芝麻股价从当天的最低价 10.04 上涨至 17.62，如图 1-20 所示。

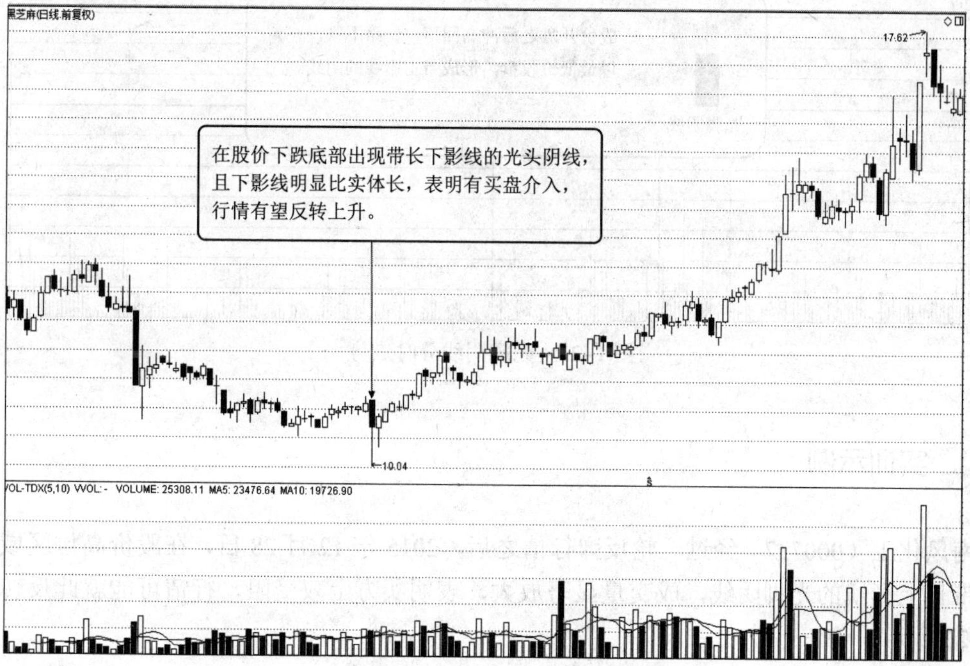

图 1-20　黑芝麻日 K 线

3. 光脚阴线

光脚阴线也称为带上影线的阴线。股价在开盘之后出现了一个冲高的过程，在某一个高价位，也就是当天的最高价，受到了卖盘抛压，股价一路回落，跌破当天的开盘价，并继续向下运行，直至收盘时股价以当天的最低价收盘，如图 1-21 所示。其中上影线越长标志着上档卖盘的抛压越重，后市股价继续下跌的可能性就越大。

一般来说，如果在股价底部区域出现光脚阴线，表明买方开始有上攻的迹象，但卖方仍占有优势。如果在股价顶部区域出现光脚阴线，表明买方上攻的能量已经衰竭，卖方的做空能量不断增强，且占据主动地位，行情随时可能在此发生逆转。

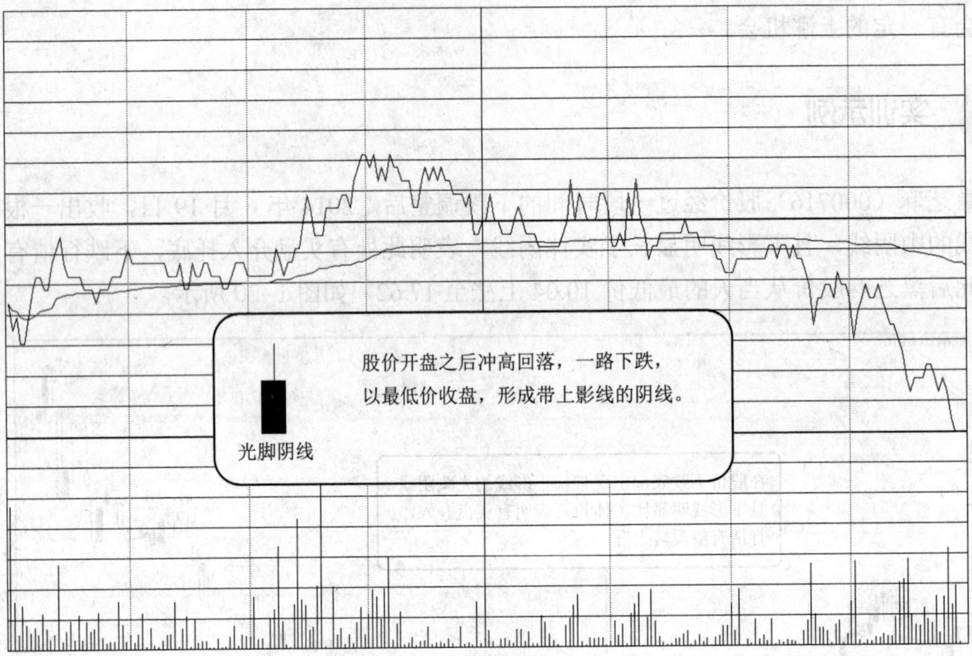

图 1–21　光脚阴线分时走势

股价开盘之后冲高回落，一路下跌，以最低价收盘，形成带上影线的阴线。

光脚阴线

实训示例

南风化工（000737）经过一轮反弹行情之后，2015 年 12 月 28 日，在股价高位区域形成一根带长上影线的光脚阴线，成交量显著放大，表明买方上攻受阻，行情可能就此反转，如图 1–22 所示。

1.2.3　十字线

十字线是一种特殊的 K 线形态，也是一种非常重要的 K 线形态，在实际操作过程中，投资者经常会碰见这种 K 线形态，它对我们分析股价的后期走势具有相当高的研究价值。

十字线的形成原理是：股价开盘之后在买卖双方的争夺之下不断地出现震荡，当股价向上运行到一定高位时，卖盘就会不断地涌出，把股价打压下去，从而形成了当天的最高价。同样当股价向下运行到一定低位时，买盘也会开始入场买入，把股价拉起，从而形成了当天的最低价。截至收盘时股价以当天的开盘价报收，也就是说当天的开盘价格和收盘价格相等。这种走势形态的 K 线，我们称之为十字线，如图 1–23 所示。

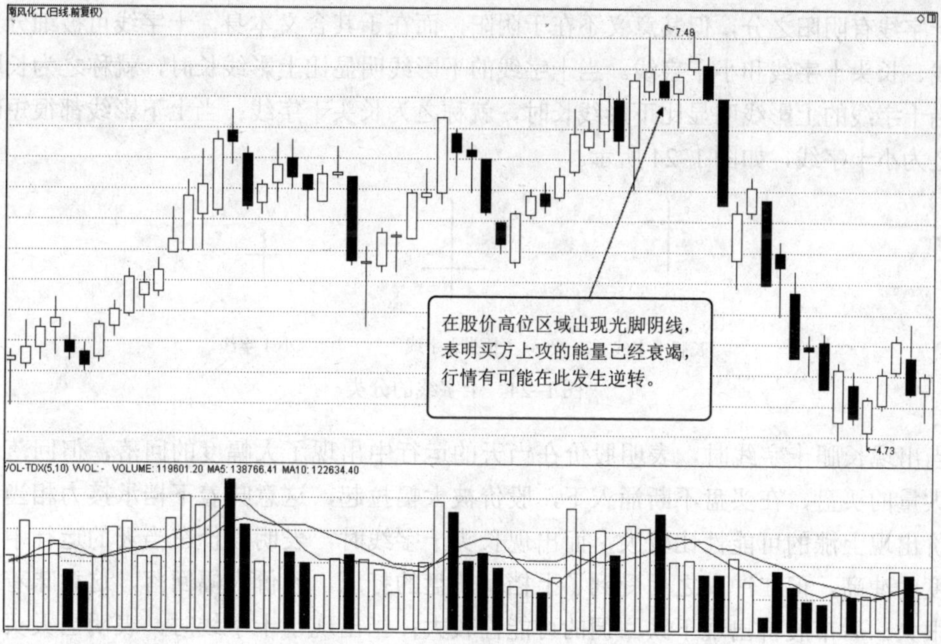

南风化工(日线 前复权)

7.48

在股价高位区域出现光脚阴线，
表明买方上攻的能量已经衰竭，
行情有可能在此发生逆转。

4.73

VOL-TDX(5,10) VOL: - VOLUME: 119601.20 MA5: 138766.41 MA10: 122634.40

图1-22 南风化工日K线

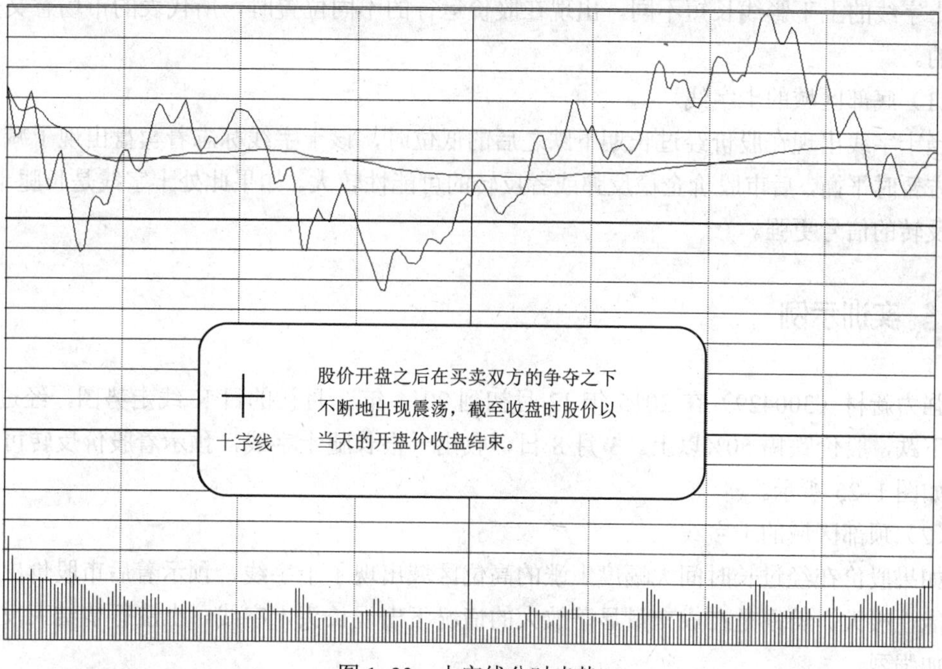

十字线

股价开盘之后在买卖双方的争夺之下
不断地出现震荡，截至收盘时股价以
当天的开盘价收盘结束。

图1-23 十字线分时走势

十字线有阴阳之分，但其意义不在于阴阳，而在于其含义本身。十字线可被细分为长腿十字线、长头十字线和小十字线。当十字线的下影线明显比上影线长时，就称之为长腿十字线；当十字线的上影线明显比下影线长时，就称之为长头十字线；当上下影线都很短时，就被称之为小十字线，如图1-24所示。

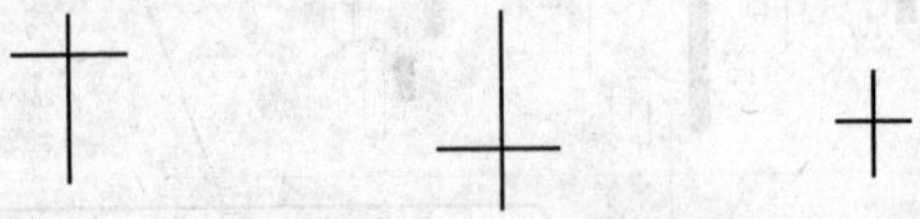

长腿十字线　　　　长头十字线　　　　小十字线

图1-24　十字线的分类

当出现长腿十字线时，表明股价在当天的运行中出现了大幅度的回落，但回落之后吸引了大量的买盘，在买盘不断涌入下，股价被大幅拉起，这意味着下档承接力相当强，后市股价出现上涨的可能性比较大；而出现长头十字线时，表明股价在当天的运行中出现了大幅度的冲高，但在冲高之后受到了上档抛压盘的打压，股价大幅回落，这意味着上档的压力很大，后市股价出现下跌回调的可能性较大；当出现小十字线时，表明当天买卖双方力量暂时平衡。

十字线的上下影线长短不同，出现在股价运行的不同位置时，所代表的市场意义是有所不同的。

（1）底部区域的十字线

当十字线出现在股价经过长期下跌之后的低位时，该十字线标志着卖盘出现了减弱，买卖双方暂时平衡，后市股价企稳反弹或者反转的可能性较大。如果此处十字线是长腿十字线，股价反转的信号更强。

实训示例

强力新材（300429）在2015年12月初到2016年3月初的日K线走势图，经过长达4个月下跌，股价跌幅50%以上。3月8日，收出一根长腿十字线，预示着股价反转可能性很大，如图1-25所示。

（2）顶部区域的十字线

如果股价在经过长时间大幅度上涨的高位区域出现了十字线，预示着后市股价出现下跌的可能性极大。特别是在成交量显著放大的情况下出现长头十字线，上涨行情结束反转的信号更加强烈。

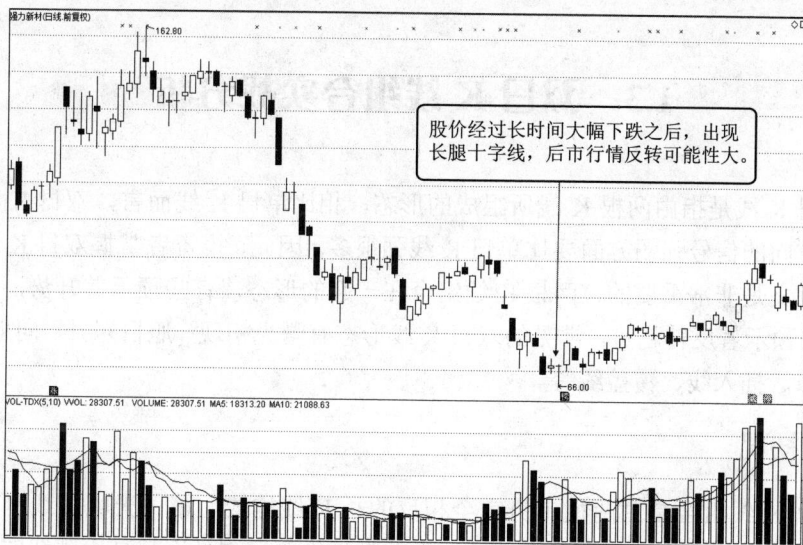

图 1-25 强力新材日 K 线

实训示例

中安消（600654）经过半年多的大幅上涨之后， 2015 年 6 月 12 日，在股价顶部形成一根带长上影线的长头十字线，见顶信号十分明显，此后股价开始下跌，如图 1-26 所示。

图 1-26 中安消日 K 线

1.3 双日 K 线组合实战分析

所谓双日 K 线是指由两根 K 线所组成的形态，相比单日 K 线而言，双日 K 线在预测后市股价运行方向的信号强弱方面要比单日 K 线强很多。因此，投资者掌握双日 K 线的技术要点及其市场意义是非常重要的，两根 K 线组合在一起的形态，有些预示着升势，有些预示着跌势，也有些预示着反转趋势。常见的双日 K 线形态有曙光初现、旭日东升、向上跳空缺口、向下跳空缺口、插入线、覆盖线等。

1.3.1 曙光初现

曙光初现 K 线组合是由两根走势完全相反的长 K 线构成。第一天收阴线，第二天收阳线。阳线向下跳空低开，开盘价远低于前一天的收盘价，但收盘价却高于阴线的收盘价，并且阳线的收盘价高于阴线的实体部分 1/2 以上，如图 1-27 所示。它的出现意味着市况由淡转好，该形态通常在一个下跌行情后出现。

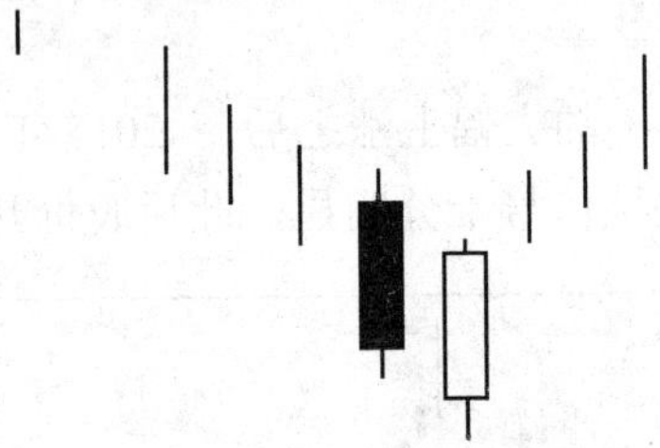

图 1-27　曙光初现形态示意图

曙光初现组合形态通常出现在股价下跌的走势中，如果股价已经下跌了 25% 以上，那么一旦走势图中出现这样的组合形态，就预示着跌势可能会停止，股价可能见底回升。曙光初现组合形态中阳线的实体部分越长，说明此时买方的反击力度越强，后市股价上升的空间也就越大，曙光初现组合形态作为底部止跌回升信号的可靠性也就越强。另外，在运用曙光初现组合的时候，还应当注意两根 K 线之间的比例关系，比较标准的曙光初现组合形态的第二根 K 线的收盘价应当高于第一根 K 线实体部分的 50% 以上，如果超过了 60% 的位置处，那就更为理想了。

曙光初现的组合形态在盘面上出现的时候，要有比较大的成交量进行配合，才是比较可靠的底部反转信号。如果盘面上出现了曙光初现组合形态时，成交量不但没有相应放大，反倒有所萎缩，就需要投资者警惕了。这样的态势通常表明，此时并不一定是股价见底的信号，股价很有可能还会进一步下跌。此时出现的曙光初现组合形态有可能只是主力为了某种目的而制造的陷阱。

实训示例

赣能股份（000899）在 2010 年 9 月 29 日到 9 月 30 日期间的 K 线组成了一个曙光初现的形态，该形态位于股市底部，并且这两天的成交量与前几天相比有了明显的放大，从这些信息可以得到，未来的股价将会上涨，从 K 线图中可以看到，出现曙光初现组合形态后股价是向上攀升的，如图 1-28 所示。

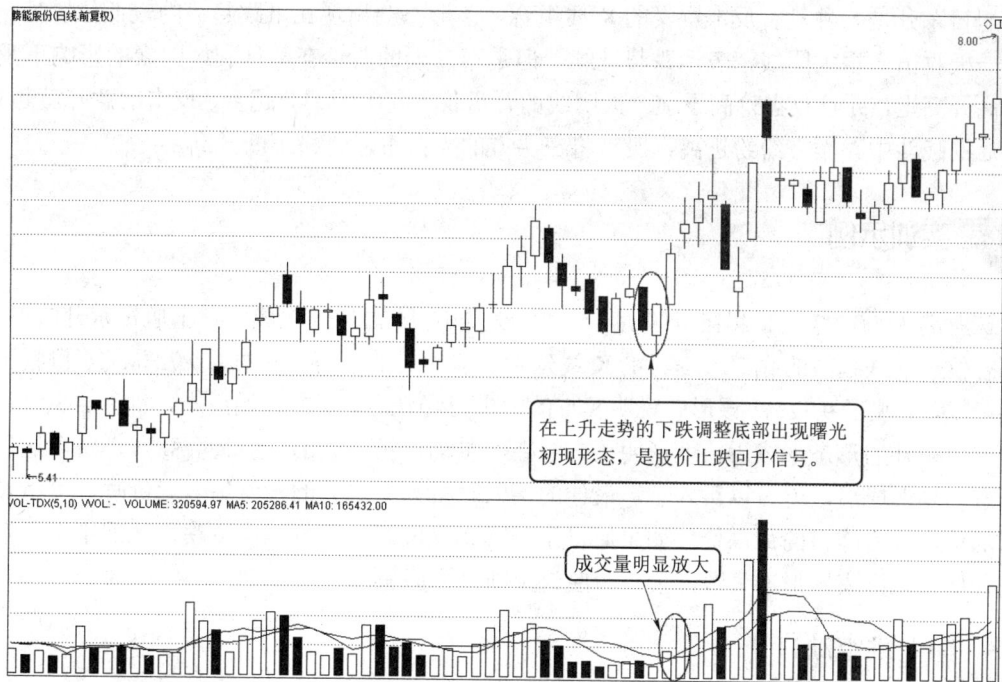

图 1-28　赣能股份日 K 线

1.3.2　旭日东升

旭日东升 K 线组合由一阴一阳两根 K 线组成，其形成过程为：在连续下跌的行情中先出现一根大阴线（或中阴线），随后又出现一根高开高收的大阳线（或中阳线），并且阳线的收盘价高于前一根阴线的开盘价，如图 1–29 所示。这种 K 线形态常出现于下跌趋势中。它的出现说明股价经过连续下挫后，卖方能量已释放，买方将奋起反抗，并旗开得胜，迎来一个新的升势。

图 1–29　旭日东升 K 线形态示意图

旭日东升是一种具有反击意义的 K 线组合。该形态会出现在下跌趋势的较低位置处，首先第一天收出一根大阴线，表示跌势继续，但是第二天的股价在某种利好因素的影响下反而跳空高开高走，并且收盘价高于前一天阴线的开盘价，高出的部分越多，反击的意味就越强。在此后的战斗中，卖方纷纷逃离，股市将在买方的支持下，价格不断升高。

实训示例

珠海港（000507）在 2015 年 9 月 15 日与 9 月 16 日的 K 线组成了一个旭日东升的形态，该形态位于下跌趋势的底部。15 日的 K 线延续了前一日的跌势，下跌了 7.72%，16 日收了一根大阳线，上涨了 9.32%。该形态说明卖方的力量已经耗尽，买方开始反击，如图 1–30 所示。

旭日东升的形态形成后，就证明买方会夺回主动，第二天的股价将会高升，所以旭日东升形态一旦形成后，就可以买入了，最佳的买入时机为第二天的开盘集合竞价时，可将竞价买入的价格设为昨日的最高价。如果旭日东升形态完成后，股价再次下跌，跌破了第一根阴线的最低点，则表示形态失败，投资者应该果断卖出股票。

1.3.3　向上跳空缺口

当 K 线出现向上跳空缺口形态时代表当天买方力量在开盘的时候就完全占据了上风，经常出现在股价处于明显的上涨行情中，但有时也会出现在股价经过长期下跌之后刚向上启动的时候。

当股价处于明显上升的过程中，或者是在股价底部反转过程中的某一天里股价突然以高于前一天的最高价开盘，从而在前一天的最高价与当天的开盘价格之间形成了一个缺口。并

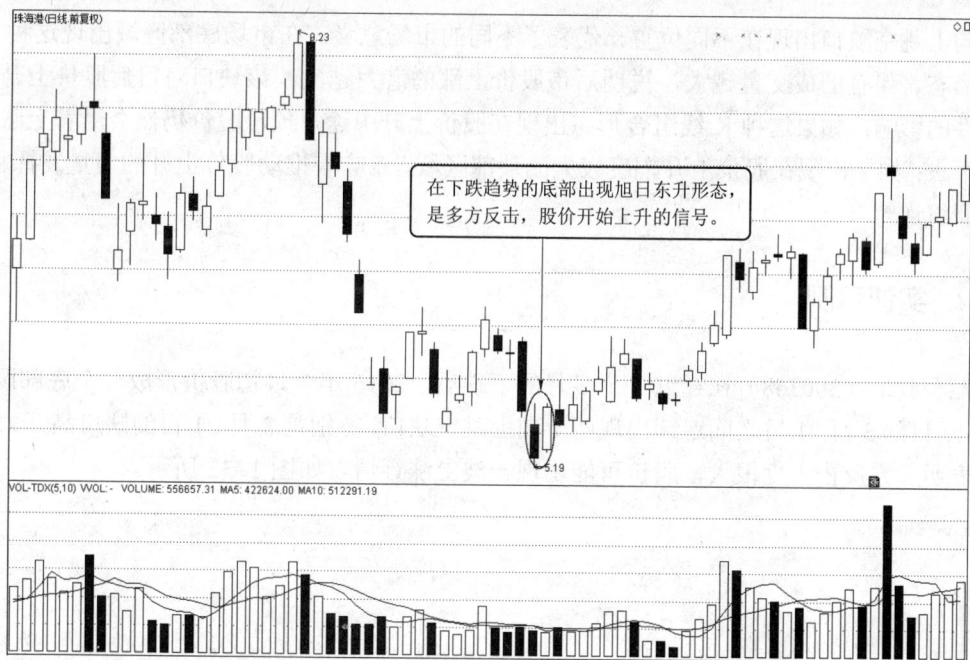

图 1-30　珠海港日 K 线

且在股价全天的运行中这个缺口始终没有被填补，或者是没有被完全填补，这个缺口我们称之为向上跳空缺口，缺口形成的这种 K 线形态，我们称之为"向上跳空"。标准的"向上跳空"是由两根不带上下影线的阳线所组成的，也就是说，前一天股价收出来的是一根上涨的阳线，而后一天收出来的也是一根阳线，并且在这两天的走势中，股价当天的开盘价就是当天的最低价，而当天的收盘价就是当天的最高价，如图 1-31 所示。在变异的"向上跳空"中，前后两天收出来的 K 线都可以带有上下影线，但必须在前一天的最高价和后一天的最低价之间留有缺口，它和标准的"向上跳空"具有同样的市场意义，只不过是发出来的信号要比标准的"向上跳空"稍微弱一点而已。

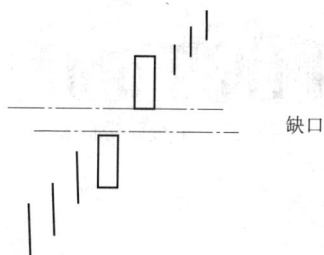

图 1-31　向上跳空缺口示意图

向上跳空缺口出现在不同位置，代表了不同的市场意义。在市场底部区域出现这种 K 线组合形态，伴有的成交量越大，说明后市股价上涨的潜力越大，该缺口对日后股价上升具有决定性的影响；如果这种 K 线组合形态出现在股价上升中途，预示股价仍然会沿着上涨势头持续下去；如果出现在股价上升幅度较大的顶部区域，意味着推动股价上升的力量发挥将尽，趋势即将逆转。

实训示例

汇金股份（300368）在经过 3 个多月的下跌后，2016 年 3 月初股价形成一个底部区域，3 月 17 日到 3 月 21 日之间连续出现两个向上跳空缺口，特别是 3 月 21 日的缺口高开力度很强，表明买方反击力度很大，股价可能出现一波上涨行情，如图 1-32 所示。

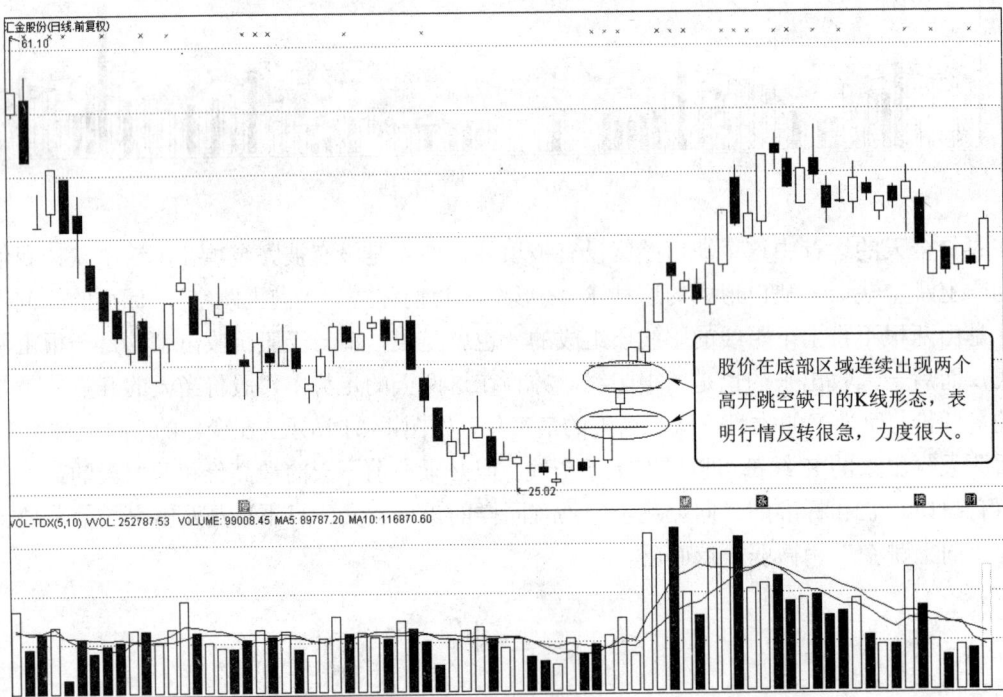

图 1-32 汇金股份日 K 线

1.3.4 向下跳空缺口

向下跳空缺口的 K 线组合形态和向上跳空缺口相反，它是一种看空的信号，向下跳空形态经常会出现在股价长期上涨的高位区域或者是股价下跌的中途。

股价在运行的过程中突然在某一天里以低于前一天的最低价格开盘，并且在开盘之后就开始一路下跌，虽然在当天的运行中股价可能出现过冲高的走势，但最终还是没能回补开盘时所留下来的缺口。

出现"向下跳空"时的前一天，股价收出来的K线可以是阳线，也可以是阴线，只要股价是在第二天的走势中低于前一天的最低价格开盘，并且最终截至收盘时留下一个向下的缺口，我们就把它称之为"向下跳空"形态，如图1-33所示。

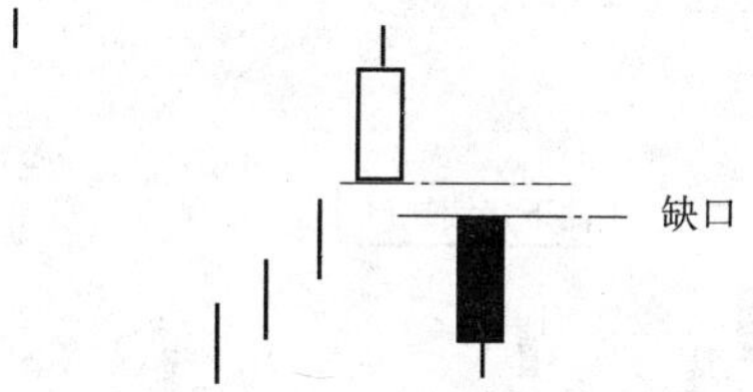

缺口

图1-33 向下跳空缺口示意图

向下跳空缺口出现在下降途中，跳空缺口形成后，会加速股价的下跌，从而给投资者带来心理压力，但是向下跳空缺口的形态不止一种，每种形态的含义也有所不同。向下突破缺口是指出现在跌势初期，在下降的过程中，某个交易日突然跳空低开，使K线图中留下一个缺口；向下持续缺口是指向下突破缺口出现后出现的缺口，继突破缺口后，再一次跳空低开，形成第二个缺口；向下竭尽缺口是指股价下降的最后一个缺口，该缺口的特征是，缺口出现后便会回升，三天之内该缺口就会被封闭。

出现向下跳空的缺口后，投资者需要确认的是当前缺口为普通缺口还是突破缺口或竭尽缺口。如果是突破缺口则应该将手中的股票马上卖出；如果是普通缺口，则表示该缺口只是一个整理过程，可以继续观望；如果是竭尽缺口，则需持币等待，因为股价很快就会反转成上升趋势。那么该如何确认该缺口是否为突破缺口呢？这就需要借助成交量来进行判定。在出现向下跳空的缺口后，如果当日的成交量为阴柱时，则代表股价将会继续下跌，此时，投资者就可以考虑卖出了，卖出时机为向下跳空后第二个交易日，在第二个交易日中，可选在高点卖出。

实训示例

金字火腿（002515）在2015年6月15日到9月16日之间经历了一波幅度很大的下跌走势，K线图中出现了向下突破缺口、向下持续缺口和向下竭尽缺口三种形态。向下突破缺口出现时，投资者应该及时将手中的股票卖出避险；下跌途中出现向下持续缺口，投资者应该持币观望；在下跌末端出现竭尽缺口形态，则预示下跌行情即将结束，股价可能很快反转，如图 1-34 所示。

图 1-34　金字火腿日 K 线

1.3.5　插入线

插入线由一阴一阳两根 K 线组成，可能会出现在股市顶部，也可能出现在股市底部，无论出现在哪个位置，均代表了非常强烈的反转信号。

插入线主要分两种，一种是上涨插入线，另一种是下降插入线。当股价处于下跌的过程中，或是在回落的过程中运行时，收出一根下跌的阴线，紧跟着的第二天股价以低于前一天的收盘价开出，但是在开盘之后股价却出现高走，并逐步地向上攀升。截至收盘时收出一个上涨的阳线，并且这根阳线的实体深深地插入到前一天收出来的阴线之中，出现这种形态我们称之为"上涨插入线"，如图 1-35 所示。在标准的"上涨插入线"中第二天收出来的阳线至少要插入到前一天阴线实体的一半以上。

当股价经过一段时间的上涨之后，或者在股价处于阶段性的反弹高点时，收出一根上涨的阳线，在紧跟着的第二天股价出现大幅度的低开并出现回落，在回落的过程中卖盘不断涌现，截至收盘时，股价收出一根长长的阴线，且深深地插入到前一天收出来的阳线实体之中。出现这种形态的 K 线，我们称之为"下跌插入线"。这预示着股价即将反转出现下跌的走势，如图 1-36 所示。

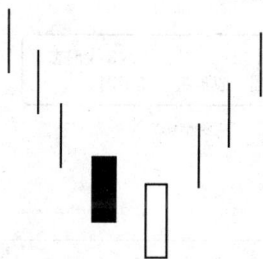

图 1-35 上涨插入线　　　　　　图 1-36 下跌插入线

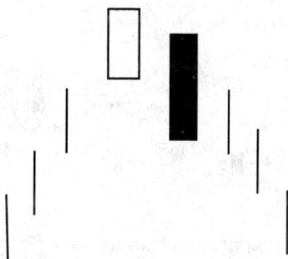

上涨插入线出现在股价底部，预示着下跌行情可能反转；或出现在行情上涨途中，预示短期回调，股价将继续走高。下跌插入线出现在股价顶部或是下跌途中，预示股价将反转或延续下跌趋势，后市看跌，此时投资者应将手中的股票及时卖出。

实训示例

方大集团（000055）在 2015 年 10 月 21 日到 22 日之间，延续了之前的上升趋势，并收出一组上涨插入线 K 线形态。22 日收出的低开高走的大阳线插入到前一天收出来的阴线实体一半以上，预示短期回调结束，股价将继续走高，如图 1-37 所示。

2015 年 6 月初，中金岭南（000060）经过一年多的大幅上涨之后，股价处于顶部区域，2015 年 6 月 5 日到 6 月 8 日之间，形成了一组下降插入线的 K 线形态，预示着后市行情即将反转，之后股价走出一波下跌趋势，如图 1-38 所示。

1.3.6 覆盖线

覆盖线具体可以分为"阳覆盖线"和"阴覆盖线"，覆盖线是常见的一种 K 线形态，它往往是股价运行趋势的一个很重要的转折信号。

股价在运行的过程中收出一根阴线的走势，但紧接着的第二天股价开盘后就出现走强，并呈现出一路上涨的趋势，截至收盘时，收一根大阳线，这根大阳线的实体部分将前一天收出来的阴线实体部分全部覆盖住，出现这种走势形态的 K 线我们称之为"阳覆盖线"，如

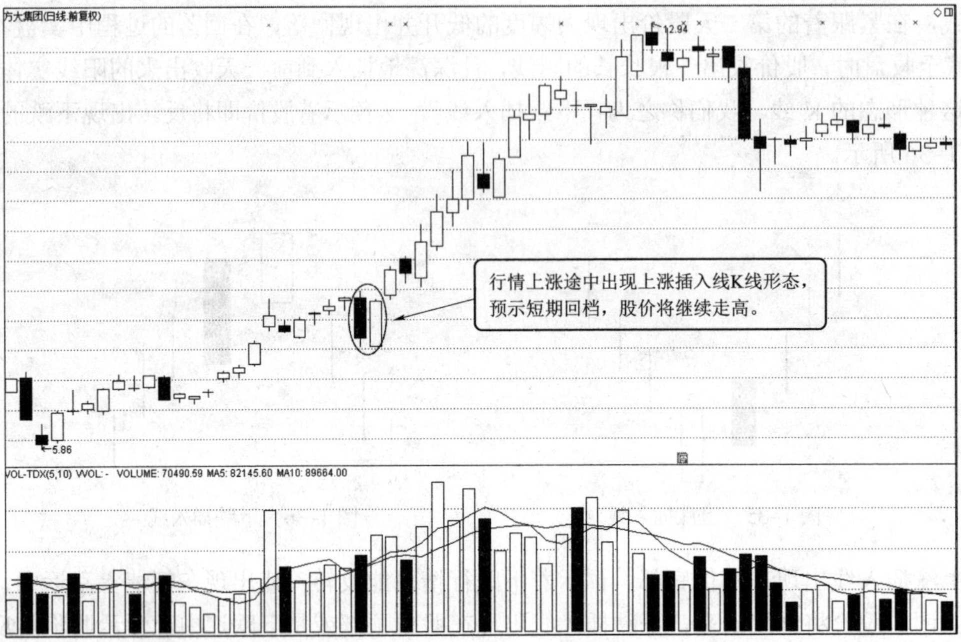

图1-37 方大集团日K线

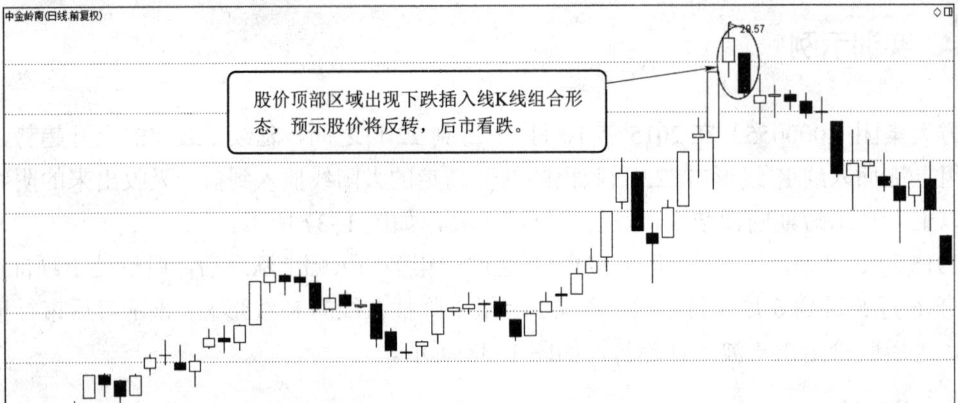

行情上涨途中出现上涨插入线K线形态，预示短期回档，股价将继续走高。

图1-38 中金岭南日K线

股价顶部区域出现下跌插入线K线组合形态，预示股价将反转，后市看跌。

图 1-39 所示。这两天收出来的阴线和阳线都可以带有上下影线，只要阳线的实体部分将前面阴线的实体部分全部覆盖住了，我们就称之为"阳覆盖线"。

　　股价在运行过程中收出一根阳线的走势但紧接着在第二天股价就出现高开或者是以前一天的收盘价开盘，但是在开盘之后就受到了卖盘的抛压。股价在卖盘的压制下开始一路走低，截至收盘时，股价收出一根下跌的大阴线，而且收盘价要低于前一天的开盘价。收出来的这个阴线的实体部分，将前一天收出来的阳线的实体部分全部覆盖掉，出现这种走势现象的 K 线，我们称之为"阴覆盖线"，如图 1-40 所示。同样收出来的阳线和阴线都可以带有上下影线，只要阴线的实体部分将阳线的实体部分全部覆盖住，我们就称之为"阴覆盖线"。

图 1-39　阳覆盖线　　　　　　　　图 1-40　阴覆盖线

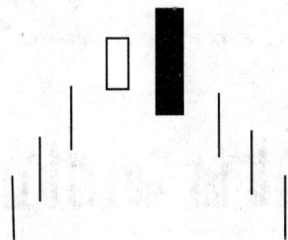

　　覆盖线出现在不同市场位置时有着不同的市场意义，底部阳覆盖线是股价回升的信号，而顶部阴覆盖线则为股价见顶回落的信号。无论是顶部还是底部，出现覆盖线时，两根 K 线的长度悬殊越大，所预示的转势力度就越强。同时第二根 K 线包容前一根 K 线越多，转势的机会就越大。

实训示例

　　美的集团（000333）的股价在 2015 年 3 月 6 日到 3 月 9 日之间和 2015 年 4 月 15 日到 16 日之间分别在上升趋势的途中经历了短暂的下跌调整，形成了阶段性底部区域，并都出现了典型的阳覆盖线 K 线形态，预示着股价止跌反转将继续原来的上涨趋势，如图 1-41 所示。

　　和佳股份（300273）的股价在经过长达半年多的上涨之后，2015 年 6 月 18 日在股价顶部出现了一组阴覆盖线的形态，预示着行情可能反转，股价可能见顶回落，之后股价跌幅巨大，如图 1-42 所示。

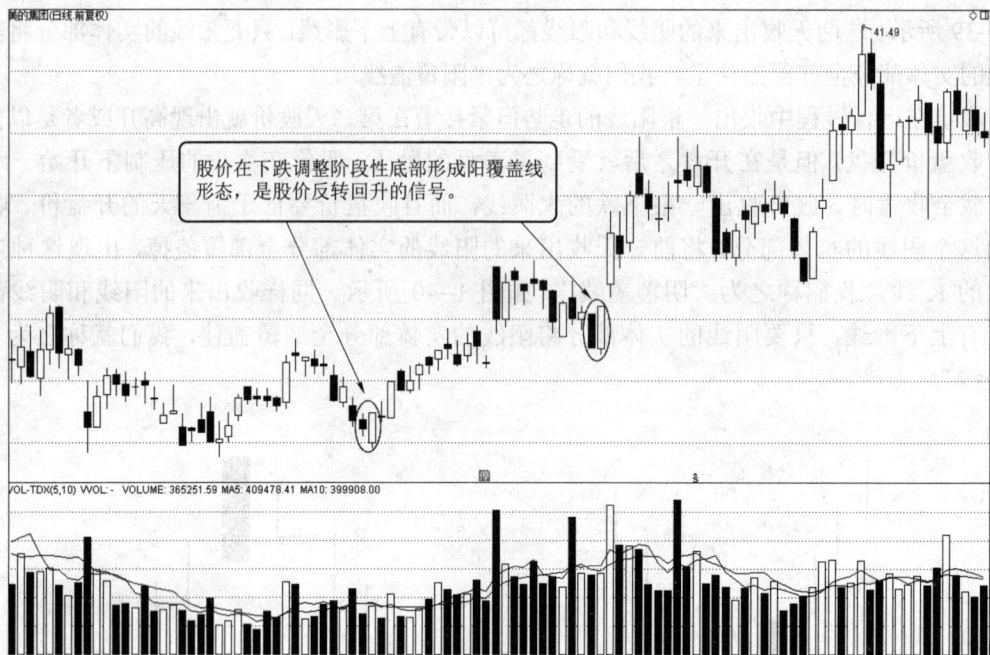

图 1-41　美的集团日 K 线

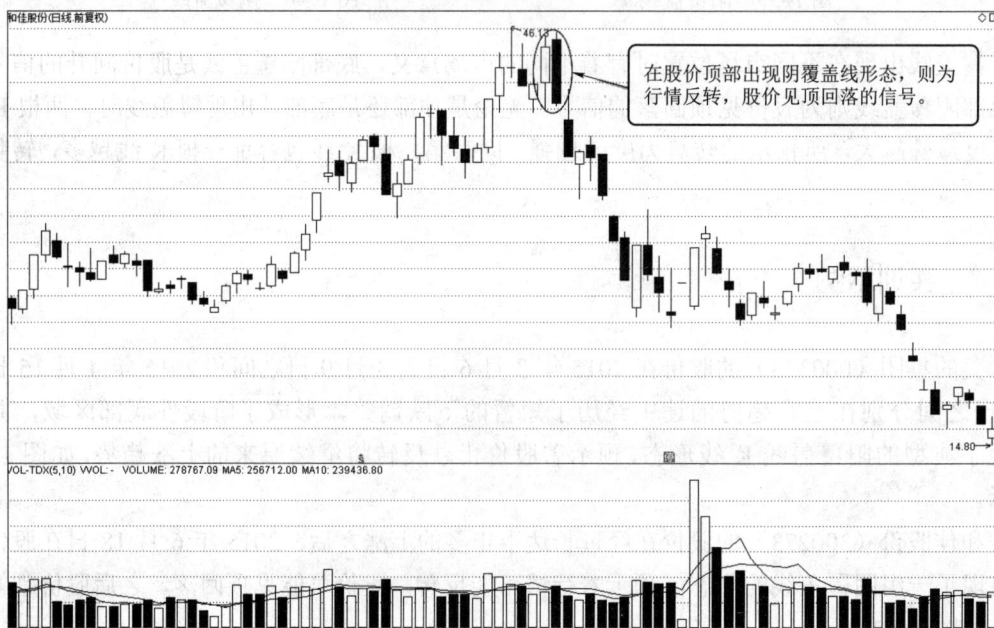

图 1-42　和佳股份日 K 线

1.4　三日 K 线组合实战分析

三根 K 线的组合形态有很多种，例如希望之星、红三兵、黄昏之星、三只乌鸦等，每个形态都代表着不同的含义以及市场变化情况。如果掌握了三根 K 线组合的意义，投资者就能够较好地把握住股价的变化，从而更加准确地进行投资。

1.4.1　希望之星

希望之星因其预示股价上升，能够带给投资者以希望，并因其形态中有一颗星形 K 线而得名。该形态一般处于股价底部，看到它就可以看到股价上升的希望。

希望之星 K 线组合由三根 K 线组成，位于股价底部，第一根 K 线延续之前的下降趋势，当天会收出一根实体较长的中阴线或大阴线；第二根 K 线为向下跳空低开的星型线，与第一天的阴线之间产生一个缺口；第三根 K 线则由一根大阳线或中阳线组成，该 K 线必须深入到第一根 K 线的实体内，如图 1–43 所示。如果第二根是十字线，并且伴随着长长的下影线，是希望之星的特例，称为希望十字星，其看涨信号要比小阳线或小阴线更强。另外，如果三根 K 线中都有跳空缺口，那么同样说明看涨信号也比较强。

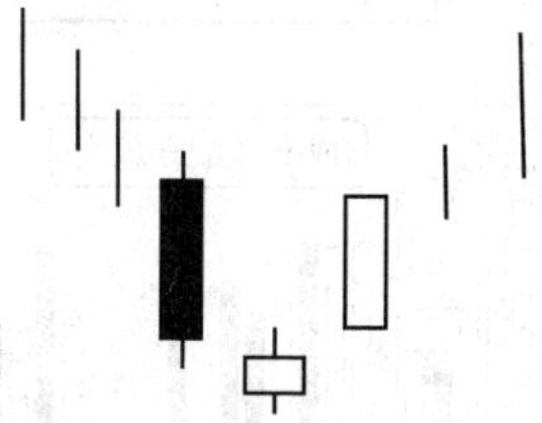

图 1–43　希望之星示意图

希望之星出现在下跌行情末的股价底部代表非常准确、强烈的反转信号，在该形态的三根 K 线中，第一根中阴线表示当天的行情延续了之前的跌势，第二根小 K 线的出现表明买卖双方正在争斗，第三根阳线拉出后，表明买方已取得胜利，连日来的跌势将会终止，投资者将迎来新的上涨行情。

需要注意的是，当希望之星形态出现后，股价只是小幅上升。如果该段时间内的成交量有明显放大，投资者则可以放心买入；如果这段时间内成交量不升反降，则表明股价还需继续筑底，投资者可将该形态的最低价位设置为止损位，若股价在该位置被跌破，投资者应及时出局。

悦达投资（600805）在 2011 年 1 月 24 日至 1 月 26 日之间形成了一个希望之星的形态，该形态位于股价底部，并且在该段时间内，这三天的成交量有了明显的放大，此时就可以确定后市股价将会上涨，如图 1-44 所示。

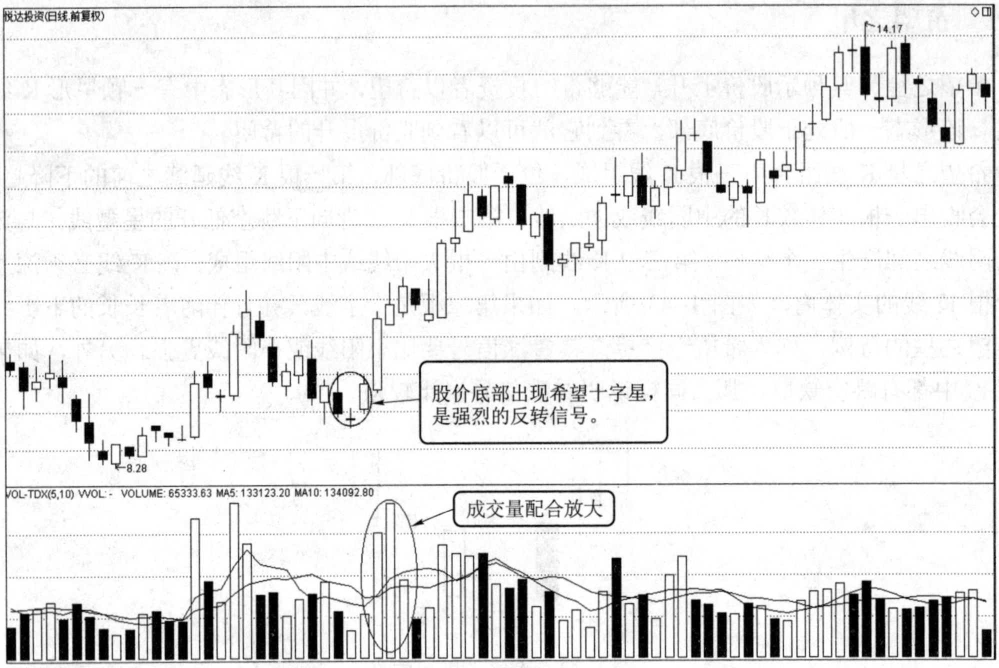

图 1-44　悦达投资日 K 线

1.4.2　红三兵

红三兵是指由三根中或大阳线组成的 K 线组合，通常情况下出现在股价的低位区域或上升趋势中，为多头推动股价上升的表现。其形成过程为当股价处于底部时，或是经过一段时间的盘整后，突然连续拉出三根阳线，并且每天的开盘价在前一天阳线的实体之内，每天的收盘价高于前一天的收盘价，收盘价为当天的最高点或接近最高点，这就是红三兵形态，如图 1-45 所示。

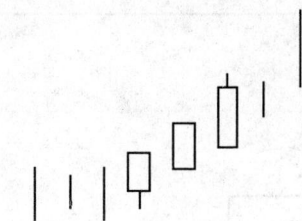

图1-45　红三兵示意图

如果红三兵形态出现在低价位区，同时股价已经稳定了一段时间，那么就表示股价的趋势即将反转，买方力量推动股价向上攀升，是看涨买入信号；如果红三兵形态出现在上涨行情中，同时伴随着成交量的逐渐放大，表示买方能量在持续增强，股价仍可能继续走高。红三兵形态中的三根阳线上涨的幅度越大，说明股价后期上涨的信号越强；如果三根阳线是跳空上涨，那么上涨的信号则更加强烈；如果三根小阳线的上影线越短，也说明上涨的信号越强烈。

虽然红三兵形态预示着股价将要上涨，但是在形态形成后，投资者购买时也要三思而后行，形态中K线的不同形状也预示了不同的行情。如果三根阳线的实体都比较小，并且成交量不是明显地放大，投资者可以观察一段时间，然后再决定是否买入；相反，如果三根阳线的实体较大，并且一根比一根长，而且有成交量放大的配合，投资者在形态形成后的第二天就可以放心地买入。

实训示例

通策医疗（600763）在2015年2月11日到2月13日之间，经过一段时间的盘整后，连拉三根阳线，收出一组红三兵K线形态，在这三天内，成交量也显著放大，预示着调整结束，买方能量在持续增强，股价仍可能继续走高，如图1-46所示。

1.4.3　两阳夹一阴

两阳夹一阴又称"买方炮"，是一个预示股价即将起飞的形态组合，经常在股价的上升途中或在股价底部出现。短线投资者在发现该形态时应及时买入，而中长线投资者不适合参与，只有那种处于底部的才适合中长线投资者逢低买入。

两阳夹一阴由一阳、一阴、一阳三根K线组成。在股价的整理过程中，或是股价底部先收出一根中阳线，第二天股价却没有继续上升，而是开始下降，收出一根阴线或者是下跌小阳线，第三天却又急转直上，收出一根实体长度与第一根K线相近的中阳线，并且完全覆盖住了第二天的阴线实体部分，如图1-47所示。

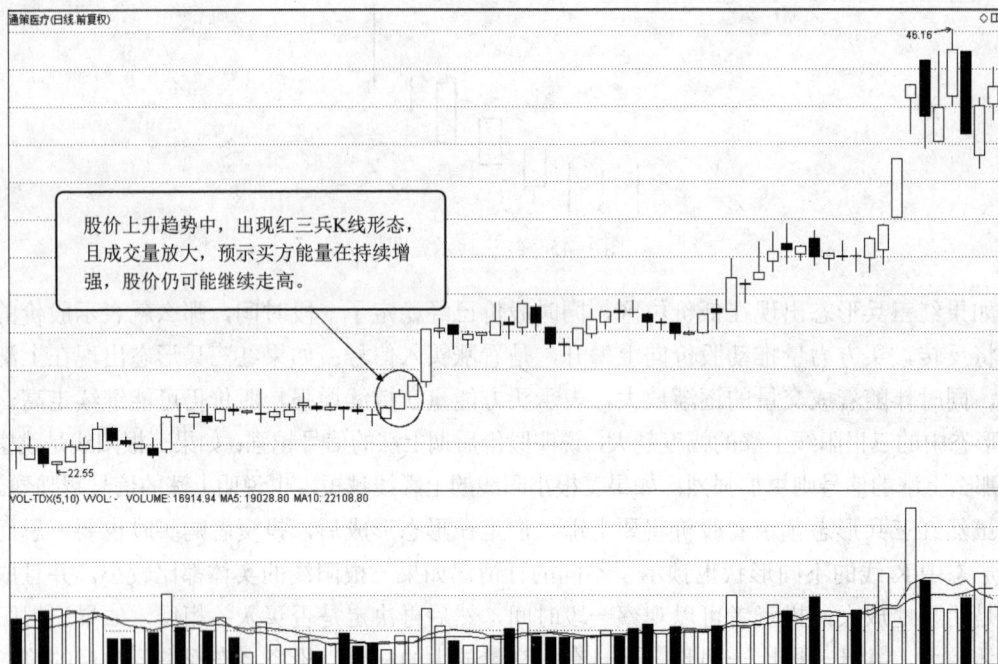

图 1–46　通策医疗日 K 线

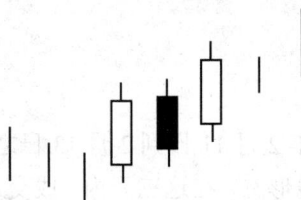

图 1–47　两阳夹一阴示意图

两阳夹一阴 K 线形态表明买方势力占据主动，当该形态出现在市场的底部时，预示着行情将会反转；当该形态出现在上涨或者震荡上行的行情中时，说明涨势行情将会继续。如果该形态出现在股价的整理阶段之后，那么其股价上升的可信度将会更高。两根阳线要中阳线较好，还要注意中间那根阴线越小越好，小阳十字星就更强了。还要有成交量的配合，阳线放量，阴线缩量，第二根阳线的量要超前量。

实训示例

南岭民爆（002096）2015 年 10 月 13 日到 10 月 15 日之间处在上升趋势途中，期间收出了两阳夹一阴的 K 线组合形态，而且中间的阴线明显缩量，第二根大阳线覆盖整根阴线实体部分，表明股价强势延续上升走势，投资者可逢低买入，如图 1-48 所示。

图 1-48　南岭民爆日 K 线

1.4.4　上涨两颗星

上涨两颗星 K 线组合因其形态中有两根星形 K 线而得名，该形态属于上升攻击型形态，如果投资者在 K 线图中发现了该形态，可积极买入。

上涨两颗星出现于股价上涨初期或中期，由一大两小三根 K 线组成。形成该形态时，先是拉出一根实体较长的中阳线，随后在该 K 线的上方拉出两根小阳线，或是十字线；第二根 K 线的收盘价收于前一日中阳线的最高价上方；第三根 K 线收盘价要比第二根 K 线的收盘价位高一点，如图 1-49 所示。

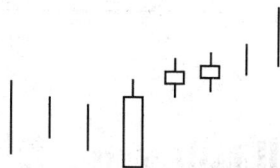

图 1-49　上涨两颗星示意图

上涨两颗星形态是一个上涨信号,在形态形成过程中,成交量应该是相对放量的。其中第一根 K 线的突破程度对未来的股价有非常关键的预示作用。如果这根 K 线的实体较长,并且得到成交量的配合,那么股价上涨的幅度将会很大;如果第一根 K 线没有成交量的配合,那么股价的上涨将会受到阻碍。对第二根 K 线的成交量则没有太多的要求。第三根 K 线的成交量也是至关重要的,在整个组合中,该 K 线的成交量应该表现为缩量,但股价是上升的,反映出抛压较小。

上涨两颗星是极佳的买入信号,发现该形态后,投资者需要确认的是该形态是位于股价底部还是上升途中,并且是否有成交量的配合,如果满足条件,那么在该形态形成后的第二天,便可买入。买入股票后,投资者可将该形态中第一根 K 线的收盘价设置为止损位,一旦股价跌破该价位时,就应果断卖出。

实训示例

金科股份(000656)在 2015 年 3 月 6 日到 3 月 10 之间处于股价底部,期间出现了上涨两颗星的 K 线组合形态,第一根 K 线是放量中阳线,第二根和第三根 K 线都是缩量小阳线,形成价升量缩的走势,预示后市股价上涨概率较大,此后,该股开始了一波强劲的涨势,如图 1-50 所示。

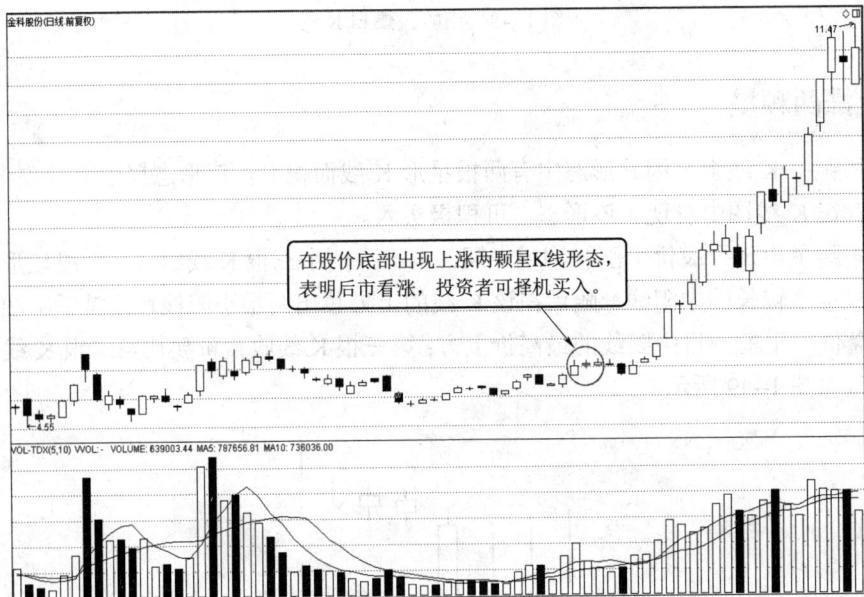

图 1-50 金科股份日 K 线

1.4.5　黄昏之星

黄昏之星又称"暮星"，是一种类似早晨之星的 K 线组合形态，可以认为是后者的翻转形式，因此黄昏之星在 K 线图中出现的位置也与后者完全不同。它是较强烈的上升趋势中出现反转的信号。

黄昏之星由三根 K 线组成，该形态出现在上升趋势的顶部，该形态形成第一天继续前面的涨势，拉出一根中阳线或大阳线，紧接着第二天会拉出一根十字星或是具有小实体的小阴线或小阳线，第三天相对于第二天跳空低开，拉出一根中阴线或大阴线，如图 1–51 所示。

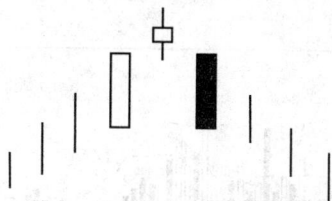

图 1–51　黄昏之星示意图

黄昏之星出现在股价的顶部，是看跌的信号。当股价在不断上涨时，第一天会继续之前的涨势，拉出一根大阳线或中阳线，看起来上涨的势头仍然很足；第二天也会继续前面的涨势，以跳空高开开盘，但是当天的走势却并不理想，经过买卖双方的搏斗，最后形成了一根十字星或是实体较短的小 K 线，表明买卖双方的争斗很激烈，同时也表明买方的力量即将耗尽，其中星形 K 线的实体越小，转势的征兆越强烈；第三天一开盘卖方便占据了主动位置，以较低价格开盘，并且当天的走势一路向下，最后以一条大阴线或中阴线收尾。

黄昏之星形态预示的是跌势，所以一旦发现该形态后，投资者应及早抛出。黄昏之星的卖出点应该在最后一根阴线完成后，因为一旦最后一根阴线形成，就表示行情已经转变，投资者应该在形成最后一根阴线的第二天开盘后卖出股票。

实训示例

锦江投资（600650）在 2011 年 4 月 15 日至 9 月 19 日之间处在股价顶部区域，期间的 K 线图形成了黄昏之星的组合形态，预示着行情即将反转，股价即将下跌，投资者应择机卖出股票，如图 1–52 所示。

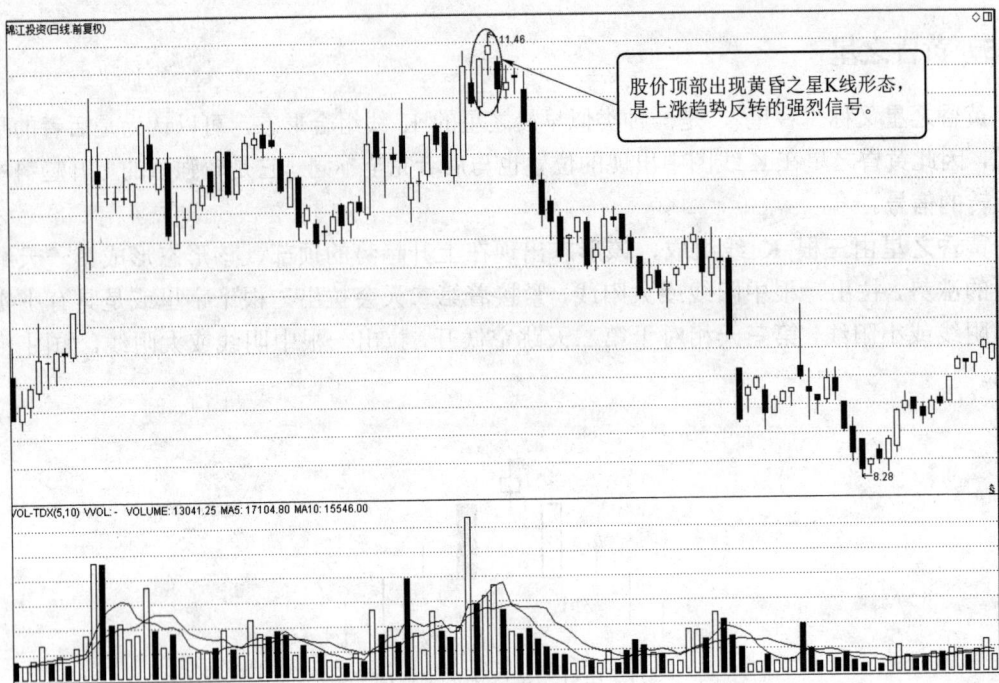

股价顶部出现黄昏之星K线形态，是上涨趋势反转的强烈信号。

图 1-52　锦江投资日 K 线

1.4.6　三只乌鸦

三只乌鸦形态会出现在股价上涨的顶部或下降途中，也有可能出现在上升行情的回调中，无论出现在哪里，它所预示的都是下跌的信号。投资者在 K 线图中一旦遇到该形态应及早抛出股票。

三只乌鸦形态由三根阴线组成。股价在运行过程中，连续出现三根阴线，并且每日的开盘价都在上根 K 线的实体部分之内，其收盘价一根比一根低，每天收盘价基本都是当天最低，如图 1-53 所示。

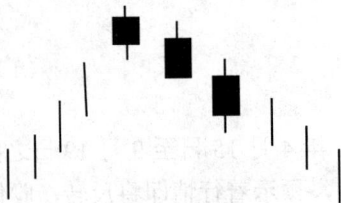

图 1-53　三只乌鸦示意图

三只乌鸦形态意味着卖方力量在不断加强，是强烈的下跌信号。在该形态形成时，如果内盘（卖方）大于外盘（买方），并且成交量逐渐放大，说明抛盘在增加，所预示的跌势就非常强烈。另外，在该形态中，三根阴线的下影线越短，说明股价的支撑力越小，看跌的趋势越明显；如果该形态中 K 线的下跌幅度越大，也说明看跌信号越确切。

三只乌鸦形态形成后，无论成交量、下跌幅度等因素如何，其后市股价都是看跌的，所以当该形态形成后，第一天开盘时，投资者就应将手中的股票抛出，到了合适时机再买入。

实训示例

第一医药（600833）在 2011 年 4 月 21 日至 4 月 25 日间连续收了三根小阴线，每根 K 线的实体都在上根 K 线之内，形成了三只乌鸦的形态，该形态预示着后市股价将下跌，所以投资者应该在 4 月 26 日开盘后尽快卖出手中的股票，如图 1-54 所示。

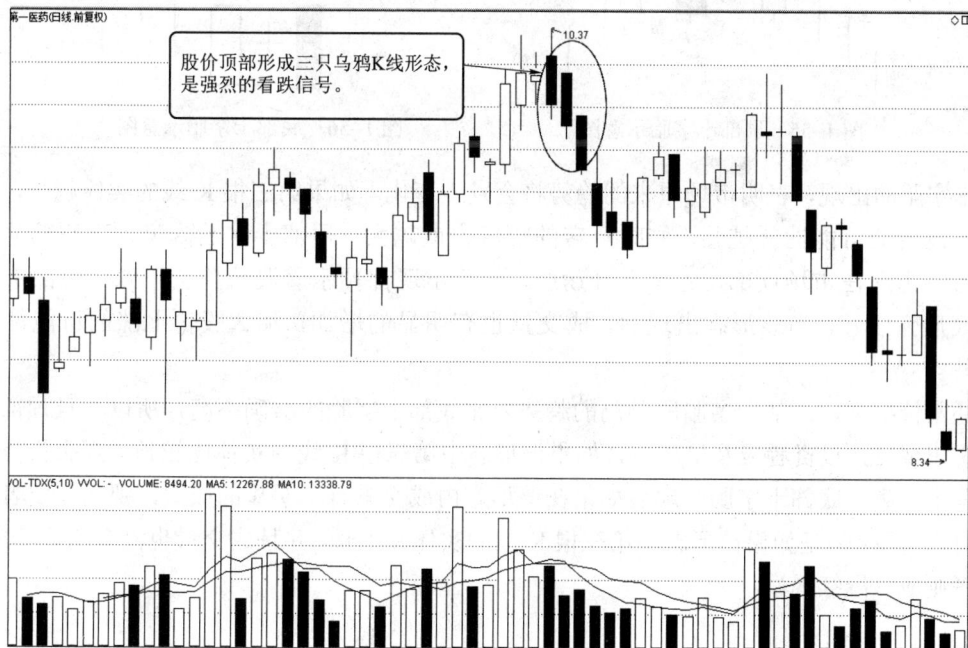

图 1-54　第一医药日 K 线

1.4.7　十字胎

十字胎形态也被称为"孕育线"的变化图形，但是十字胎形态所预测的股价走势要强烈得多，出现该形态后，未来的股价趋势既有可能为涨势，也有可能为跌势，具体要根据 K 线形态所处的位置来分析。

十字胎形态包括顶部十字胎和底部十字胎两种。顶部十字胎有可能出现在股市顶部或上升途中，在该形态中第一根 K 线延续之前的升势，以大阳线或中阳线结尾，第二天却一反常态，开盘价与收盘价基本相同，因此当天会收出一根十字星 K 线，该 K 线完全被包含于第一根 K 线内，表明市场买卖力量在进行激烈的争斗，第三根 K 线为阴线，如图 1-55 所示。底部十字胎出现在市场底部，第一根 K 线延续之前的跌势，以大阴线或中阴线结尾，第二根 K 线为十字星，该 K 线完全被包含于第一根 K 线内，表明市场的买卖力量争斗非常激烈，第三根 K 线为阳线，如图 1-56 所示。

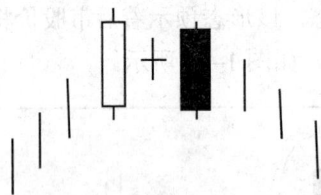

图 1-55　顶部十字胎示意图　　　　图 1-56　底部十字胎示意图

十字胎的出现，表明市场原来的趋势将会发生变化。如果第三根 K 线的实体越长，则股价发生反转的可能性就越强，同时反转的幅度也就越大。顶部十字胎为见顶下跌信号，无论该形态出现在市场顶部，还是上升途中，一旦出现都预示着股价将会下跌。底部十字胎为见底反弹信号，当该形态出现后，成交量也有明显的增加，那么股价上涨的可能性就更强一些。

通常情况下，顶部十字胎所预测的趋势要比底部十字胎的准确率高，所以一旦顶部十字胎形态出现后，投资者应及早离场，如果该形态中第三根 K 线的实体比较长，那么投资者更应该马上撤离。底部十字胎出现后如果在该形态内成交量有了明显的放大，那么投资者就可以及时入市了；但是如果该形态中第三根 K 线的实体并不长，并且成交量也没有明显的放大，投资者则应该继续观察。

实训示例

广誉远（600771）2014 年 7 月 16 日到 7 月 18 日之间股价处在下跌调整底部区域，期间 K 线图形成十字胎形态，预示股价可能反转上涨，7 月 21 日，股价放量收出大阳线，表明反转趋势确立，投资者可逢低买入，如图 1-57 所示。

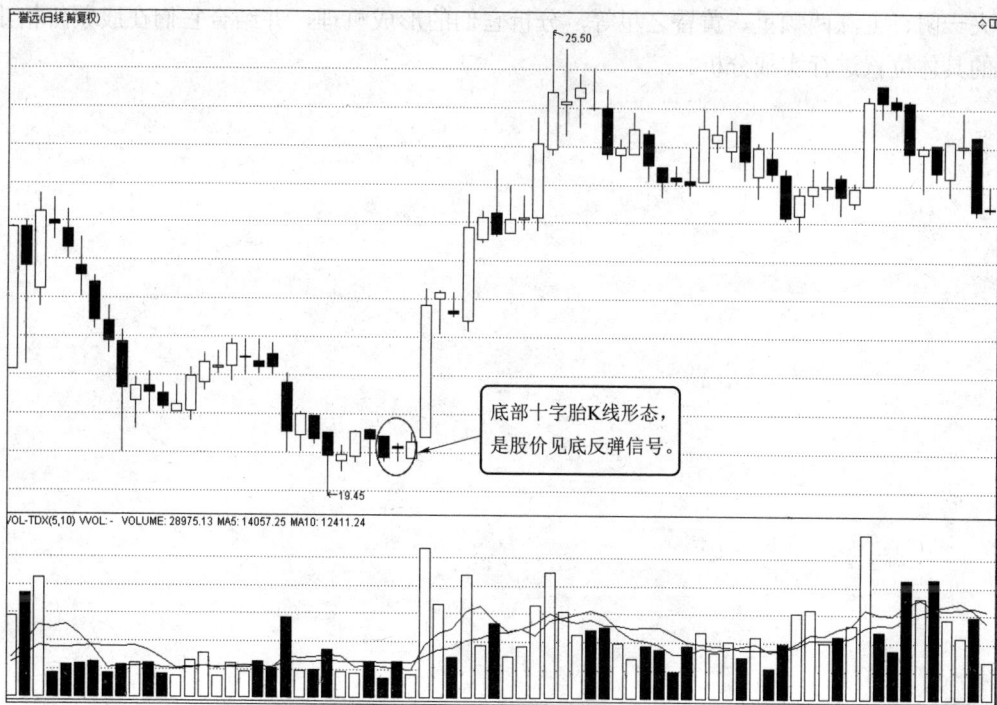

图 1-57　广誉远日 K 线

实训项目任务

任务一：任选一只股票，观察它的日 K 线图，从中分别找出一根阳线、一根阴线和一根十字线，分别标出它们的开盘价、最高价、最低价和收盘价。

任务二：任选一只股票，查看它的日 K 线图，并且切换 K 线分析周期至周 K 线图、月 K 线图、季 K 线图及年 K 线图，总结它们的走势规律并分析它们之间的区别。

任务三：任选几只股票，找出不少于五种典型的单日 K 线图，如光头光脚阳线、光头光脚阴线、光头阳线、光脚阴线、十字线等，查看它们的分时走势图，分析它们的形成机理，并结合它们在股票价格走势图中的具体位置进行实战分析。

任务四：任选几只股票，找出不少于五种典型的双日 K 线组合图，如曙光初现、旭日东升、向上跳空缺口、插入线、覆盖线等，分析它们的形成机理，并结合它们在股票价格走势图中的具体位置进行实战分析。

任务五：任选几只股票，找出不少于五种典型的三日 K 线组合图，如希望之星、红三兵、两阳夹一阴、上涨两颗星、黄昏之星等，分析它们的形成机理，并结合它们在股票价格走势图中的具体位置进行实战分析。

实训项目 ② 趋势理论及其在实战中的应用

本项目共设计了三个实训任务，分别是趋势的识别、支撑压力线、趋势线和轨道线及其实战应用。

趋势是价格波动的方向，或者说是证券市场运动的方向，证券市场中的趋势是一种客观规律，无论股票、期货、外汇，准确把握了市场的运行方向，顺势而为，就能提高盈利的概率。

实训目的

1. 掌握趋势的方向识别和类型分类。
2. 理解支撑压力的概念和角色的相互转化。
3. 掌握趋势线和轨道线的画法及在实战中的应用。

实训要求

1. 能够识别和分析个股或者指数历史 K 线图的趋势方向和主要趋势。
2. 能够使用画图工具准确地画出股票 K 线图某段走势的支撑压力线。
3. 能够在实战中熟练使用支撑线和压力线的相互转化及突破。

4. 能够使用画图工具准确地画出股票或指数 K 线图的趋势线和轨道线。

实训项目内容

1. 趋势的识别。
2. 支撑压力线实战应用。
3. 趋势线和轨道线实战应用。

2.1 趋势的识别

2.1.1 趋势的定义

证券市场的价格随时间的推移，在图表上会留下自己的痕迹，这些痕迹会呈现一定的方向性，这种方向反映了价格的波动情况。

趋势就是价格波动的方向，或者说是证券市场运动的方向。若确定了当前市场是一段上升（或下降）趋势，则价格的总体波动就是向上（或向下）运动。当然，在上升的趋势里，会出现股价短暂下降的走势，但这不是主流，不影响股价上升的大方向，不断出现的新的高价会吞没偶尔出现的小幅度下降。在下降趋势中，情况正好相反，不断出现的新的低价会使中途的反弹失去意义。

技术分析三个假设的第二条明确说明价格的变化是有趋势的，如果没有其他原因，价格将沿着这个趋势继续运动。这一点说明了趋势这个概念在技术分析中占有很重要的地位，是投资者应该注意的核心问题。

2.1.2 趋势的方向

一般来说，市场变动不是朝一个方向直来直去，中间肯定要出现曲折。从图形上看就是一条蜿蜒曲折的折线，每个折点处就形成一个峰或谷，从这些峰和谷的相对高度上，我们可以看出趋势的方向。

趋势有三种方向：第一，上升方向；第二，下降方向；第三，水平方向，即无趋势方向。在实际的投资行为中，我们重点关注的是上升方向和下降方向。

1. 上升趋势

价格的波动在 K 线图上会形成一些峰和谷。直观地看，如果价格波动图形中后面的峰和谷都高于前面的峰和谷，那么趋势就应该属于上升的方向，这就是常说的一底比一底高或底部抬高，我们称之为上升趋势，如图 2-1 所示。

2. 下降趋势

如果图形中后面的峰和谷都低于前面的峰和谷，那么趋势就应该是下降方向，这就是常说的一顶比一顶低或顶部降低，我们称之为下降趋势，如图 2-2 所示。

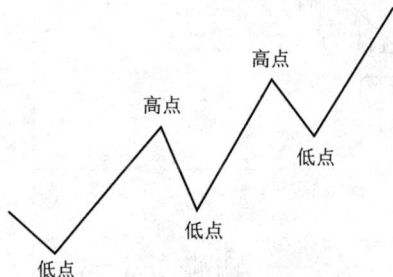

图 2-1　上升趋势示意图　　　　　图 2-2　下降趋势示意图

3. 无趋势

如果价格图形中后面的峰和谷与前面的峰和谷相比，没有明显的高低之分，几乎呈水平延伸，这时的趋势就是水平方向，我们称之为无趋势或者趋势不明朗，如图 2-3 所示。无趋势意味着这时的市场正处在供需平衡的状态，下一步价格朝哪个方向运动的偶然性很大，没有规律可循，而基于这样的走势形态去预测它的运动方向是极为困难的。

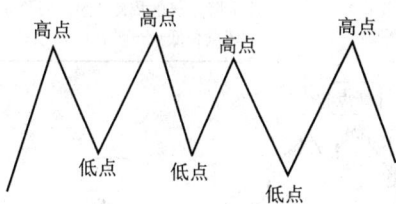

图 2-3　无趋势示意图

![实训示例图标] **实训示例**

老板电器（002508）从 2011 年年底到 2016 年 5 月份，长达 4 年半的股价走势一直处于上升趋势中，从老板电器的周 K 线图可以清楚地看出其股价走势中的低点和高点都在不断地抬高，如图 2-4 所示。

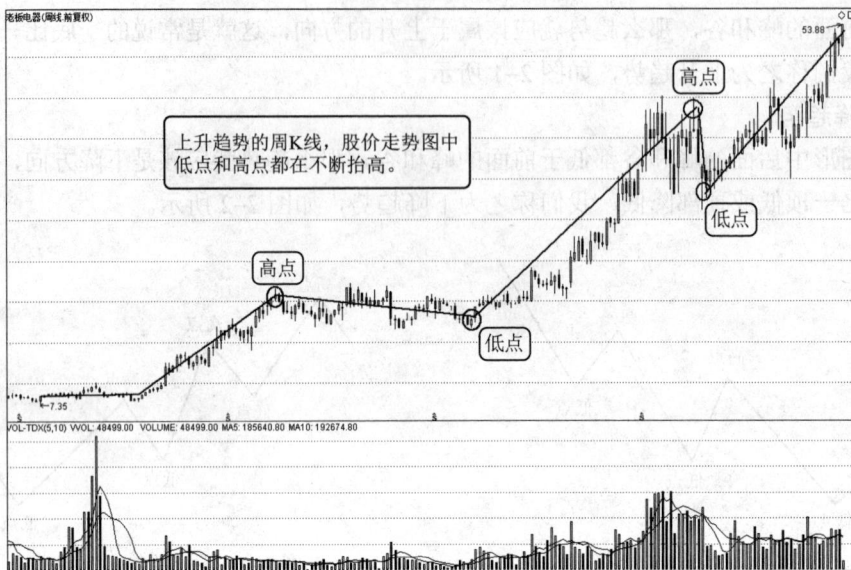

图 2-4　老板电器周 K 线

大同煤业（601001）从 2011 年 3 月 11 日到 2014 年 4 月 25 日，长达 3 年的时间，其股价一直处于下降趋势中，从其周 K 线图中可以清楚地看出其股价走势中的低点和高点都在不断地降低，如图 2-5 所示。

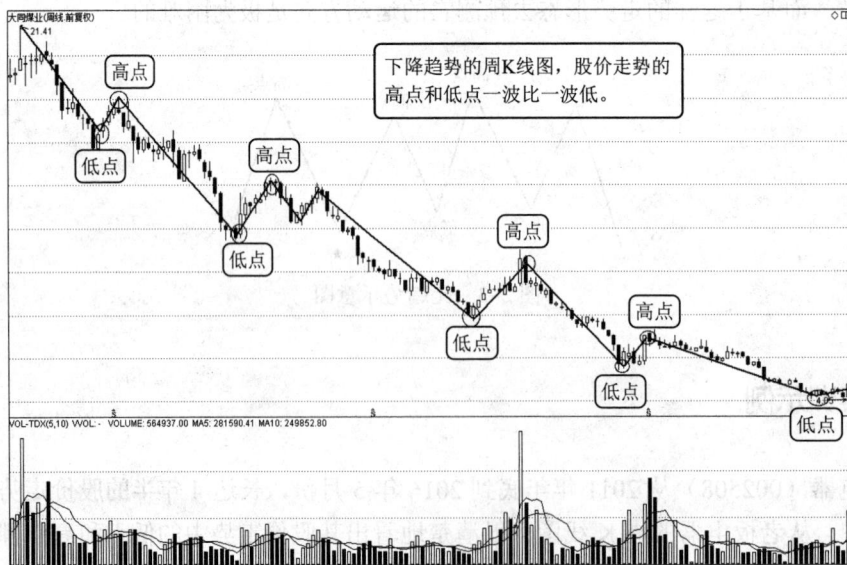

图 2-5　大同煤业周 K 线

民生银行（600016）2014 年 1 月 21 日到 11 月 25 日之间，其日 K 线走势呈水平波动状态，股价高点和低点呈水平延伸，这时的趋势属于水平方向，如图 2–6 所示。

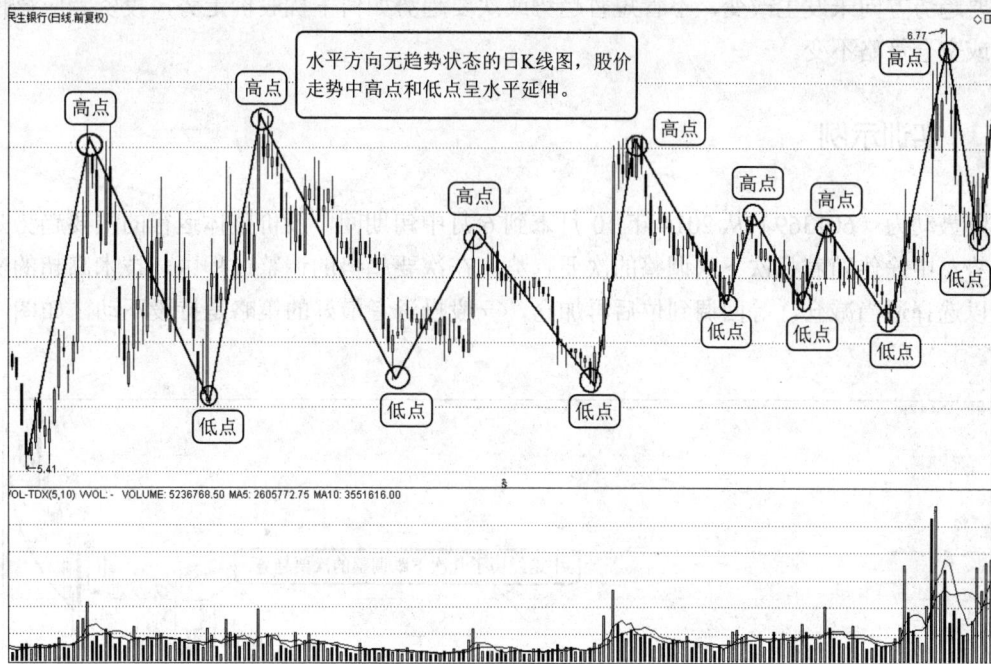

图 2–6　民生银行日 K 线

2.1.3　趋势的类型

按道氏理论的分类，趋势分为三个类型。

第一种趋势类型是主要趋势（primary trend）。主要趋势是趋势的主要方向，是证券投资者极力要弄清楚的目标，证券投资者在了解了主要趋势后才能做到顺势而为。主要趋势是价格波动的大方向，持续的时间一般比较长，技术分析三个假设中的第二个假设就是用于说明这一点。

第二种趋势类型是次要趋势（secondary trend）。次要趋势是在主要趋势中进行的调整。我们知道，趋势不会一成不变地直来直去，总有局部调整和回撤的过程，次要趋势正是完成这一使命。

第三种趋势类型是短暂趋势（near term trend）。短暂趋势是在次要趋势中进行的调整。短暂趋势与次要趋势的关系就如同次要趋势与主要趋势的关系一样。

这三种趋势类型的最大区别是时间的长短和波动幅度的差异。以上三种划分可以解释绝大多数的行情。在具体的实战买卖决策当中，短暂趋势和次要趋势应该服从于主要趋势，只要主要趋势方向未发生改变，不管短暂趋势或次要趋势如何干扰股价走势，投资者应该保持持股或空仓策略不变。

实训示例

陕鼓动力（601369）从 2014 年 10 月末到 6 月中旬期间，股价整体运行的主要趋势是上升趋势，中途伴随着几次下跌调整的次要趋势。在次要趋势的调整过程中，技术高超的交易者可以选择适当减仓，等回调到位后再加仓，一般投资者最好的策略是持股不动，如图 2-7 所示。

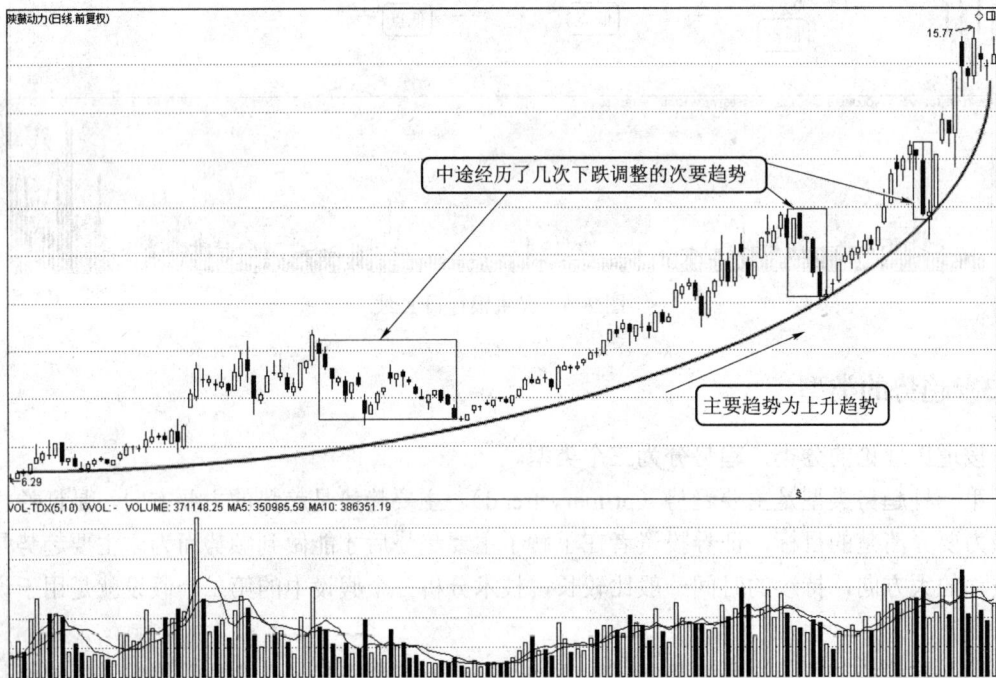

图 2-7　陕鼓动力日 K 线

方正科技（600601）从 2015 年 6 月到 2016 年 6 月期间，股价的主要运行趋势是下降趋势，中间伴随着几波反弹上涨的次要趋势。在下降趋势中，一般投资者最好的投资策略是空仓，耐心等待趋势反转，短线投资者可以控制仓位参与次要趋势的反弹行情，如图 2-8 所示。

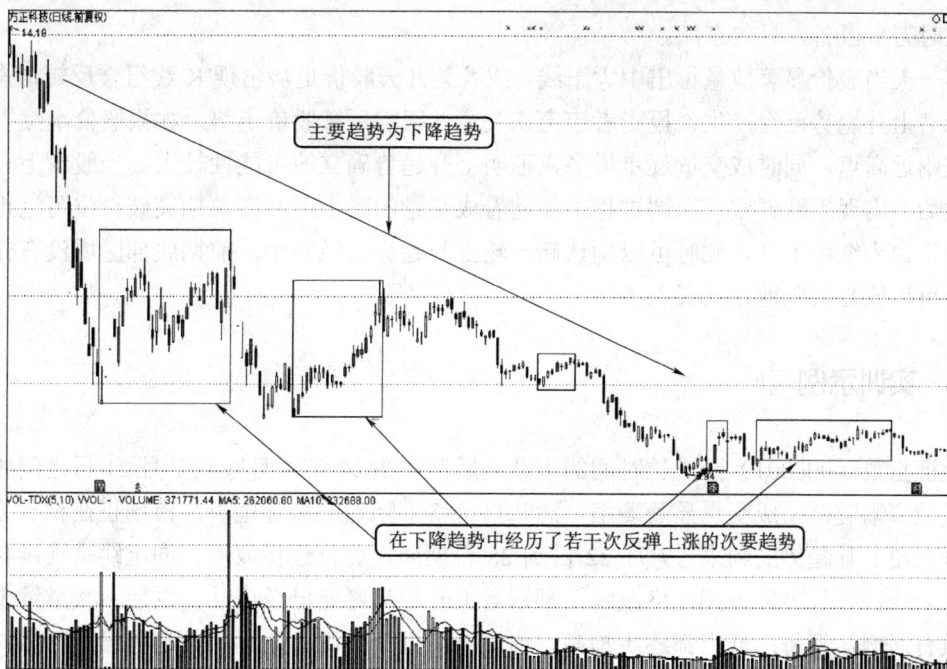

图 2-8 方正科技日 K 线

2.1.4 趋势的生命周期

大盘指数或者个股价格运动趋势背后的驱动力量是宏观经济周期或上市公司的生命周期。宏观经济的复苏、繁荣、衰退和萧条对应着大盘指数上升趋势的产生、发展、结束及下降趋势的到来。可见，证券市场趋势是有生命周期的。在国内 A 股市场，大部分投资者只有在趋势产生和发展初期或中期买入股票，持有到趋势结束，并且在下降趋势的整个生命周期内空仓观望，才能获利最大化。因此对趋势，特别是上升趋势各个阶段中市场特征的研究具有重要的实战意义。

一轮完整的上升趋势一般包括以下几个阶段。

1. 趋势的产生和确认

当指数或股价经过长时间的下跌之后，卖方力量逐渐衰竭，市场成交越来越低迷，表现在 K 线图上，有以下几个特征：① 价格下降趋缓，并逐渐走平，长时间维持在底部一个窄幅区间内上下震荡。② 相当多的日 K 线呈现为小阴小阳形态，或者是小十字线形态。③ 成交量极度萎缩，通常为股价顶部区域成交量的十分之一或者更少。这些特征的出现意味着下降趋势接近尾声，买卖双方恢复平衡状态，市场正在积蓄力量，等待机会开展新一轮上升趋势。此时万事俱备，只欠东风。

　　某一天当股价显著放量拉出中大阳线，或者某几天股价走势出现 K 线组合反转形态，通常预示着上升趋势已经产生，投资者应密切关注并跟踪后续股价走势。如果股价继续上升，并突破附近高点，同时成交量逐步增多，证明上升趋势确立的可能性较大。当股价上升到一定高位后，出现下跌调整，回调过程中伴随着成交量的减少，并在前期突破价位附近止跌回稳，股价调头继续上升。此时可以确认新一轮上升趋势已经开始，前期底部区域没有介入的投资者可以放心大胆地逢低买入了。

实训示例

　　上证指数（000001）经过长时间的下跌之后，在 2014 年 4 月底到 7 月 21 日之间股价在底部区域窄幅震荡，成交量显著萎缩，意味着价格下降趋势接近尾声，市场正在积蓄力量，等待新一轮上升趋势的到来。7 月 22 日到 28 日期间，股价逐步放量，向上跳空连续拉出几根中大阳线，并且突破近期价格波峰，预示着上升趋势可能已经启动，之后指数继续上升，中途虽有回调，但每次低点都逐步抬高，由此可以进一步确认此轮上升趋势已经形成，投资者可以进场买入了，如图 2-9 所示。

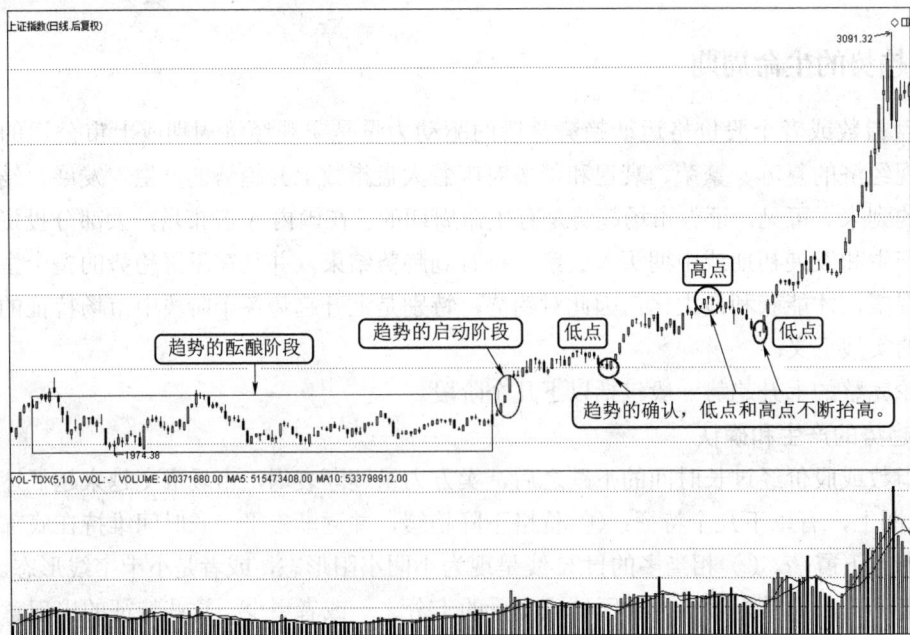

图 2-9　上证指数日 K 线-1

2. 趋势的延续和发展

当趋势形成后，外部的力量一般很难改变趋势运行的主要方向，尽管上升趋势过程中，股价会多次出现小幅下跌回调，但每次回调的低点都会逐渐抬高，长期运行方向不会改变。趋势运行的时间和股价上涨的幅度因行情的性质不同而区别很大，根据 A 股历史经验，指数上升趋势短则 2～3 个月，长则 2～3 年。在这个过程中，投资者要做的最重要的事就是持股不动，不要受短期股价波动震荡的影响而"中途下车"。同时，投资者应该密切关注趋势运行是否正常，是否有反转迹象出现。一个正常上升趋势应该是价格低点和高点逐浪抬高，股价上升的过程中成交量逐步放大，下跌调整的过程中成交量逐渐减少，回调到阶段底部时 K 线形态通常为小阴小阳，调头向上时放量报收中大阳线，如图 2–10 所示。

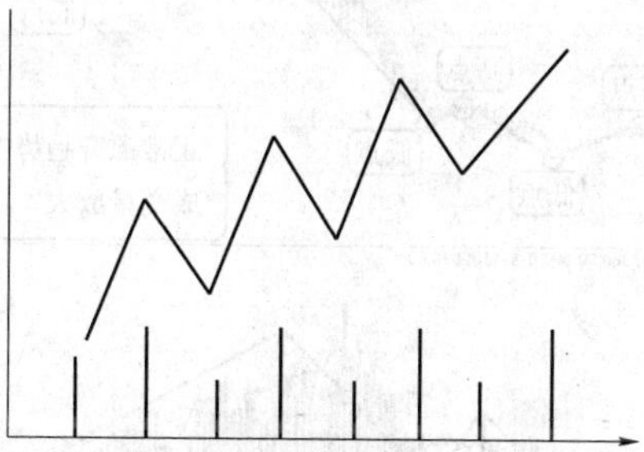

图 2–10　正常上升趋势运行示意图

实训示例

上证指数（000001）在 2014 年 7 月末到 8 月初上升趋势启动和确认之后，开始了长达一年左右的上涨行情，期间价格走势低点和高点逐浪抬高，并且指数上涨时伴随着成交量放大，下跌回调时伴随着成交量缩小，表明这是一段正常的上升趋势，投资者应该坚定信心，持股不动，如图 2–11 所示。

3. 趋势的结束和反转

一轮上升趋势不可能永远持续下去，价格上升到一定高位之后，对继续上升的推动力的要求将越来越大，当买方的力量不足以推动股价继续上涨时，趋势可能就此终止，并反转为下降趋势。从 K 线走势图上来看，趋势反转之前会有几种迹象：① 股价放量滞胀，成交量通常为底部成交量的 10 倍以上或更多，股价却收出小阳线或十字线，甚至是阴线。② 出现天量大阴线或者是典型的顶部反转 K 线组合形态。③ 股价跌破重要支撑线或者中长期均线。

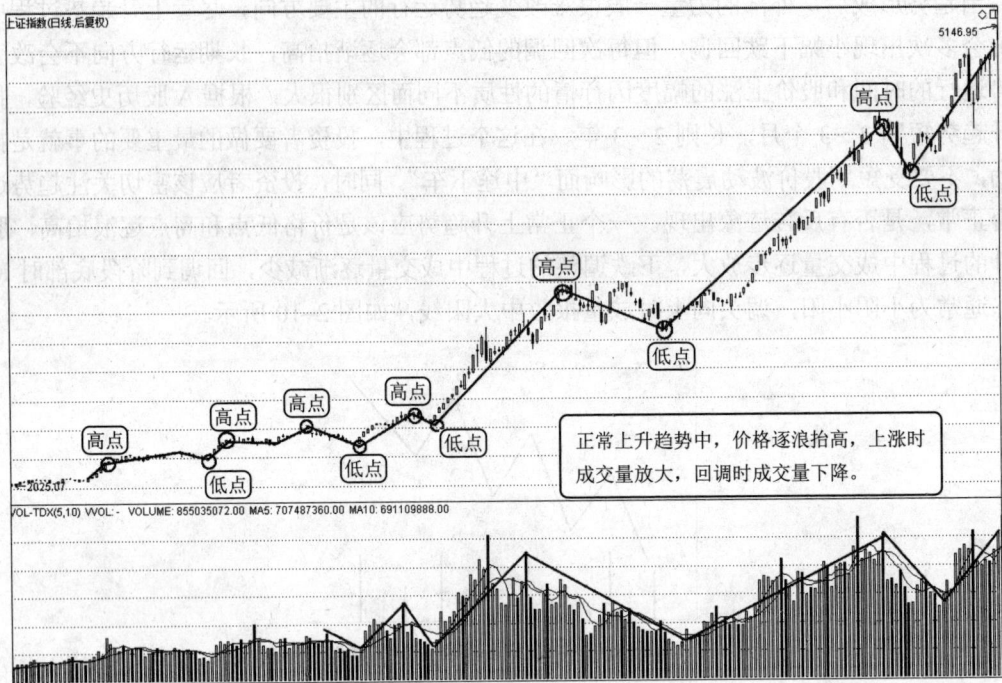

图 2-11　上证指数日 K 线-2

如果出现以上一个或几个特征，表明上升趋势已经结束，下降趋势即将出现。投资者应该果断卖出手中的持股，耐心等待下一轮上升趋势的到来。

实训示例

上证指数（000001）经过长达一年左右的上涨，从 2015 年 5 月末开始，在顶部区域多次出现价格见顶反转信号，如 5 月 28 日出现一根放量大阴线；6 月 8 日到 15 日之间，股价滞胀，之后连续几天向下跳空收出中大阴线，并跌破前期价格低点，表明指数上升趋势就此结束，下降趋势已经形成。投资者应该卖出手中股票，耐心等待下次行情的到来，如图 2-12 所示。

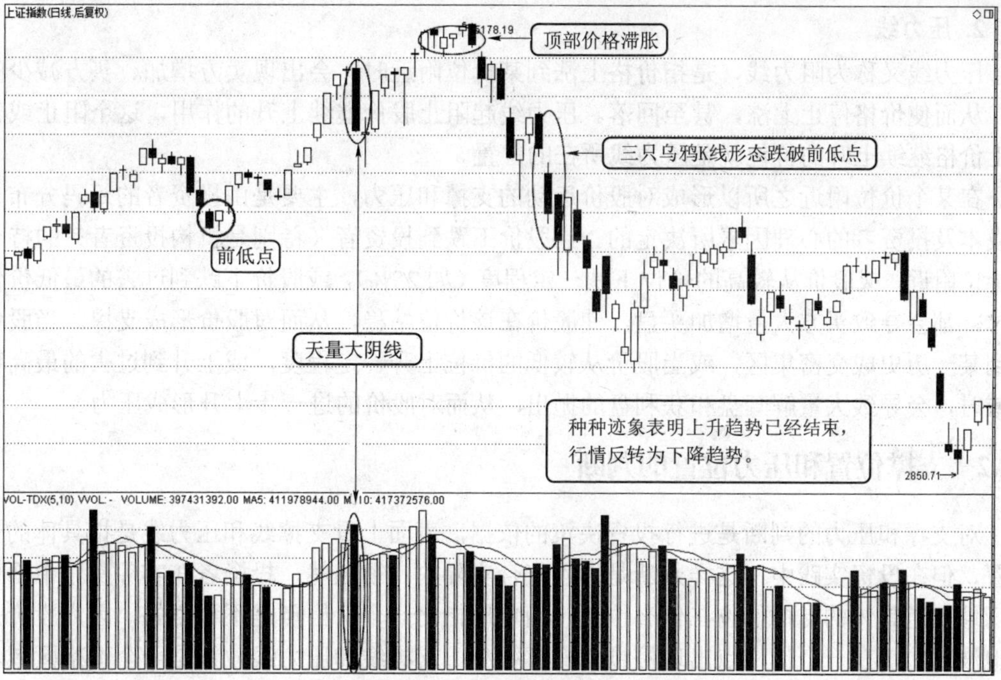

图 2-12　上证指数日 K 线-3

2.2　支撑压力线实战应用

认清趋势是进行投资的重要步骤。在认清了趋势之后，投资者就应该采取相应的行动。例如，如果投资者认识到大牛市已经来临，那么他就应该进入市场进行实际的投资，这时将面临一个选择入市时机的问题。每个投资者都希望在大涨之前的低点买入，或者在涨势中途回落的低点买入。这些低点在哪里呢？对这些问题肯定没有十全十美的答案，但是支撑线和压力线会给我们一定的帮助。

2.2.1　支撑线和压力线的概念

1. 支撑线

支撑线又称为抵抗线，是指价格下降到某个价位附近时，会出现买方增加、卖方减少的情况，从而使价格企稳止跌，甚至还有可能回升。支撑线起阻止价格下跌的作用，这个阻止价格继续下降或暂时阻止价格继续下降的价格位置就是支撑线所在的位置。

2. 压力线

压力线又称为阻力线，是指价格上涨到某价位附近时，会出现卖方增加、买方减少的情况，从而使价格停止上涨，甚至回落。压力线起阻止股价继续上升的作用，这个阻止或暂时阻止价格继续上升的价位就是压力线所在的位置。

在某个价位附近之所以形成对股价运动的支撑和压力，主要是由投资者的筹码分布、持仓成本及投资者的心理因素所决定的。当股价下跌到投资者（特别是机构投资者）的持仓成本价位附近，或股价从较高的价位下跌一定程度（如25%），或股价下跌到过去的最低价位区域时，都会导致买方大量增加买盘，使股价在该价位站稳，从而对股价形成支撑。当股价上升到某一历史成交密集区，或当股价从较低的价位上升一定程度，或上升到过去的最高价位区域时，会导致大量解套盘和获利盘的抛出，从而对股价的进一步上升形成压力。

2.2.2　支撑位置和压力位置的判断

对支撑和压力的判断是进行投资决策的依据，表面上看支撑线和压力线是指具体的价格位置，但在投资实践中，这样判断是很不符合实际的。很显然，投资者在实际操作中不可能确切地知道具体的支撑价位在什么位置，简单地指出一个价格点是不科学的，因为股价是不断地波动的，在一个价格点出现停顿的概率很小。支撑线和压力线应该是一个价格区域。在实际投资活动中常用的判断支撑和压力位置的方法有以下几种。

①　指数或股价在前期走势的波动过程中所留下的局部高点和低点，即前面趋势定义中所提到的波峰和波谷。

②　指数或股价的密集成交区。所谓密集成交区是指价格波动过程中在某个特定的位置附近持续的时间比较长，或者在这个特定的价位处交易比较活跃，成交量比较大。

③　指数或股价整数点。往往在整数的价位（比如上证指数3000点）更容易引起投资者的重视，成为重要的支撑或压力位。

实训示例

小天鹅A（000418）在2015年6月18日股价创出历史新高，此价格高点成为一个重要的压力位，后续股价多次试图冲击此压力位都失败返回。2016年4月22日，股价放量长阳突破此压力位后，该价格高点即成为一个重要的支撑价位，股价上涨途中回调至该价位附近即受到支撑而止跌，如图2-13所示。

华帝股份（002035）在2015年7月13日附近交易活跃，成交密集，意味着此价格附近可能是个重要的压力位。2015年11月20日、12月23日和1月初股价多次上涨至此压力位附近即调头向下，表明此压力线得到进一步确认，如图2-14所示。

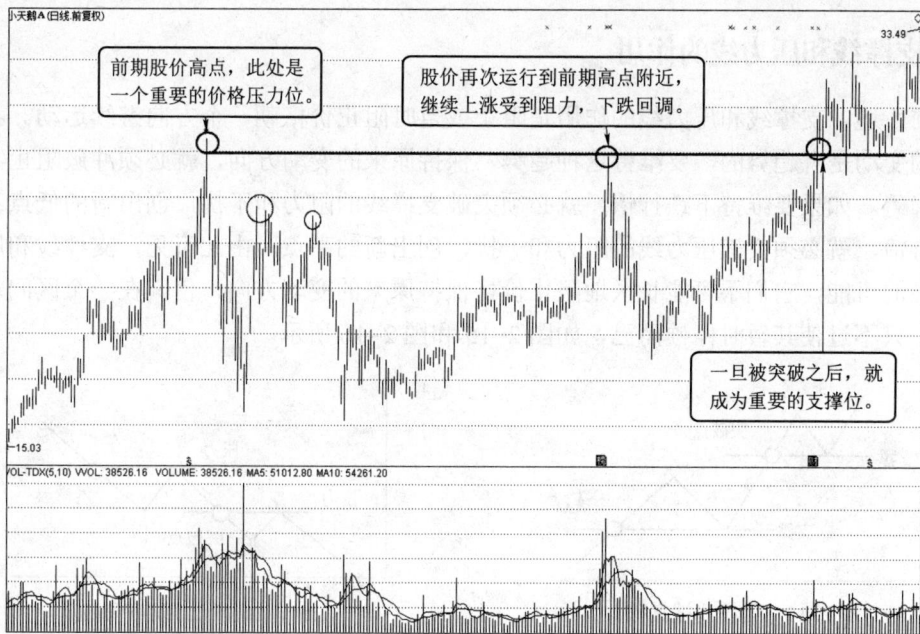

图 2-13 小天鹅 A 日 K 线

小天鹅A(日线 前复权)

前期股价高点，此处是一个重要的价格压力位。

股价再次运行到前期高点附近，继续上涨受到阻力，下跌回调。

一旦被突破之后，就成为重要的支撑位。

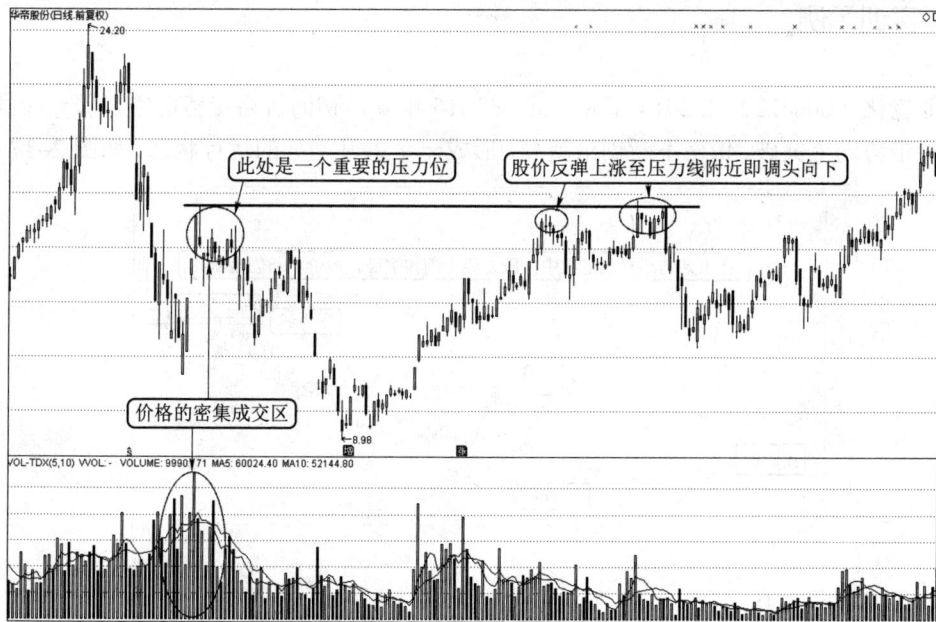

图 2-14 华帝股份日 K 线

华帝股份(日线 前复权)

此处是一个重要的压力位

股价反弹上涨至压力线附近即调头向下

价格的密集成交区

2.2.3　支撑线和压力线的作用

如前所述，支撑线和压力线的作用是阻止或暂时阻止价格朝一个方向继续运动。我们知道价格的变动是有趋势的，要维持这种趋势，保持原来的变动方向，就必须冲破阻止其继续向前的障碍。如果要维持下跌行情，就必须突破支撑线的阻力和干扰，创出新的低点；要维持上升行情，就必须突破压力线的阻力和干扰，创出新的高点。由此可见，支撑线和压力线有被突破的可能，它们不可能长久地阻止价格保持原来的变动方向，使其在一个区间永远运行下去，只不过使其暂时停顿而已，如图2-15和图2-16所示。

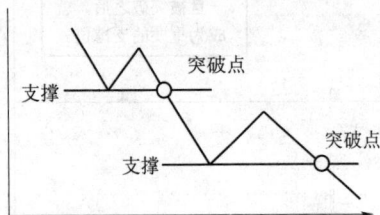

图2-15　支撑线被突破

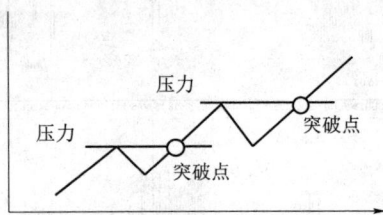

图2-16　压力线被突破

实训示例

湖北宜化（000422）在2014年8月底到2015年6月初的价格走势图中，每一个压力位都被股价走势向上突破，价格不断创出新高，形成一个上升趋势的运行状态，如图2-17所示。

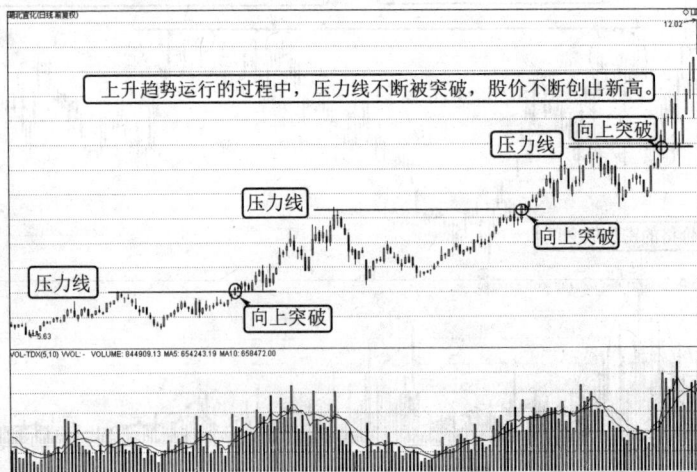

图2-17　湖北宜化日K线

　　五粮液（000858）在 2013 年 1 月到 2014 年 1 月之间的价格走势图中，每个支撑位都被股价走势向下突破，价格不断创出新低，意味着股价正运行在一轮下降趋势中，如图 2-18 所示。

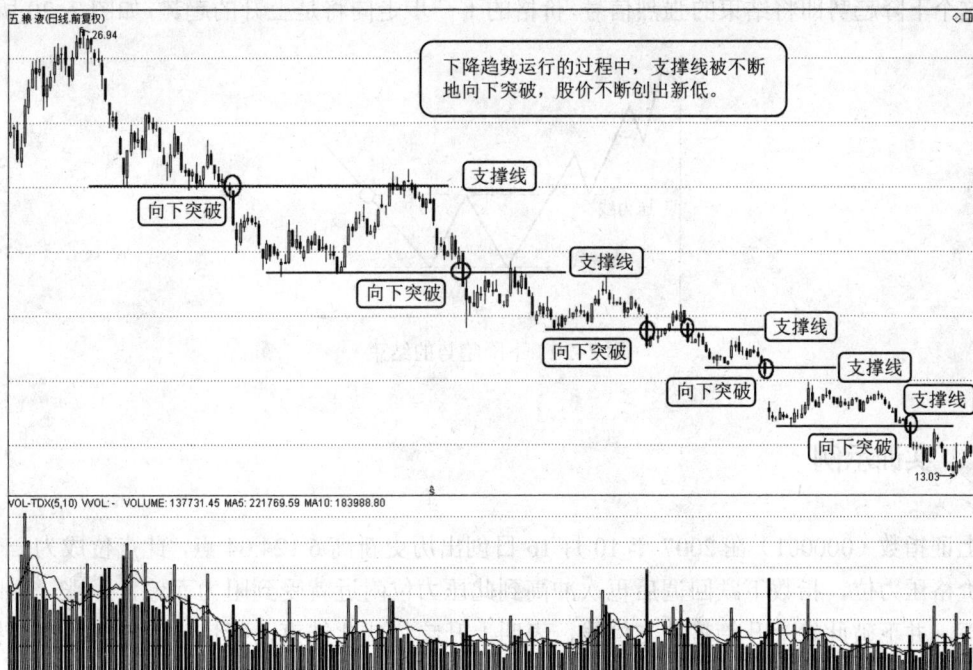

图 2-18　五粮液日 K 线

　　同时，支撑线和压力线又有彻底阻止价格沿原方向变动的可能。当一个趋势终结了或者说到头了，它就不可能创出新的低价或新的高价，这时的支撑线和压力线就显得异常重要。

　　在上升趋势中，如果下一次价格未创出新高，即未突破压力线，这个上升趋势就已经处在比较关键的位置了，如果后续的价格又向下突破了这个上升趋势的支撑线，预示着一个强烈的趋势变化的警告信号就此产生。这通常意味着，这一轮上升趋势已经结束，下一轮的价格走向是下跌，如图 2-19 所示。

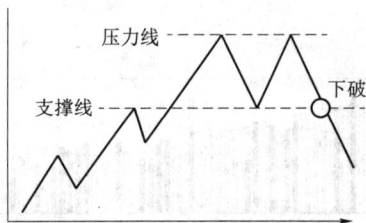

图 2-19　上升趋势的结束

同样，在下降趋势中，如果价格的下一次下跌未创新低，即未突破支撑线，这个下降趋势就已经处于很关键的位置；如果后续的价格走势向上突破了这个下降趋势的压力线，就会发出这个下降趋势即将结束的强烈信号，价格的下一步走向将是上升的趋势，如图 2-20 所示。

图 2-20　下降趋势的结束

实训示例

上证指数（000001）在 2007 年 10 月 16 日创出历史新高 6 124.04 点，此点位成为一个重要的价格压力位，指数下跌回调后再次冲高到此压力位附近就受到阻力而停止上涨，立即调头向下，并下破此轮上升趋势的支撑线，表明上升趋势就此结束，行情转为下降趋势，投资者应该清空股票避险，如图 2-21 所示。

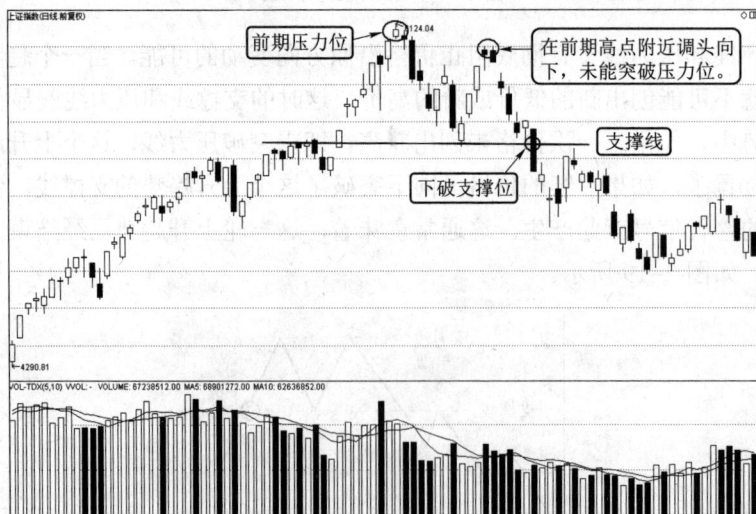

图 2-21　上证指数日 K 线-4

上证指数（000001）经过长达一年多的下跌之后，在 2008 年 10 月 28 日创出新低 1 664.93 点，该点位成为一个重要的价格支撑位，此后指数下跌回调都没有跌破这个价格低位，并于 2009 年 2 月 4 日向上突破此轮下降趋势的压力线，表明下降趋势已经结束，行情反转为上升趋势，如图 2-22 所示。

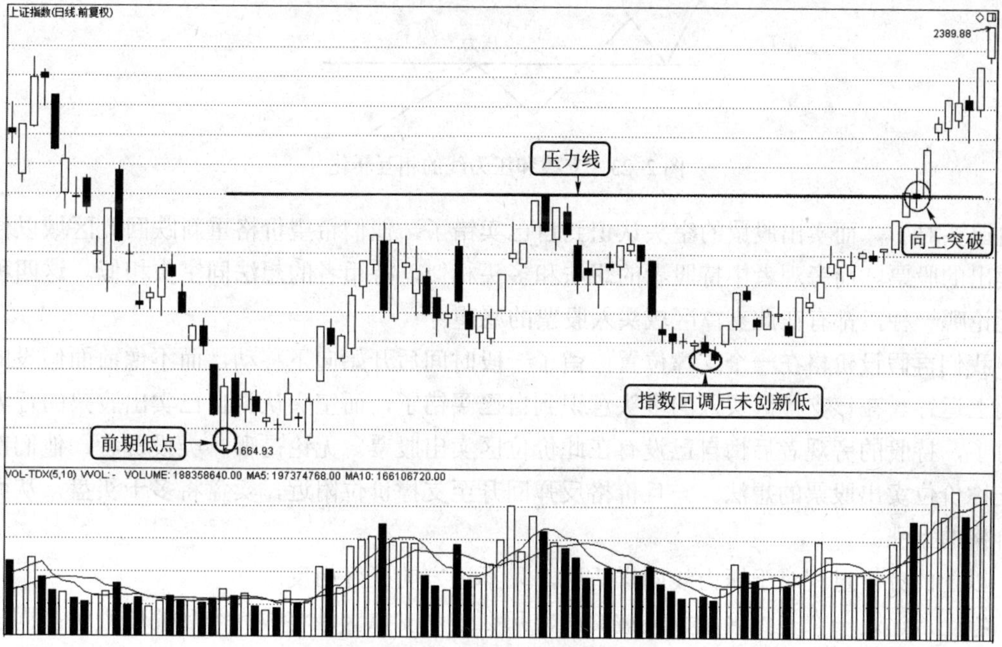

图 2-22　上证指数日 K 线-5

2.2.4　支撑线和压力线的相互转化

当压力线被突破后，价格运行在压力线上方，后续价格下跌回调至此压力线附近时，压力线会转化为支撑线起支撑作用；当支撑线被跌破后，价格运行在支撑线下方，后续价格反弹上涨至此支撑线附近时，支撑线会转化为压力线起压制作用。这称为支撑线和压力线的相互转化，如图 2-23 所示。

支撑线和压力线之所以能起支撑和压力作用，两者之间之所以能相互转化，很大程度上是心理因素方面的原因，这也是支撑线和压力线的理论依据。当然，心理因素不是唯一的依据，还可以找到别的依据，如主力成本等，但心理因素是主要的理论依据。

市场中无外乎有三种人：多头、空头和旁观者。旁观者又可分为持仓者和持币者两种。假设价格在一个支撑区域停留了一段时间后开始上行，在此支撑价位附近买入股票的多头认

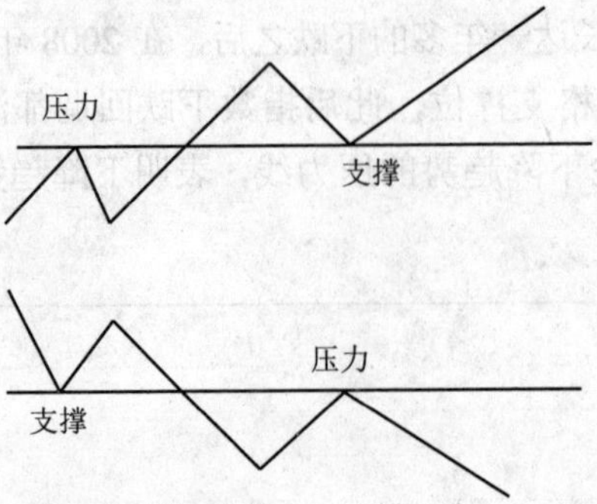

图 2-23　支撑和压力线的相互转化

为自己买对了，而卖出股票的空头认识到自己卖错了，他们希望价格重新跌回此区域以便回补卖出的股票。而旁观者中持股者的想法和多头相似，持币者的想法同空头相似。这四种人中无论哪一种，都有在此支撑区域买入股票的愿望。

　　我们再假设价格在一个支撑位置停留了一段时间后开始向下移动，而不像前面假设的那样向上运行。在该支撑区买入的多头意识到自己买错了，而空头认为自己卖出股票的行为是做对了，持股的旁观者后悔自己没有在此价位区卖出股票。无论是哪一类投资者，他们都有在支撑价位卖出股票的想法。一旦价格反弹回升至支撑价位附近，卖盘将多于买盘，从而压制价格的上涨。

　　以上的分析过程对于压力线同样适用，只不过方向正好相反。

　　综上所述，一个支撑区域如果被突破，那么这个支撑区域将成为今后的压力位；同理，一个压力区域被突破，这个压力区域将成为今后的支撑位。这说明支撑和压力的角色不是一成不变的，它们是可以改变的，改变的前提是被有效的、足够强大的价格变动所突破，如放量中大阳线突破压力线或者放量中大阴线跌破支撑线。

实训示例

　　老板电器（002508）在 2014 年 8 月底到 2015 年 4 月底之间的日 K 线走势中，有 4 次放量长阳突破压力线，表明上涨趋势很明显，每次突破之后都进行一段时间的缩量调整，调整至前一次压力线附近，股价获得支撑，表明此时压力线转换成支撑线，对股价起止跌回稳作用，如图 2-24 所示。

　　潍柴重机（000880）2012 年 1 月 6 日和 4 月 10 日两个价格低点形成一条支撑线，2012 年 7 月初此支撑线被向下突破，此后两年多时间里，这条支撑线一直成为阻碍股价上涨的压力线，股价多次上冲至此价位附近就调头向下，如图 2-25 所示。

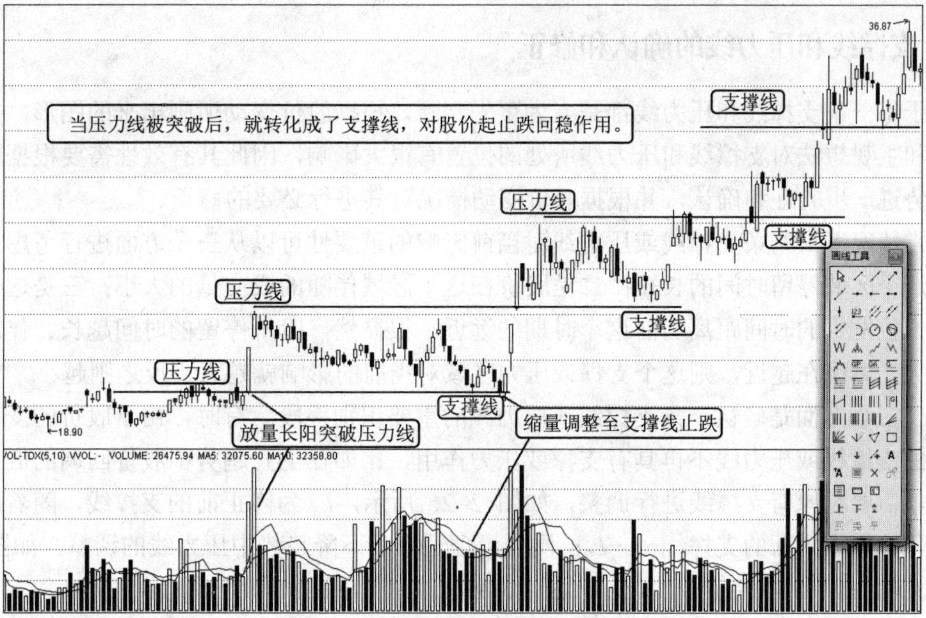

图 2-24 老板电器日 K 线

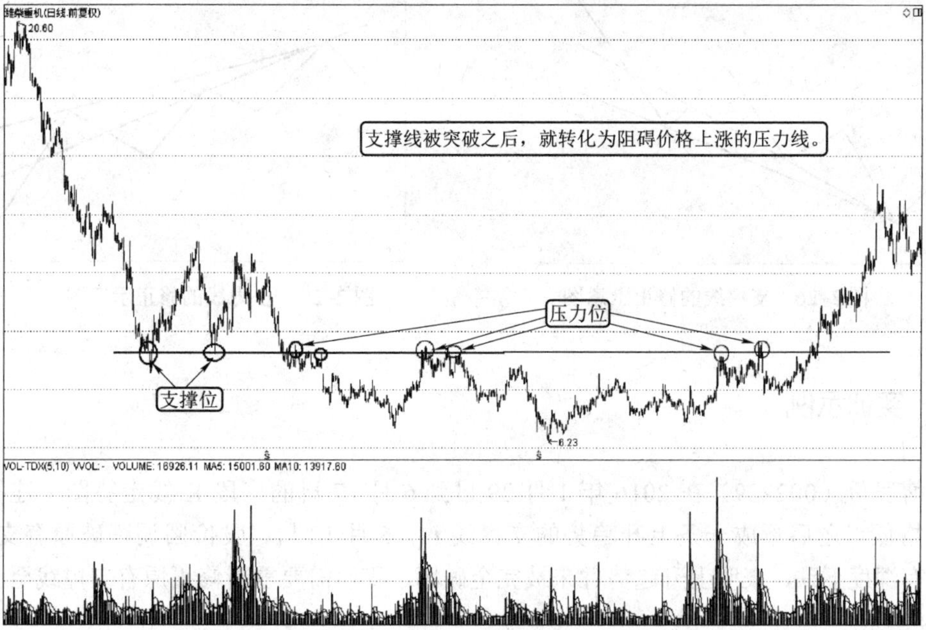

图 2-25 潍柴重机日 K 线

2.2.5　支撑线和压力线的确认和修正

由于每一条支撑线和压力线都是人为事先判断，根据股价变动所画出来的图形，投资者的经验和主观想法对支撑线和压力线所处的位置有很大影响，因此其有效性需要根据股价后续的走势进一步验证和确认，并根据股价变动情况对其进行必要的修正。

通常情况下，一条支撑线或压力线对当前影响的重要性可以从三个方面进行考虑：一是股价在这个区域停留时间的长短；二是股价在这个区域伴随的成交量的大小；三是这个支撑位或压力位发生的时间距离当前这个时期的远近。很显然，股价停留的时间越长、伴随的成交量越大、离现在越近，则这个支撑或压力区域对当前的影响就越大，反之则越小。

上述三个方面是确认一条支撑线或压力线的重要识别手段。有时，由于股价的变动，原来确认的支撑线或压力线不再具有支撑或压力作用，比如在上升趋势中股价回调的低点发生改变，就需要对原有支撑线进行调整，如图 2-26 所示，L_1 为修正前的支撑线，随着股价低点的变化，修正为新的支撑线——L_2；同样道理适用于下降趋势中压力线的调整，如图 2-27 所示。

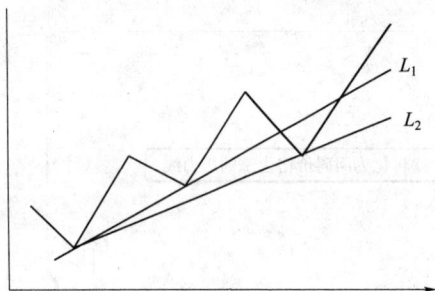

图 2-26　支撑线的修正示意图　　图 2-27　压力线的修正示意图

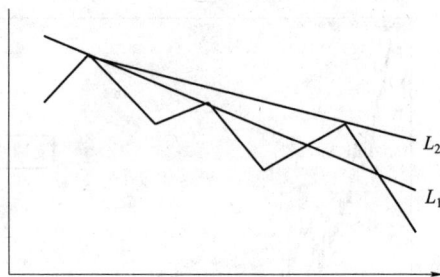

实训示例

鸿博股份（002229）在 2016 年 1 月 29 日到 6 月 17 日的一段 K 线走势图，连接前面几个价格低点之后形成一条上升趋势的支撑线 L_1，5 月 12 日，股价回调跌破原有支撑线，但并没有深度下跌，表明上升趋势并未被完全破坏，我们需要重新修正原有支撑线至 L_2，如图 2-28 所示。

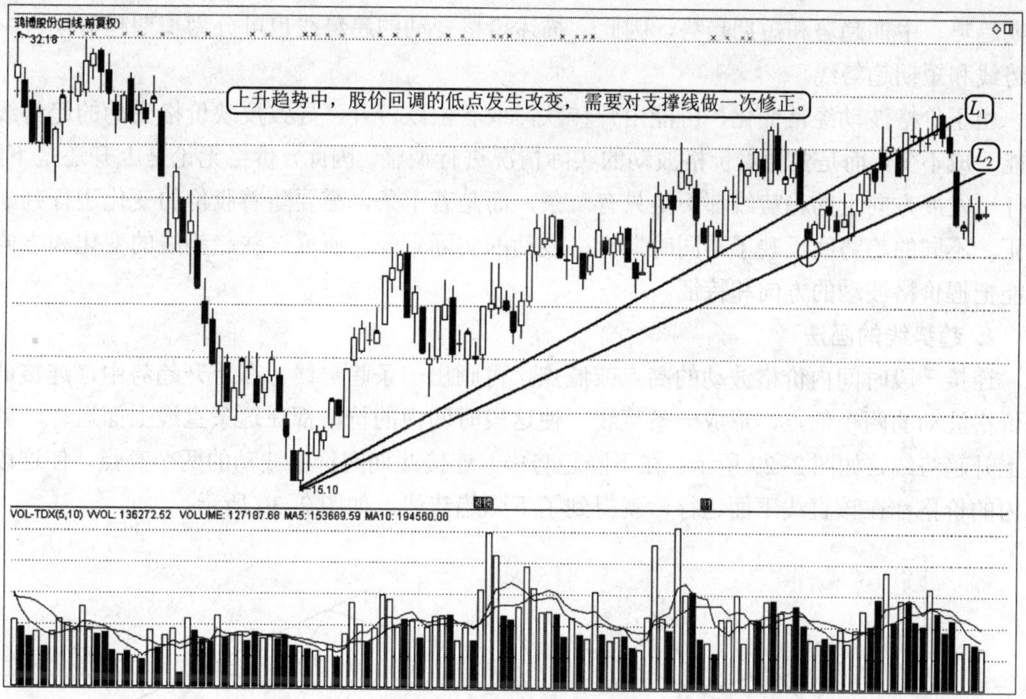

图 2-28　鸿博股份日 K 线

2.3　趋势线和轨道线实战应用

趋势线和轨道线是最常见的支撑压力线，认识支撑压力线可以从它们开始。在实际的应用中，我们在大多数情况下可以通过眼睛直接观察得到，而不一定需要真正地将直线画出来。但是，作为一种对支撑压力线的理解，在最初的时候，我们还是应该一个不少地画出这几种直线。

2.3.1　趋势线

1. 趋势线的含义

由于证券价格变化的趋势是有方向的，因而可以用直线将这种趋势表示出来，这样的直线称为趋势线。趋势线分为上升趋势线和下降趋势线两种，反映价格向上波动发展趋势的称为上升趋势线，反映价格向下波动发展趋势的称为下降趋势线。由于股票价格的波动可分为长期趋势、中期趋势和短期趋势，因此，描述价格变动的趋势线也可分为长期趋势线、中期趋势线和短期趋势线。

由于价格波动经常变化，可能由升转跌，或者由跌转升，导致反映价格变动的趋势线不可能一成不变，而是要随着价格波动的实际情况进行调整。因此，价格无论是上升还是下降，在任一发展方向上的趋势线都不是只有一条，而是若干条，需要随着股价的变化进行判断和修正。不同的趋势线反映了不同时期价格波动的实际走向，研究这些趋势线的变化和方向，就能把握价格波动的方向和特征。

2. 趋势线的画法

连接一段时间内价格波动的高点或低点，可画出一条趋势线。在上升趋势中，连接此期间价格波动的两个低点，形成一条直线，使这段时间内的价格都在这条直线上面运行，就得到上升趋势线，如图 2-29 所示；在下降趋势中，连接此期间价格波动的两个高点，使这段时间内的价格都在该直线下面运行，就得到了下降趋势线，如图 2-30 所示。

图 2-29　上升趋势线　　　　　　　图 2-30　下降趋势线

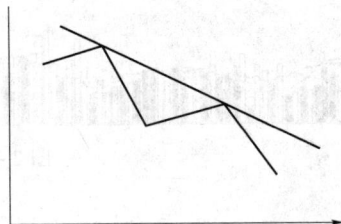

从图中可以看出，上升趋势线起支撑作用，是支撑线的一种，下降趋势线起压力作用，是压力线的一种。

画出趋势线比较容易，但这并不意味着趋势线已经被我们掌握，最关键的问题是正确地确定趋势线的高点和低点。然而正确判断趋势线的高点和低点并不是一件简单的事情，它需要对过去价格波动的形态进行分析研究。根据两点决定一条直线的基本原理，画任何趋势线需要选择两个有决定意义的高点和低点。一般来说，上升趋势线的两个低点，应是反转低点，即下跌至某一低点开始回升，再下跌没有创出新低，则这两个低点就是两个反转低点。同理，决定下跌趋势线也需要两个反转高点，即上升至某一高点后开始下跌，回升并未创出新高，则这个高点就是反转高点。

在若干条上升趋势线和下降趋势线中，最重要的是长期上升趋势线或长期下降趋势线。它们决定了价格波动的主要趋势，具有重要的意义。长期上升趋势线的低点应该是若干年内创下的历史低点；同理，长期下降趋势线的高点应该是若干年内创出的历史高点。由于日 K

线波动幅度比较大，要想在日 K 线图上画出长期趋势线，往往比较困难，通常的做法是把日 K 线图切换到周 K 线或者月 K 线，然后再画长期趋势线。

实训示例

上海建工（600170）在 2014 年 10 月 27 日到 2015 年 6 月 25 日之间，股价处于一波上升趋势，用股票分析软件的画图工具中的线段连接股价走势各低点，就得到一条上升趋势线，这条线也是股价的支撑线。2015 年 8 月 14 日到 2016 年 3 月 30 日之间，股价处于一波下降趋势，连接这期间各股价高点就得到一条下降趋势线，这条线也是股价的压力线，如图 2-31 所示。

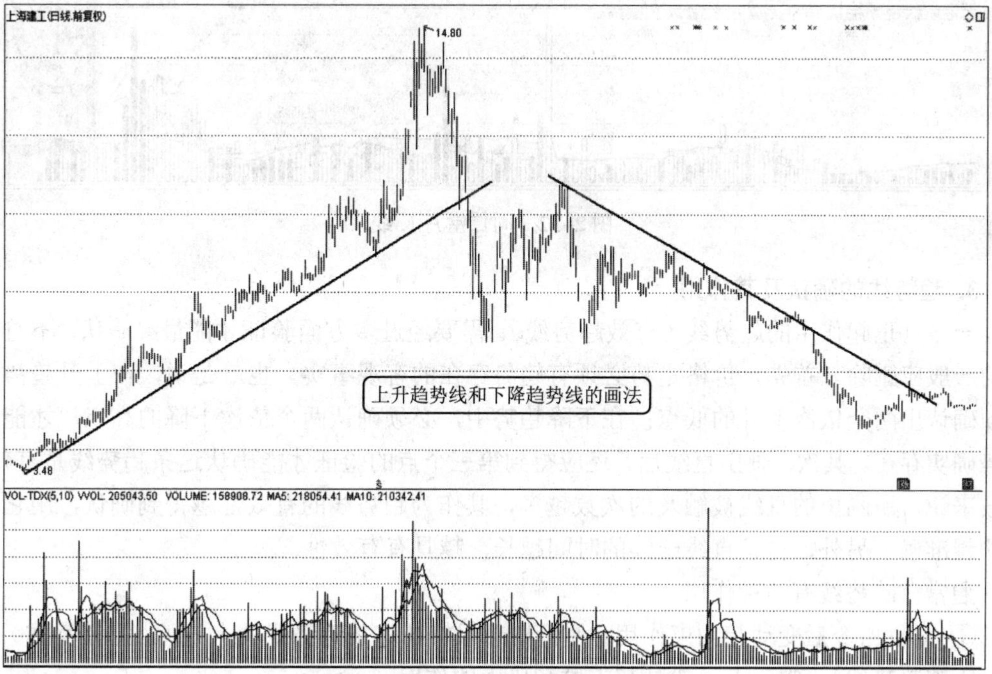

图 2-31 上海建工日 K 线

同仁堂（600085）在 2008 年 11 月底到 2016 年 6 月中旬的月 K 线图。连接期间两个价格低点就形成了一条清晰的上升趋势线，股价在长达 7 年半的时间内都运行在此上升趋势线上方，可见，这是一条长期趋势线，对判断股价运行情况有着重要的意义，如图 2-32 所示。

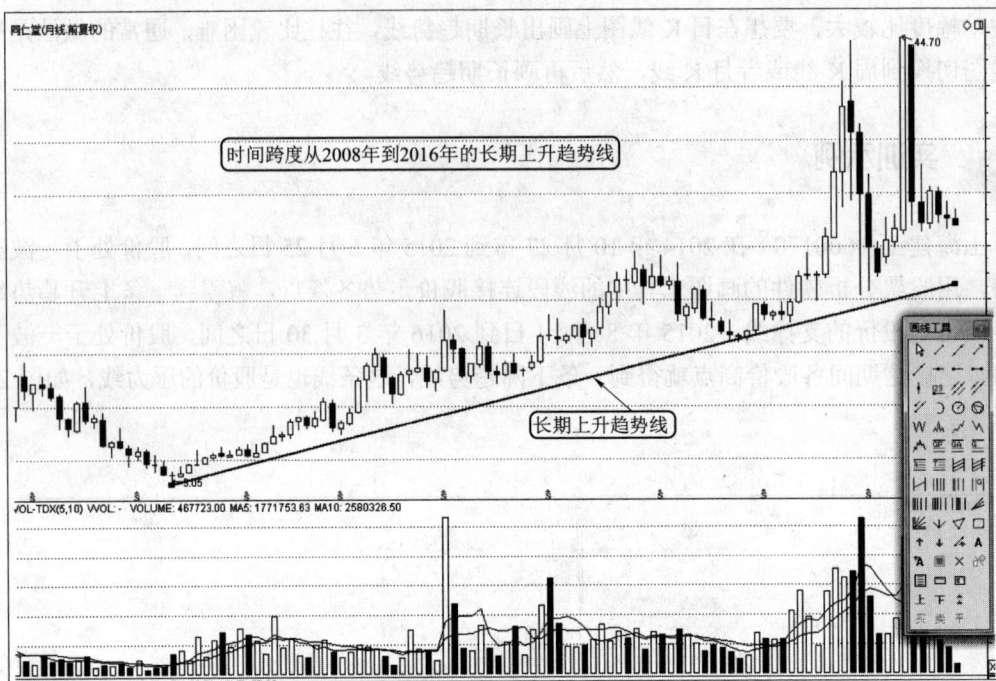

图 2-32　同仁堂月 K 线

3. 趋势线的确认及其作用

一条真正起作用的趋势线（有效趋势线），需要经过多方面验证才能最终确认，不符合条件的一般应删除。首先，价格走势必须有趋势存在的客观事实。也就是说，在上升趋势中，必须确认出两个依次上升的低点；在下降趋势中，必须确认两个依次下降的高点，才能说明趋势确实存在。其次，画出直线后，还应得到第三个点的验证才能确认这条趋势线是有效的。一般来说，所画出的直线被触及的次数越多，其作为趋势线的有效性越得到确认，用它进行预测越准确。另外，这条直线延续的时间越长，越具有有效性。

通常，趋势线有两种作用。

① 对价格今后变动起约束作用，使价格总保持在这条趋势线的上方（上升趋势线）或下方（下降趋势线）。实际上，就是起支撑和压力的作用。

② 趋势线被突破后，意味着股价下一步的走势将要反转。越重要、越有效的趋势线被突破，其趋势反转的信号越强烈。被突破的趋势线原来所起的支撑和压力作用将互换角色。也就是说，原来是支撑线的，现在起压力的作用，原来是压力线的，现在将起支撑的作用，如图 2-33 和图 2-34 所示。

图 2-33 上升趋势线被突破后

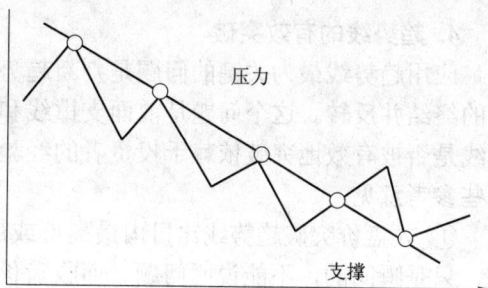

图 2-34 下降趋势线被突破后

实训示例

亚星客车（600213）在 2015 年 7 月 9 日到 12 月 31 日之间经历了一波反弹上涨行情，连接期间走势的低点画出一条上升趋势线，股价在 A 点处放量下破趋势线，表明上升趋势结束，上升趋势线变成了压力线，起阻碍价格继续上涨的作用。接下来股价反弹到 B 点处碰到压力线时即转头下跌，如图 2-35 所示。

图 2-35 亚星客车日 K 线

4. 趋势线的有效突破

应用趋势线最为关键的问题是判断趋势线是否被有效地突破，因为有效地突破意味着趋势的终结并反转。这个问题是前面支撑线和压力线被突破问题的进一步延伸。同样，判断趋势线是否被有效地突破依赖于投资者的经验等主观因素。以下几点是判断趋势线有效突破的一些参考意见。

① 收盘价突破趋势线比日内最高价或最低价突破趋势线更加重要。最高价和最低价的突破，只是瞬间的，不能说明问题。而收盘价的突破，意味着主力对价格一天的波动最终的态度，具有决定性的意义。

② 穿越趋势线后，离趋势线越远，突破越有效。投资者可以根据每只股票的具体运行特点，自己制定一个界限，如离趋势线上涨或下跌10%。

③ 穿越趋势线后，在趋势线的另一方停留的时间越长，突破越有效。很显然，仅在趋势线的另一方停留了一天，肯定不能算有效突破，通常认为3天以上才能算有效。

实训示例

永鼎股份（600105）在2014年6月到2015年4月的日K线走势图，连接图中两个价格低点形成一条上升趋势线。通过观察，我们可以发现在2014年8月27日到29日三天时间里有两天盘中跌破上升趋势线，但收盘价又收上去。有一天收盘价跌破支撑线，但第二天马上站上去，表明这条趋势线并没有被有效突破，如图2-36所示。

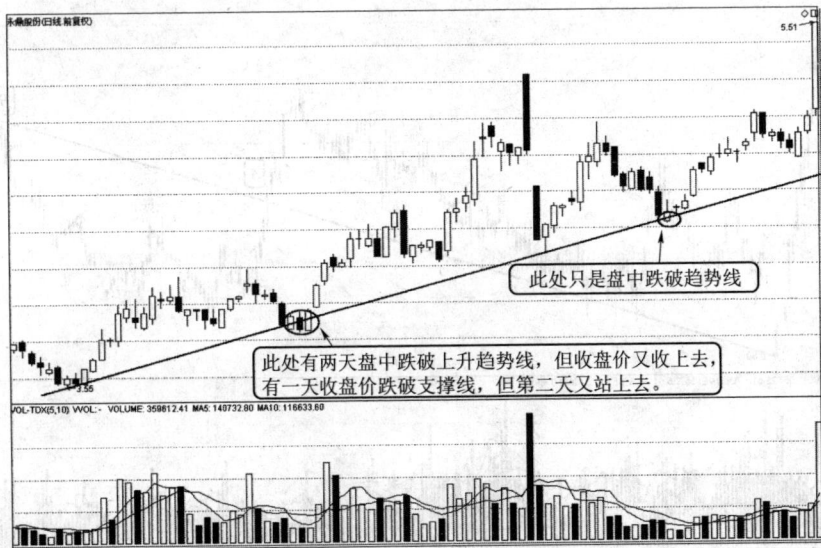

图2-36 永鼎股份日K线

2.3.2　轨道线

1. 轨道线的含义

轨道线又称通道线或管道线，是基于趋势线的一种支撑压力线。在得到了趋势线后，通过第一个峰（或谷）的高点（或低点）可以做出这条趋势线的平行线，这条平行线就是轨道线。两条平行线共同组成了一条"轨道"，这就是市场中常说的上升通道或下降通道，如图 2-37 和图 2-38 所示。轨道线和趋势线是相辅相成的。很显然，先有趋势线，后有轨道线，趋势线比轨道线重要得多。趋势线可以独立存在，而轨道线不能。

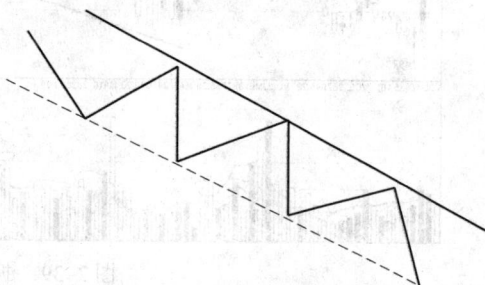

图 2-37　上升轨道线示意图　　　　　　图 2-38　下降轨道线示意图

实训示例

浙江医药（600216）在 2015 年 12 月底到 2016 年 5 月初之间处在一个上升趋势中，把期间股价的高点连接成一条直线，低点连接成另一直线，两条平行线共同组成一条上升通道，期间的股价波动幅度都被限定在此上升通道中，如图 2-39 所示。

2. 轨道线的作用

轨道线的作用是限制价格的变动范围，让它不能过分远离，变得太离谱。一条"轨道"一旦得到确认，那么价格将在这个通道里变动。如果通道上面的直线或下面的直线被突破，就意味着价格将有一个大的变化。

轨道线的另一个作用是提出趋势反转的预警。如果在一次价格波动中未触及轨道线，而且离得很远就开始掉头，这往往是原有趋势将要改变的信号。这是因为，市场已经没有力量继续维持原有的上升或下降的趋势了。

3. 轨道线的确认和突破

同趋势线一样，轨道线也有进一步确认的问题。价格如果得到支撑或受到压力而在轨道

图 2-39 浙江医药日 K 线

线附近调头，一直运行在通道中的下轨之上和上轨之下，那么这组轨道线就得到确认了。当然，轨道线被触及的次数越多，延续的时间越长，其被认可的程度和重要性就越高。

与突破趋势线不同，对轨道线的突破并不是趋势反转的开始，而是原有趋势加速的开始，即原有趋势线的斜率将会增加，趋势线将会更加陡峭，如图 2-40 所示。图中描述的是上升的情况，下降的情况与此相对。

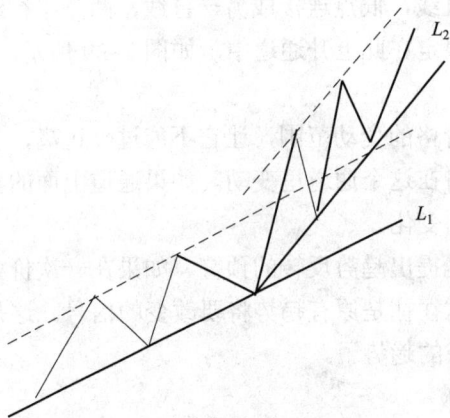

图 2-40 轨道线的突破

实训示例

北京城建（600266）在 2014 年 6 月 20 日到 2014 年 11 月 11 日之间，股价一直处在一个比较平缓的上升轨道（通道 1）中缓慢上行，2014 年 11 月 12 日，一根大阳线突破上行通道的上轨，开始加速上涨，运行在一个比较陡峭的上升轨道中（通道 2）。当股价突破通道 1 时，如果有成交量的配合，那么这个突破点是个很好的买入点，如图 2-41 所示。

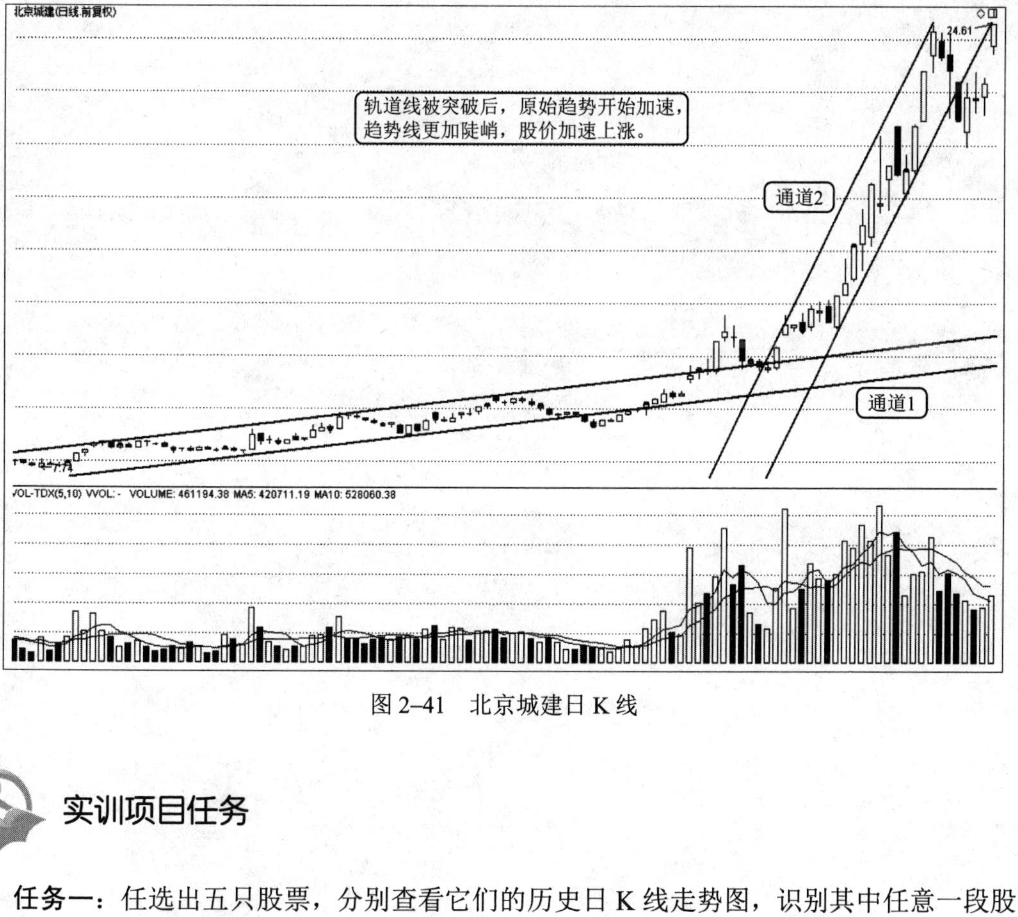

图 2-41　北京城建日 K 线

实训项目任务

任务一：任选出五只股票，分别查看它们的历史日 K 线走势图，识别其中任意一段股价走势的主要趋势和次要趋势。

任务二：任选出五只股票，分别查看它们的历史 K 线走势图，标出任一段走势的趋势方向，分别画出上升趋势的支撑线和下降趋势的压力线。

任务三：任选出两个上升趋势 K 线走势图和两个下降趋势 K 线走势图，分别画出支撑线和压力线，并找出支撑线和压力线的突破点，分析支撑线和压力线的相互转化过程。

任务四：查看上证指数的历史日 K 线走势图，画出指数每一段走势的趋势线，并标出趋势反转的位置，并分析其特征。

任务五：任选出五只股票，画出它们任何一段日 K 线走势的轨道线，找出轨道突破点，并画出突破后的新轨道线，分析突破前后股价走势的区别。

实训项目 ③ 均线理论及其在实战中的应用

本项目共设计了三个实训任务，分别是认识移动平均线、不同周期均线及实战分析、均线排列方式及实战分析。并简要介绍了如何使用股票分析软件设置各种周期的移动平均线。

均线理论是当今应用最普遍的技术指标之一，它帮助交易者确认现有趋势、判断即将出现的趋势、发现即将反转的趋势。投资者在选股的时候可以把移动平均线作为一个参考指标，可以将 K 线和均线放在同一张图里分析，这样非常直观明了。

实训目的

1. 理解移动平均线的计算方法并在股价走势中分析其作用。
2. 掌握典型的单条均线在短、中、长投资周期实战中的应用技巧。
3. 理解均线排列的几种典型方式，并掌握它们在投资实战中的应用。

实训要求

1. 能够计算常用时间周期，如 5 日、10 日、20 日、60 日、250 日的移动平均线。
2. 能够使用常见股票分析软件设置不同周期的移动平均线组合。
3. 能够熟练使用常用的单条均线，如 5 日、20 日、60 日、250 日均线，进行股票买卖决策分析。

4. 能够熟练应用几种典型的均线排列方式，如多头排列、空头排列、黄金交叉和均线粘合等，进行股票买卖决策分析。

实训项目内容

1. 认识移动平均线。
2. 不同周期均线及其实战应用。
3. 均线排列方式及其实战应用。

3.1 认识移动平均线

3.1.1 移动平均线的计算

移动平均线简称均线，它是通过计算股价平均值后得到的一组平滑曲线。证券投资分析软件可以自动生成移动平均线，投资者只需设置参数即可。这里的参数是指时间周期。例如，5 日收盘价的移动平均线，就是当前交易日的收盘价加上前 4 个交易日的收盘价之和，除以周期 5 得到的数值。在 K 线图中用平滑曲线将每个交易日的均线数值连接起来，便形成了收盘价的 5 日移动平均线。如表 3–1 是宝钢股份（600019）从 2016 年 6 月 2 日到 6 月 17 日连续 10 个交易日的收盘价。

表 3–1 宝钢股份（600019）连续 10 个交易日的收盘价

2 日	3 日	6 日	7 日	8 日	13 日	14 日	15 日	16 日	17 日
5.19	5.19	5.20	5.17	5.15	5.03	5.04	5.07	4.99	5.01

如果计算 5 日收盘价的移动平均线，则需要计算每一天的移动平均线数值。

第 5 天（6 月 8 日）移动平均线数值=(5.19+5.19+5.20+5.17+5.15)/5=5.18

第 6 天（6 月 13 日）移动平均线数值=(5.03+5.15+5.17+5.20+5.19)/5=5.15

第 7 天（6 月 14 日）移动平均线数值=(5.04+5.03+5.15+5.17+5.20)/5=5.12

第 8 天（6 月 15 日）移动平均线数值=(5.07+5.04+5.03+5.15+5.17)/5=5.09

第 9 天（6 月 16 日）移动平均线数值=(4.99+5.07+5.04+5.03+5.15)/5=5.06

第 10 天（6 月 17 日）移动平均线数值=(5.01+4.99+5.07+5.04+5.03)/5=5.03

最后将每一个交易日的移动平均线数值用平滑曲线相连接，便形成了 5 日收盘价的移动平均线，如图 3–1 所示。从计算结果中可以看到，该移动平均线是向下运行的，这也代表了短期趋势是向下的。

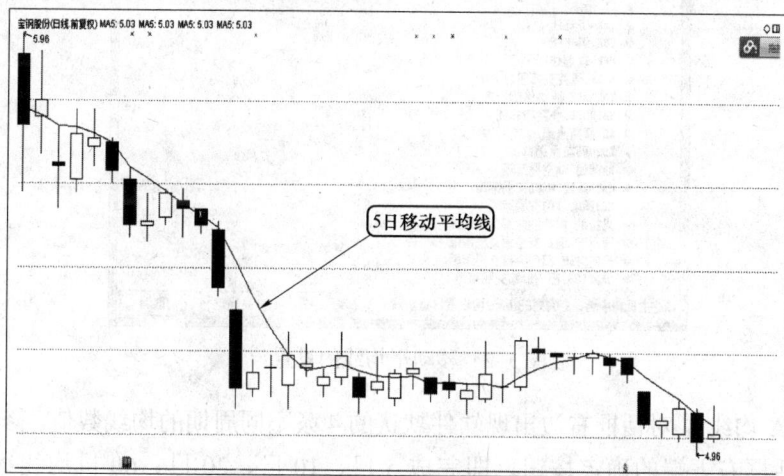

图 3–1　5 日移动平均线

从移动平均线的计算过程可以看到，投资者需要对移动平均线的参数进行设置。不同周期的移动平均线，在图中的表现形式也不一样。而参数的大小，决定了移动平均线是属于短期移动平均线、中期移动平均线还是长期移动平均线。

一般来说，短期移动平均线的周期参数常用的有 5、10、20；中期移动平均线的周期参数常用的有 30、60；长期移动平均线的周期参数常选用 120、250。

3.1.2　移动平均线的设置

各大券商提供的行情软件中，默认的均线组合是 5 日、10 日、20 日、60 日均线及 5 日、10 日、20 日、60 日、120 日、250 日均线两大类。除了软件默认的均线之外，交易者还可以根据自己的习惯和交易需要，自行选择和调整均线的时间周期和均线数量。选择和调整均线的方法如下。

打开交易界面，选择任意股票，如选择上证指数（000001）。切换至日线图，在空白处单击右键，弹出一栏菜单；然后选择主图指标，弹出子菜单；单击主图指标，弹出对话框，如图 3–2 所示。

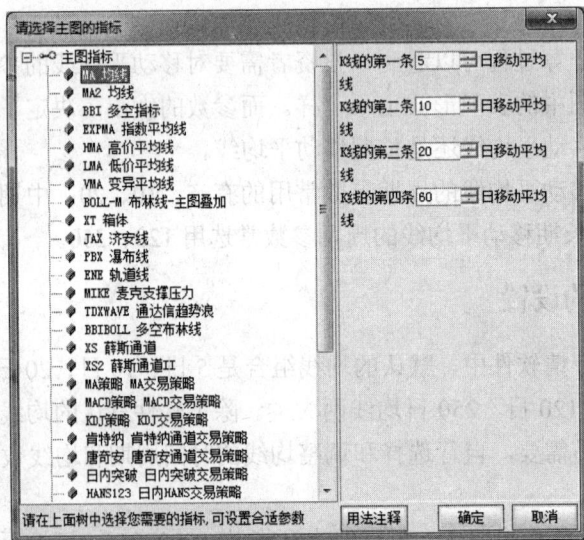

图 3-2 移动平均线的设置一

选择"MA 均线",对话框右边出现软件默认的 4 条不同周期的均线数值。修改框内数值,然后单击对话框右下端的确定按钮,即完成 5 日、10 日、20 日、60 日均线组合的设定,如图 3-3 所示。

图 3-3 移动平均线的设置二

图 3-4 是选定完成后的 4 条均线的上证指数日 K 线走势图。

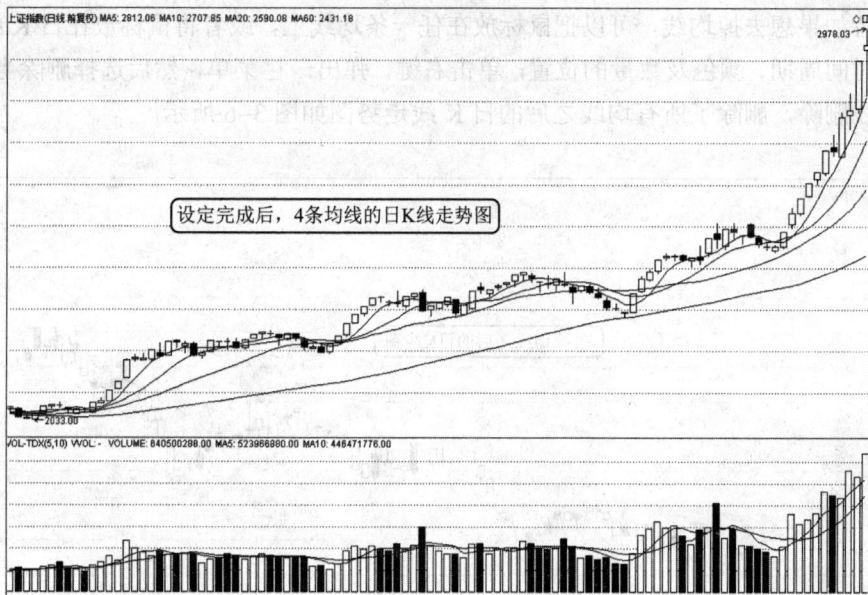

图 3-4　带 4 条均线的上证指数日 K 线-6

如果想换成 6 条均线组合，可以选择"MA2 均线"，弹出如图 3-5 所示的对话框，修改框内数值，然后单击对话框右下端确定按钮，即完成 5 日、10 日、20 日、60 日、120 日、250 日均线组合的设定。

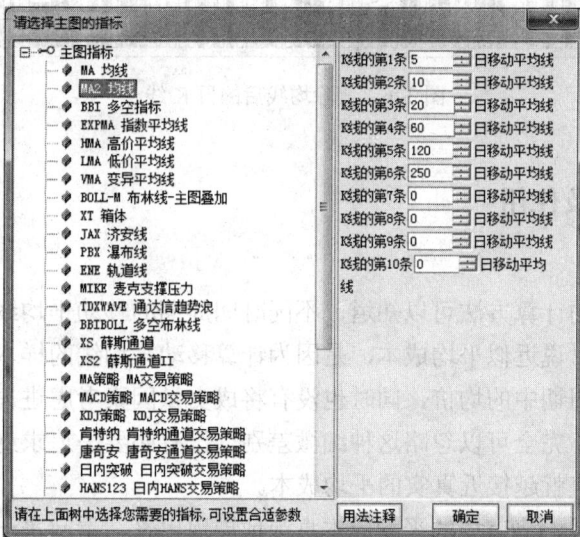

图 3-5　移动平均线的设置三

投资者如果想去掉均线，可以把鼠标放在任一条均线上，或者将鼠标放在日 K 线图上方显示均线时间周期、颜色及数量的位置，单击右键，弹出一栏菜单，然后选择删除当前指标，即可将均线删除，删除了所有均线之后的日 K 线走势图如图 3-6 所示。

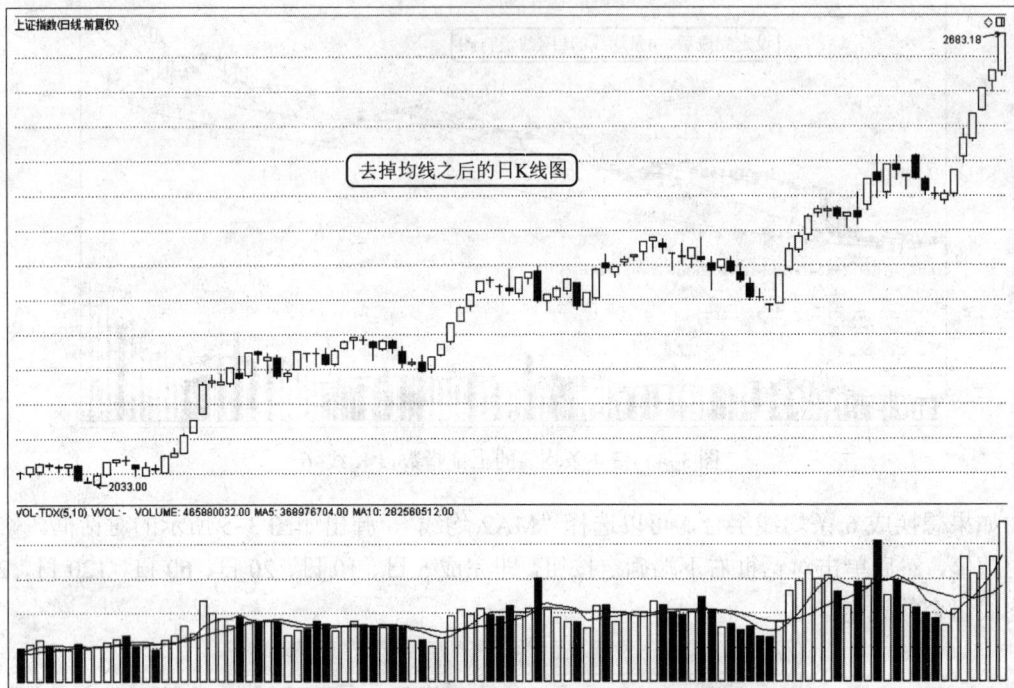

图 3-6　删除均线后的日 K 线

3.1.3　均线的特点及作用

1. 平均成本

根据移动平均线的计算方法可以知道，不同时间周期的移动平均线就是该周期内股价的近似平均成本。之所以说近似平均成本，是因为计算移动平均线的样本是每一个交易周期的收盘价，而不是交易周期中的均价，同时也没有将成交量因素考虑进去。投资者使用均线分析和判断股价走势时，完全可以忽略这种细微差别，没有必要去追求绝对平均成本。移动平均线的周期越长，数值就越接近真实的平均成本。

均线以图表的方式，将市场的平均成本直观地展现出来，看起来一目了然。投资者可以通过观察 K 线和均线的相对位置，判断不同周期市场内投资者的持仓盈亏情况。

实训示例

超图软件（300036）2016 年 5 月 20 日一根大阳线一举向上穿越 5 日、10 日、20 日和 60 日均线，形成蛟龙出海的均线形态。这表明 60 个交易日内买进的投资者，按照平均成本计算都已经开始盈利。这种情况也表明大家一致看好后市，行情有向好的可能，激进的交易者可以考虑进场买入，如图 3-7 所示。

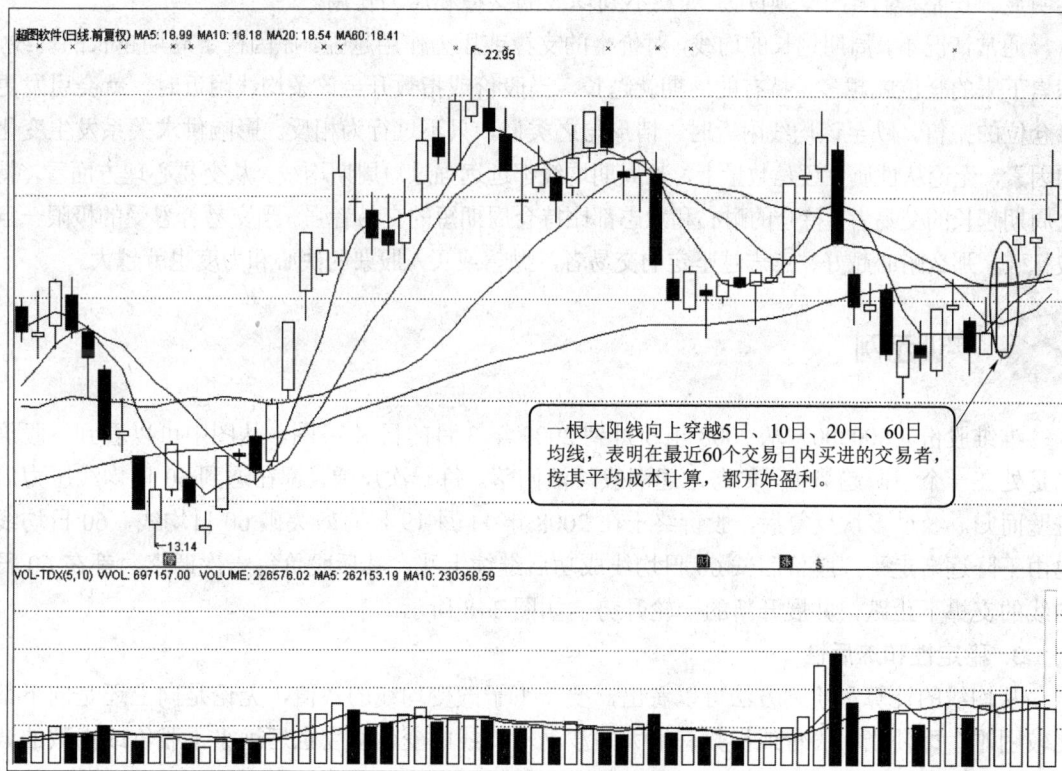

图 3-7　超图软件日 K 线

2. 支撑和压力作用

均线反映了市场的平均持仓成本：一方面，当股价回落至均线附近时，均线周期内的持股者几乎都没有利润了，获利盘减少，抛压减轻。另一方面，买方也会回补仓位，以防股价跌破成本。前期踏空的交易者，这时因为价格调整到心理价位，开始进场买入股票，导致供求关系发生变化，股价因此止跌企稳。这就是均线的支撑作用。

同样，当股价反弹至均线附近时，一方面，意味着市场某一周期内买股的投资者很快就可以解套。因为之前已经被套很久失去耐心，一旦股价回到成本价就会选择抛售股票。另一方面，低位进场持股的买方已有利润，开始获利回吐，市场卖盘多于买盘，导致股价再度下跌。这就是均线的压力作用。

和所有的支撑线和压力线一样，股价跌破均线的支撑后，就会变成压力，后市股价运行至该均线附近时，受到阻力回落；均线的压力被突破后，就会转化为支撑，后市股价再次跌至该均线附近时，将会受到支撑。当股价或指数处在上升趋势时，均线的支撑和压力作用尤其明显。在整理行情中，则几乎观察不到均线的支撑和压力作用。

通常情况下，周期越长的均线，对价格的支撑或压力作用越强。原因在于周期越长的均线，积累下来的仓位就越多，持有的周期就越长，当股价或指数升至该条均线附近时，就会引发更多仓位的抛售。跌至该均线附近时，情形与之类似，只不过行为相反。影响供求关系发生变化的因素，无论从性质上还是数量上，长周期均线都远远强过短周期均线。从交易心理方面看，持仓周期越长的交易者，持仓的耐心和意志都比持仓周期短的交易者强。当交易者忍受的极限一旦被打破，那么耐心越好、意志越坚定的交易者，抛售或买入股票的决心和力度也就越大。

实训示例

维维股份（600300）从 2008 年 5 月到 2009 年 3 月的日 K 线图。从图中可以看到，股价先是处在一个下降趋势中，如海水退潮般逐浪回落。每一次反弹，都在遇到 60 日均线压力后碰壁而归。经过多次反复后，股价终于在 2008 年 11 月 19 日有效突破 60 日均线，60 日均线也由下降逐渐走平。股价回试 60 日均线成功后继续上涨。其后股价每一次调整，都在 60 日均线的支撑下止跌，并展开新的一轮升势，如图 3-8 所示。

3. 稳定性和滞后性

从均线的计算和绘制方法可以看出，要一下子改变均线的数值，无论是向上还是向下都比较困难，即使当天股价或指数有很大的波动，均线的变化幅度也远远小于股价或指数的波动幅度。因为均线的波动不是一天的波动，而是几天、十几天、几十天甚至几百天波动的平均，一天的大波动被几天、几十天、几百天一分摊，就会变得小而且不明显，这就是均线稳定的原因。均线的时间周期越长，稳定性就越好。

均线具有稳定性，就必然同时具有滞后性。当股价或指数短时间内发生剧烈涨跌时，由于均线稳定性的特点，均线的反应往往过于迟缓，转向速度落后于交易趋势。当股价或指数已经掉头转向时，均线还在沿着原来的方向运行。等到均线发出买卖信号时，股价或指数的涨跌幅度已经很大了，这就是均线滞后的特点。时间周期越长的均线，反应就越滞后。

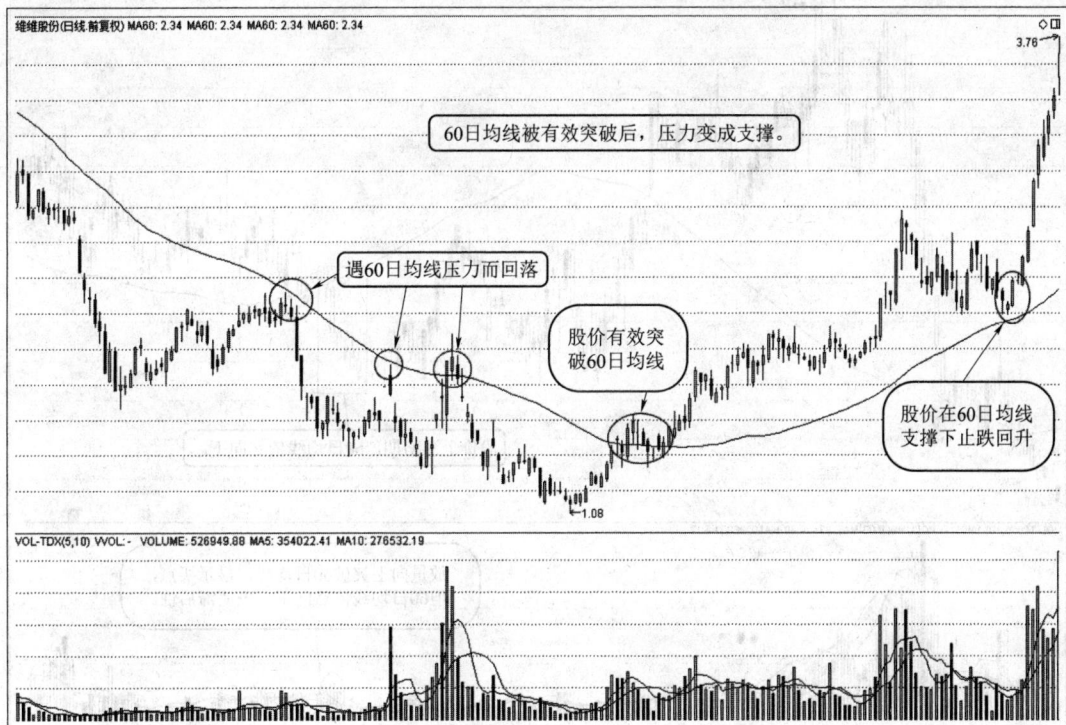

图 3-8　维维股份日 K 线

均线的滞后性还表现在均线发出的趋势转折及买卖信号上,尤其是中长期均线发出的信号,要远远滞后于 K 线形态,也比其他趋势分析方法的反应更迟钝一些。

实训示例

再升科技(603601)在 2016 年 3 月 11 日到 3 月 21 日之间日 K 线触底反弹,并且伴随着成交量逐步放大,3 月 21 日股价放量突破 60 日均线,预示买点已现,但直到此时,60 日均线依然倾斜向下,表明均线具有一定的滞后性,如图 3-9 所示。

4. 确认和预测趋势

均线具有稳定性的特点,因此可以帮助交易者确认现有趋势,指示未来趋势的方向。股价或指数上下波动相对较频繁,波动幅度较大,不易发现股价运行规律和中长期趋势。均线比较平滑,过滤了同期股价或指数的巨幅波动,便于识别和判断当下趋势,预测趋势未来运行的方向。

图 3-9　再升科技日 K 线

一般而言，均线方向指示趋势运行的方向，均线运行角度代表趋势运行的力度。均线方向向下，表示趋势向差；均线的方向向上，表示趋势向好。短期均线反映短期趋势的运行方向，中期均线反映中期趋势的运行方向，长期均线反映长期趋势的运行方向。

均线上行或下行的角度越陡峭表明趋势向上或向下的力度越强。短期均线的角度反映短期趋势的运行力度，中期均线的角度反映中期趋势的运行力度，长期均线的角度反映长期趋势的运行力度。

均线之所以能够确认和预测趋势，也和平均成本有关。均线走势向上，表明在均线周期内进入市场的交易者，其持仓成本不断抬高，这意味着已入场和新入场的交易者都看好后市，已入场的交易者不愿意抛售股票，场外交易者愿意以更高的价格买入股票，市场求大于供，于是股价或指数不断走高。

均线走势向下，说明持仓者和抛售者都不看好后市，为了能够尽快出手，持仓者不得不以更低的价格抛售股票。在均线周期内进入市场的交易者，可以很容易地以比市场此前更低的价格买入股票，导致市场平均持仓成本不断降低。市场内供大于求，所以股价或指数不断走低。

虽然均线反应滞后，但在确认和预测趋势上却比 K 线更加可靠。

实训示例

双林股份（300100）在 2015 年 10 月 22 日到 2016 年 5 月 25 日之间，股价有时上涨，有时下跌，波动幅度很大，但 60 日均线持续平滑上行，预示中长期趋势是向上的，如图 3-10 所示。

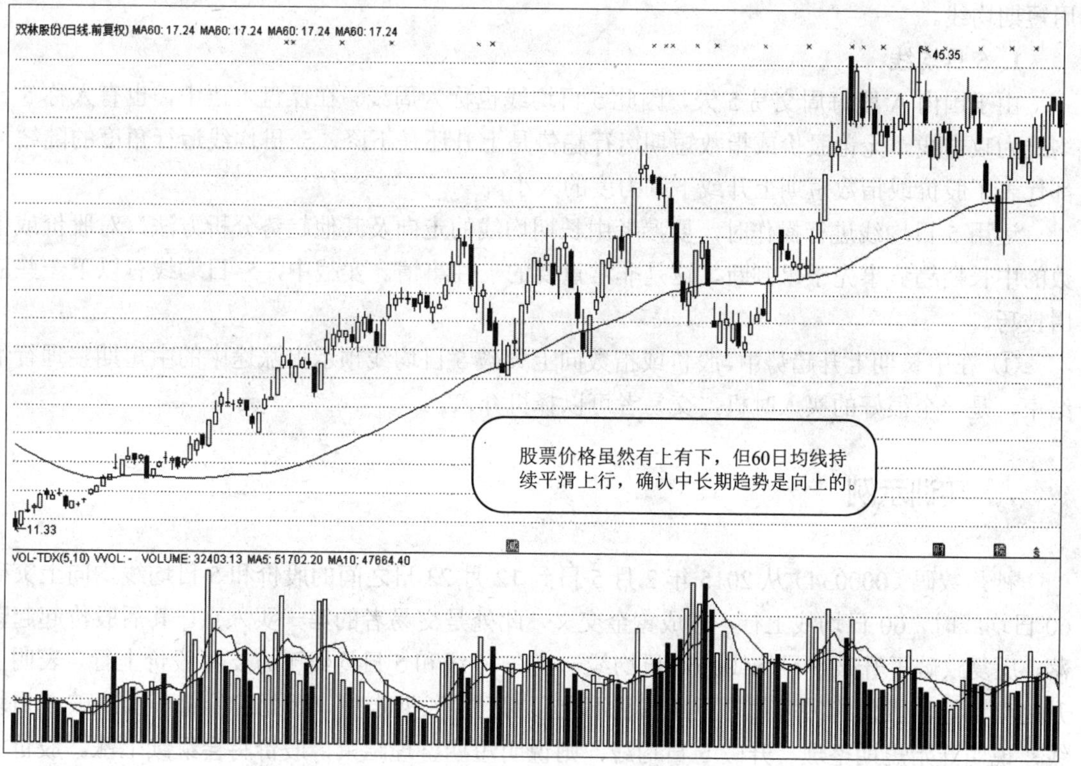

图 3-10　双林股份日 K 线

3.2　不同周期均线及其实战应用

在日 K 线走势图上，按照时间周期的不同，可以将单根均线分为短期均线、中期均线和长期均线三种。不同类型的交易者使用不同周期的均线或均线组合进行买卖决策。

3.2.1 短期均线

比较常用的短期均线主要有5日和10日均线，这是很多短线交易者决定买卖的重要参考依据。

短期均线的优点是对价格变化比较敏感，但当股价波动剧烈时，短期均线的起伏会很大，不容易看清中长期趋势方向。投资者如果仅仅使用短期均线进行买卖决策，很容易造成上升趋势中途下车，下降趋势中途买入。因此，建议投资者在投资实战中要结合中长期均线来使用短期均线。

1. 5日均线

由于国内A股每周交易5天，因此5日均线也称为周线。在操盘术语中，也有人称5日均线为攻击线。无论股价或指数短期运行趋势是上升还是下降，5日均线运行角度的陡缓，都代表了股价或指数短期上升或下跌力度的大小。

运用5日均线进行操作时，要参考中长期均线的走向及其他趋势分析方法，对股价或指数的中长期趋势事先予以判断，这是非常重要的一件事情。实战中，5日均线有以下一些应用技巧。

① 在中长期上升趋势中，股价或指数向上突破5日均线预示上涨途中的中短期整理行情结束，是一个很好的买入时机，交易者可以择机介入。

实训示例

神州数码（000034）从2015年2月5日到12月23日之间的股价和5日均线均向上突破60日均线时，60日均线上行，形成黄金交叉，此处是交易者的第一买入点。其后股价起起落落，反复跌破再升破5日均线。60日均线一直在K线和5日均线下方支撑股价上行，表明上升趋势良好。股价绝大多数的短期调整不会影响到中长期走势，因此股价每一次跌破5日均线，说明开始短期整理。升破5日均线，则说明短期整理结束，股价将会继续上涨。股价中长期趋势向上，短期趋势也向上，交易者自然可以进场买入，如图3-11所示。

② 上涨趋势中，股价或指数如果沿着5日均线持续陡峭上升，说明股价或指数正处于强势上涨阶段，交易者应当坚定持股信心。

实训示例

迪瑞医疗（300396）在2015年3月13日到6月18日之间股价沿着5日均线强势上涨，

后续股价都以长阳甚至是一字线涨停的方式上涨,此时交易者应当持股不动,如图3-12所示。

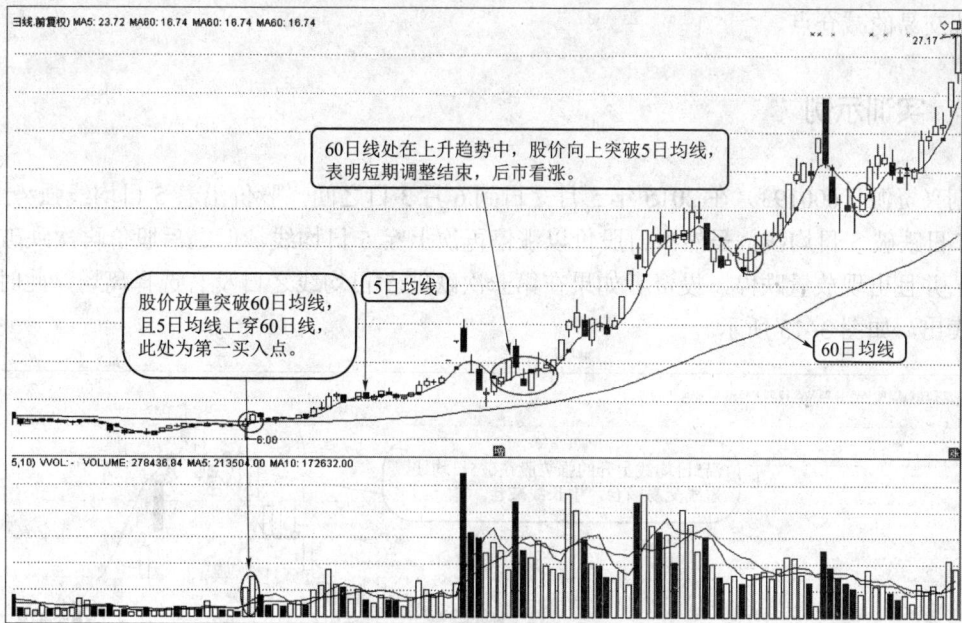

图3-11 神州数码日K线

图3-12 迪瑞医疗日K线

③ 持续沿 5 日均线陡峭强势上攻的股票，股价跌破 5 日均线是短线交易的清仓点，也是中长线交易的减仓点。

实训示例

创兴资源（600193）在 2015 年 5 月 7 日到 6 月 3 日之间，股价沿着 5 日均线强势上涨，6 月 4 日跌破 5 日均线，虽然次日股价以涨停再次上穿 5 日均线，但之后股价再次跌破 5 日均线，并且出现放量跌停，投资者如果在第一次跌破 5 日均线之日没有选择离场，此时必须果断卖出，如图 3-13 所示。

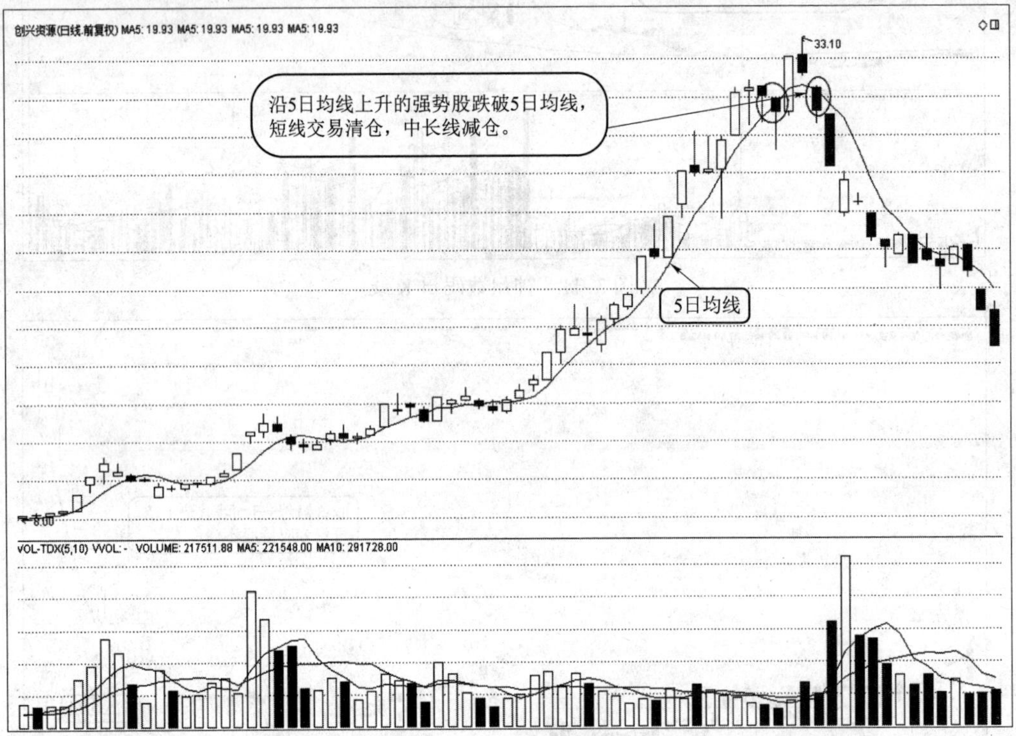

图 3-13　创兴资源日 K 线

均线周期越短，均线的稳定性就越差，但均线的滞后性就越不明显。5 日均线的最大作用，就在于确定强势股的短线离场标准。

2. 10 日均线

同 5 日均线相比，10 日均线运行得更稳定一些，并且大多数强势行情的上涨和弱势行情的下跌，都是依托 10 日均线运行的。在实战中，运用 10 日均线比 5 日均线更为普遍，10 日均线也因此被人称为操盘线。实战中，10 日均线有以下一些应用技巧。

① 在强势的上升趋势中，股价跌破 10 日均线后再次站上，并且伴随着成交量的放大，预示着股价短期调整到位并延续上涨，投资者可入场买入。

实训示例

东方财富（300059）在 2014 年 11 月中旬到 2015 年 4 月底的一段 K 线走势图，从图中可以看出股价处在强势的上升趋势中，中途有几次股价调整跌破 10 日均线，但很快又重新向上突破，并且成交量显著放大，此时的突破点是很好的买入点，如图 3-14 所示。

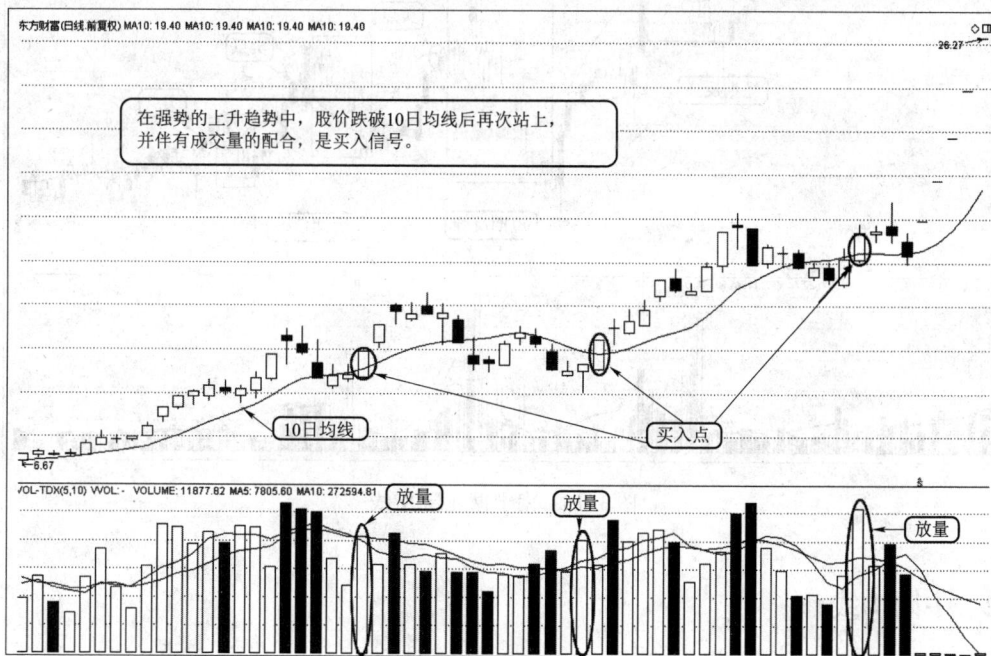

图 3-14　东方财富日 K 线

② 在强势的下降趋势中，股价短期反弹上涨后，跌破 10 日均线，是短线交易者卖股离场的时机。

![实训示例] **实训示例**

南宁糖业（000911）在 2012 年 5 月中旬到 11 月底的一段日 K 线走势图，从图中可以看出期间股价处在强势的下降趋势中，中途股价有几次短暂的反弹上涨行情，抢反弹的短线交易者在股价跌破 10 日均线时应该卖出离场，如图 3-15 所示。

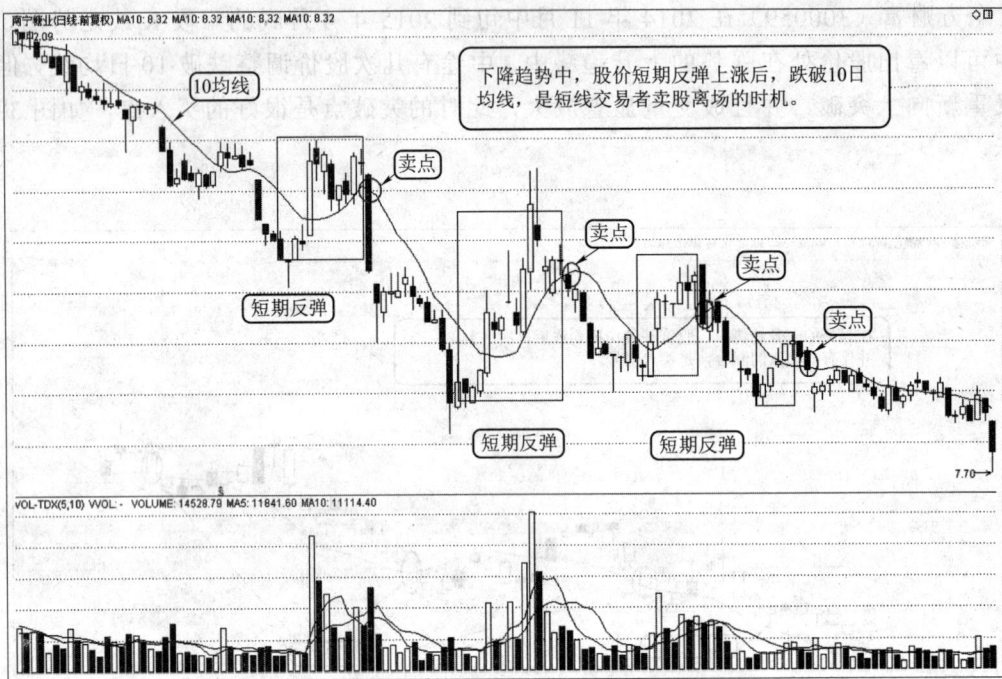

图 3-15　南宁糖业日 K 线

3.2.2　中期均线

比较常用的中期均线主要有 20 日和 60 日均线，这是很多中线投资者决定买卖的重要参考依据。

中期均线常用于观察和判断中期趋势的延续和转折，但由于均线的滞后性，用于长期趋势的追踪和预测也有独到之处。中期均线的转折，以及价格升破或跌破中期均线，常常预示着一轮比较大的中期反弹或调整。

1. 20 日均线

由于每月实际交易天数是 20 日，所以 20 日均线也被称为月线。20 日均线的波动幅度及频率，比 10 日均线小得多，稳定性也更好。20 日均线的运行方向、角度，以及价格升破或跌破 20 日均线，对于波段操作者来说，具有重要的参考意义。实战中，20 日均线有以下一些应用技巧。

① 在上升趋势中，股价回调下跌至 20 日均线附近，并且伴随着成交量的萎缩，往往是中长线投资者一个很好的加仓点或买入点。20 日均线通常是上升趋势中股价调整的重要支撑线。

实训示例

亿伟锂能（300014）在 2012 年 12 月初到 2013 年 6 月中旬的一段上升趋势走势图，期间股价经历了多次下跌调整。从图中可以看出，股价每次调整到 20 日均线附近，成交量都出现萎缩，之后股价又调头延续上升走势。可见，20 日均线附近是个很好的买入点，如图 3-16 所示。

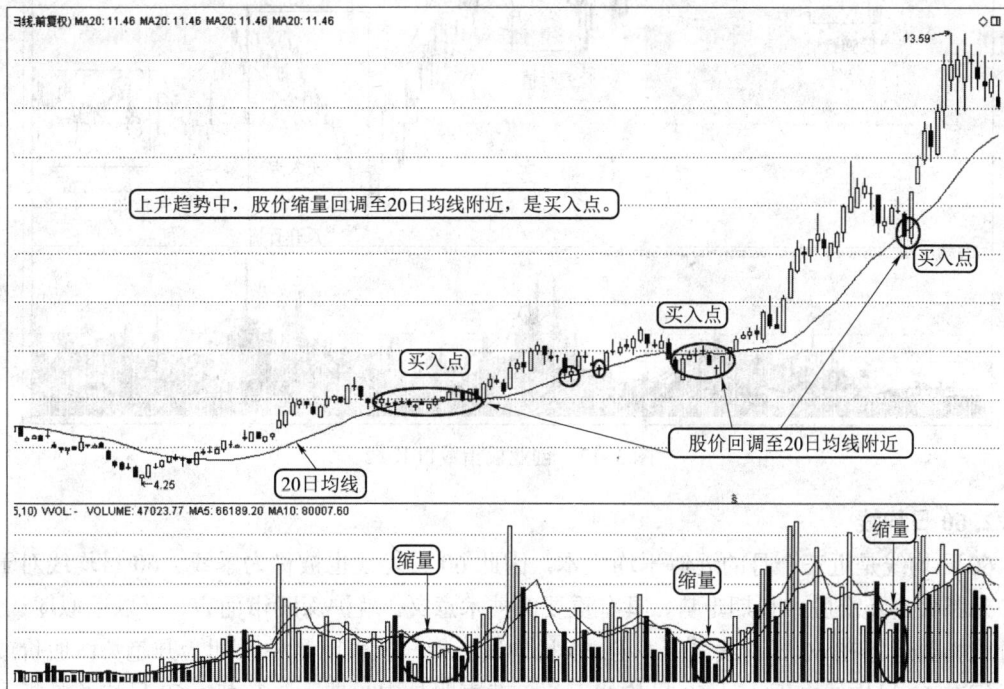

图 3-16　亿伟锂能日 K 线

② 在下降趋势中，沿着 20 日均线持续下跌的弱势行情，价格向上突破 20 日均线时，中短线交易者可以入场抢反弹。20 日均线通常是下降趋势重要的压力线，一旦被突破，可能出现一波幅度较大的反弹行情。

实训示例

创业板指数（399006）在 2011 年 5 月初到 2012 年 6 月初的一段下降趋势 K 线图。从图中可以看出每次指数向上突破 20 日均线后，都出现一波幅度不小的反弹行情，中短线交易者可选择在 20 日均线被突破时买入股票抢反弹，如图 3-17 所示。

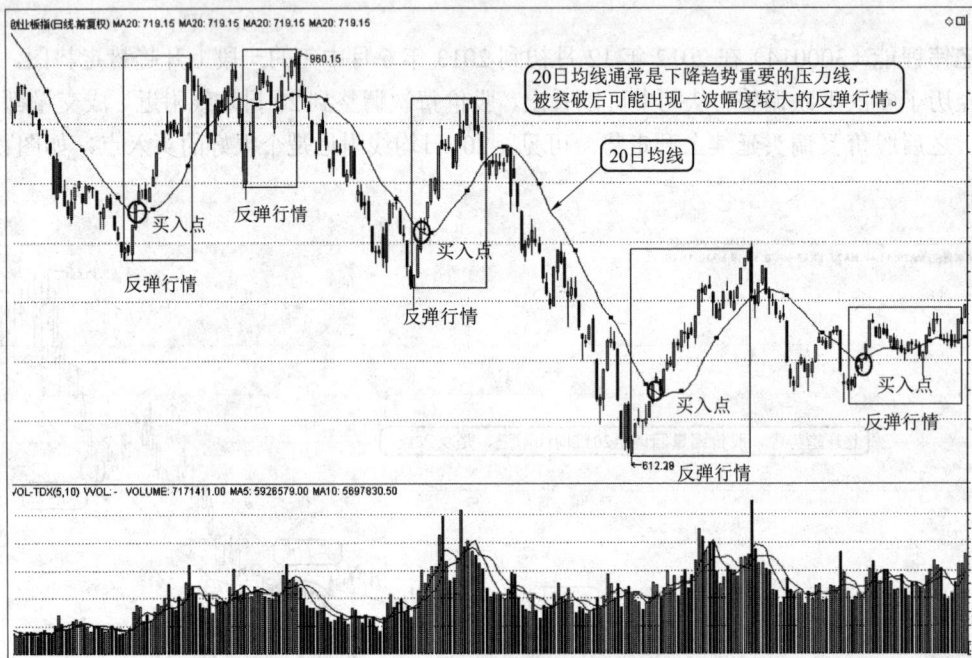

图 3-17　创业板指数日 K 线

2. 60 日均线

60 日均线是近三个月的近似平均成本，因此 60 日均线也被称为季线。60 日均线对于预测和判断大盘及个股中长期走势，具有重要的技术意义。就沪深股市而言，可以近似地认为：股价或指数运行在 60 日均线之上，且 60 日均线上行，就表明是中长期上升趋势；股价或指数运行在 60 日均线之下，且 60 日均线下行，就表明是中长期下降趋势。60 日均线是指示和确认个股或大盘中长期趋势最简单明了的指标。运用 60 日均线判断和预测后市走势，具体方法如下。

① 价格跌破 60 日均线后，60 日均线由上升走平然后拐头向下，表明后市向淡，投资者应该选择离场观望。

60 日均线被跌破并拐头向下，至少是一个持续数月之久的中期调整趋势，而且很可能是长期下降趋势的开始信号，因此投资者及时清仓卖出是最好的选择。

实训示例

上证指数（000001）经过 2014 年 7 月份到 2015 年 6 月份的上涨之后，于 2015 年 6 月 26 日跌破 60 日均线，之后 60 日均线走向迅速由上升转为下降，预示着中期大幅下跌调整或长期下降趋势可能到来，投资者应该选择当日卖股离场，如图 3-18 所示。

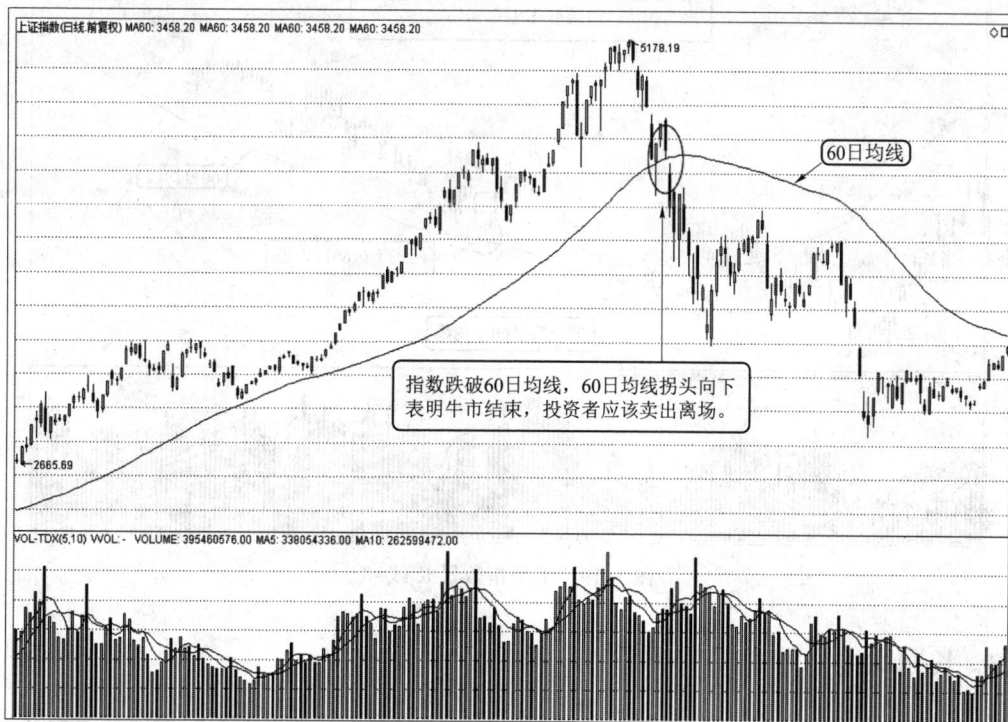

图 3-18　上证指数日 K 线-7

② 价格向上突破 60 日均线后，60 日均线由下行走平转而拐头向上，价格回试 60 日均线不破，中长线投资者可以进场买入。

价格向上突破 60 日均线且 60 日均线拐头向上，意味着可能是一轮大级别的中期反弹行情甚至是长期上升趋势行情，是第一次买入点；回试不破表明 60 日均线由压力变为支撑，进一步确认中长期上升趋势成立，是第二次买入点。

实训示例

上证指数（000001）从 2007 年年底 6 124 点经过一年多的下跌后，2009 年年初指数跌到 1 664 点见底，1 月 14 日指数上穿 60 日均线，并且伴随着 60 日均线走平、向上，3 月 3 日，指数回调至 60 日均线处止跌，表明指数上升趋势已经确定，投资者可进场买股，如图 3-19 所示。

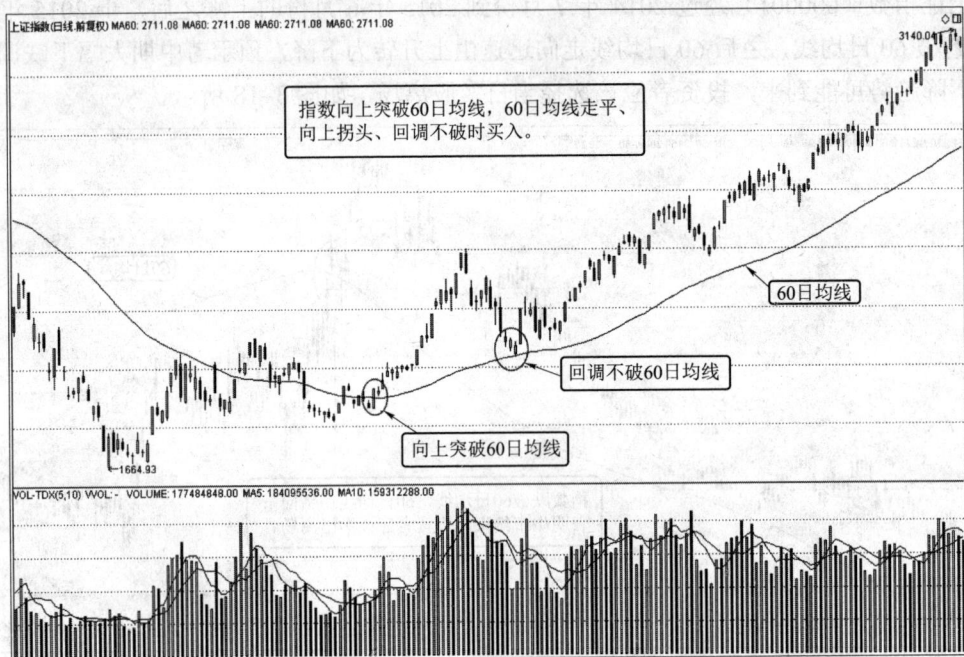

图 3-19　上证指数日 K 线-8

3.2.3　长期均线

比较常用的长期均线主要有 120 日均线和 250 日均线，这是很多长线投资者决定买卖的重要参考依据。

长期均线主要用来判断个股或者大盘的长期趋势。通常认为：价格运行在长期均线下方，长期均线下行，个股或大盘处于熊市；价格运行在长期均线上方，长期均线上行，个股或大盘处于牛市。与 60 日均线相比，长期均线更加稳定可靠，但发出的信号也更滞后。

1. 120 日均线

120 日均线也被称为半年线,其意义在于它反映了个股或指数半年内的平均成本。由于 120 日均线时间周期长,趋势一旦形成就不易改变,所以主力不易制造骗线。

在实战中,120 日均线通常被用来对大盘长期趋势走向的进一步确认。由于 120 日均线比 60 日均线更加稳定,价格突破 60 日均线后,如果能够进一步突破 120 日均线,那么基本上可以确定长期趋势已经形成。在上升趋势中,投资者可以放心持股不动;在下降趋势中,投资者要果断清仓离场。

实训示例

上证指数(000001)经过长达接近一年的上涨,2015 年 6 月从顶部 5 178 点开始下跌,6 月 26 日跌破 60 日均线,紧接着 7 月 3 日向下跳空跌破 120 日均线,表明此轮上升趋势已经结束,下降趋势形成并得到进一步的确认,在前期 60 日均线跌破时没有来得及卖股的投资者应该果断清仓离场,如图 3-20 所示。

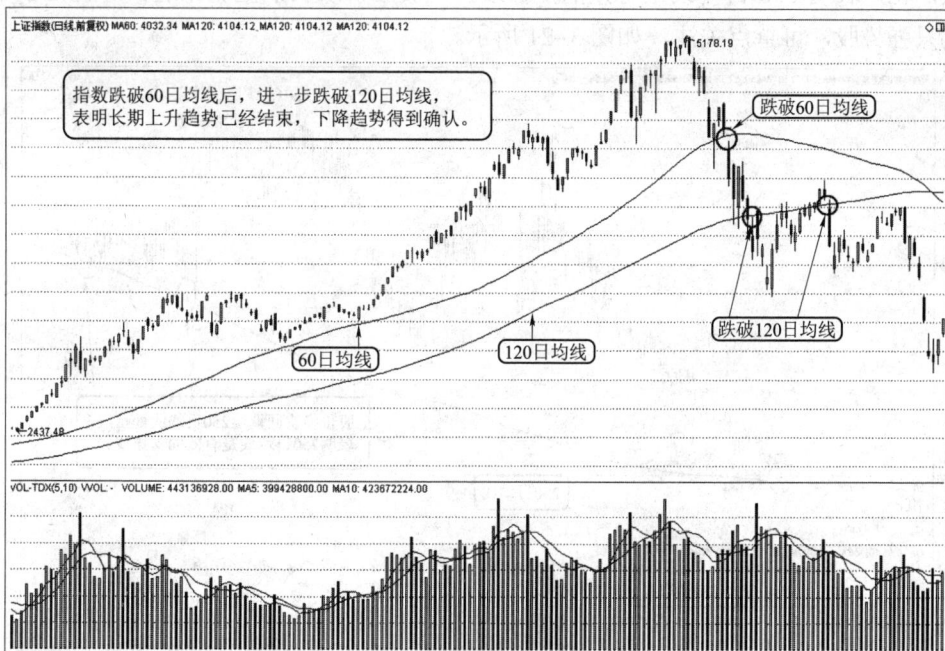

图 3-20　上证指数日 K 线-9

2. 250 日均线

250 日均线也被称为年线。250 日均线是某只股票在市场上往前 250 天的平均收盘价格,其意义在于它反映了这只股票 250 天的平均成本。250 日均线是股票价格走势的牛熊线，经常被称为牛熊走势的分界线。

实际操作中，250 日均线经常被用来判断股票走势的牛熊转换。250 日均线的趋势方向和股票价格升破或跌破 250 日均线，有着重要的技术分析意义。

从 250 日均线原理中选股和把握买入时机看，主要适用于那些上市超过一年的个股，特别是前期已经过长期、深幅调整的个股，对上市时间较短的新股、次新股则不适用，对一些呈波段震荡走势的个股参考价值也不大。

实训示例

网宿科技（300017）自 2015 年 1 月 8 日放量突破 250 日均线之后，股价虽然经历了大幅波动，但始终运行在 250 日均线之上，即使在 2015 年 3 季度和 2016 年 1 月份，创业板指数分别下跌 27.14% 和 26.53%，该股股价依然没有跌破 250 日均线，多次回调触及 250 日均线后止跌回稳，表明 250 日均线是有效的支撑线，该股股价从长期走势来看，一直处于牛市状态，是只强势股，可重点关注，如图 3-21 所示。

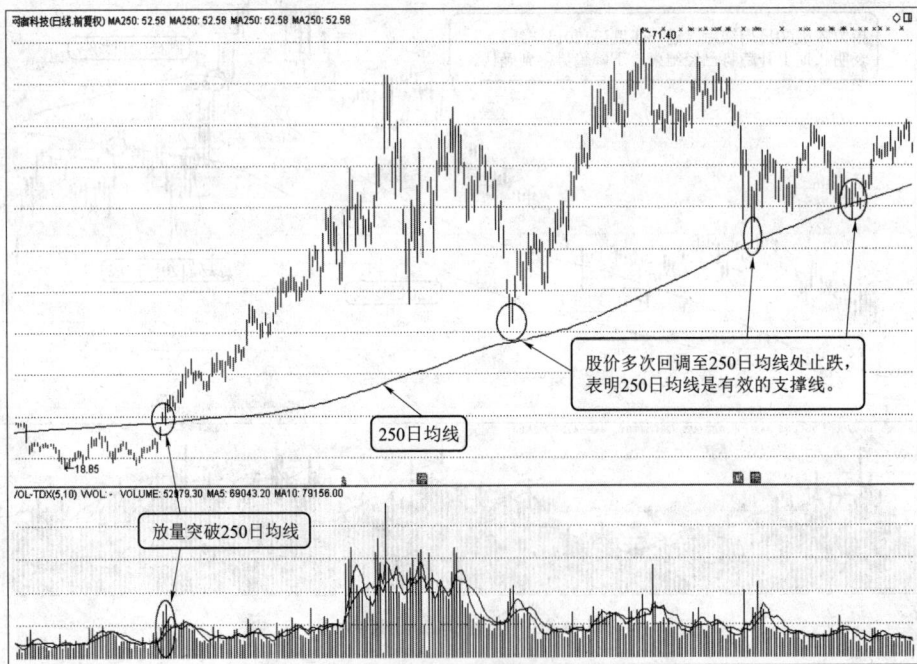

图 3-21　网宿科技日 K 线

3.3 均线排列方式及其实战应用

在股价的运行过程中，不同周期的均线会形成多种排列组合方式，它们之间的相对位置关系及相互变化，对投资者判断价格趋势走向和买卖点决策具有重要的技术参考价值。常见的均线排列方式有多头排列、空头排列、黄金交叉、死亡交叉、均线黏合等。

3.3.1 多头排列

多头排列是指在行情走势图中，短期均线、中期均线、长期均线依次从上到下排列且方向向上，如图3-22所示。

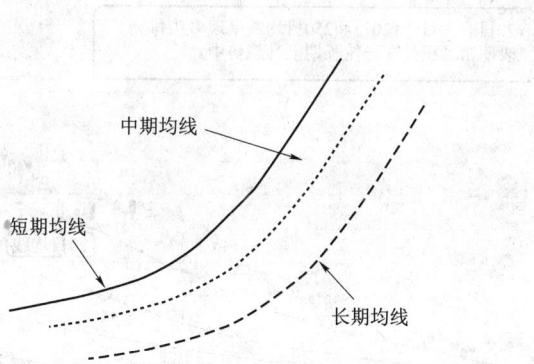

图3-22 多头排列示意图

多头排列表明市场内各均线周期内的持仓交易者全部盈利，股价或指数正处在一个长期上升趋势中，将会持续上涨一大段时间。投资者见到均线系统呈现多头排列时，一定要把握住机会。没有仓位的，要根据大盘和个股的具体情况及时介入。已经持仓的，要坚定持股信心，这是投资者最重要的持股阶段。

由于均线存在滞后的特点，当形成多头排列时，股价或指数往往已经上涨了很大一段空间，此时已经不是最佳买入点。投资者不一定等到均线多头排列时才进场买入，但一定要在各均线形成多头排列后持股不动，直至出现明显的离场信号。尤其是短期、中期、长期均线同时呈现多头排列时，往往表明持续时间比较长的一轮大牛市到来了，投资者应当全力以赴，持股做多。

由于5日均线波动幅度比较大，在判断长期上升趋势时，我们通常不考虑这条均线，而用 10 日均线代替 5 日均线，甚至可以不考虑 10 日均线，只需要判断 20 日、60 日、120 日和 250 日均线是否处于多头排列状态。

实训示例

创业板指数（399006）在 2015 年 1 月 5 日到 6 月 5 日之间，20 日、60 日、120 日和 250 日均线呈现多头排列，表明市场正处在长期上升趋势中，投资者应该持股做多，如图 3-23 所示。

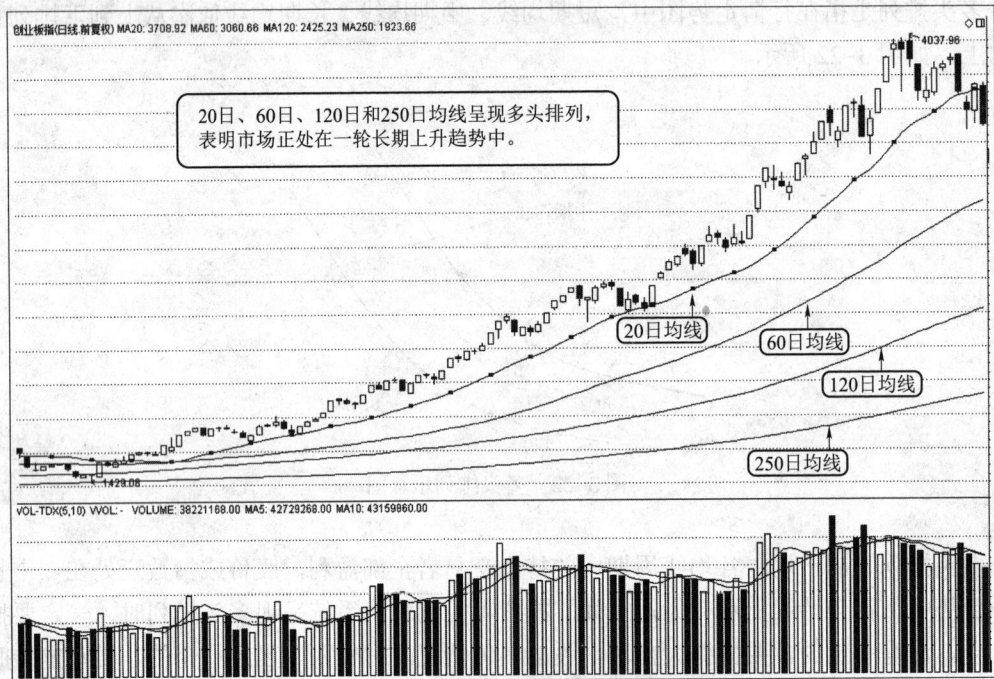

图 3-23　创业板指数日 K 线

3.3.2　空头排列

空头排列是指在行情走势图中，短期均线、中期均线、长期均线依次从下到上排列且方向向下，如图 3-24 所示。

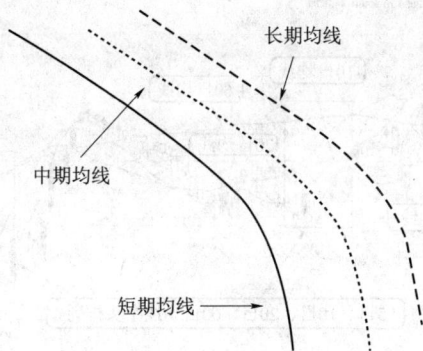

图 3-24　空头排列示意图

空头排列是投资者非常重要的空仓期。股价经过一段上涨后，由升转跌，继而均线进入空头排列，表明下降趋势已经到来，后市下跌时间可能很长、跌幅很深。投资者见到均线呈空头排列时，应及时清仓离场。

需要注意的是，由于均线具有滞后性，空头排列完全形成时股价跌幅已深，如果投资者选择此时离场，往往已经损失巨大。实战中，投资者可以只选择短期均线结合中期均线的组合方式来判断，如 5 日、10 日、20 日和 60 日均线组合，而不是 5 日、10 日、20 日、60 日、120 日、250 日均线组合。使用中短期均线系统，当均线系统形成空头排列时，可以避免信号滞后的缺点，又可以利用中期均线较为稳定的优点，得出大概率的趋势判断结论。

均线系统出现空头排列，表明市场上升趋势已去，投资者见此形态要持币观望，不要轻易入市。如果短期、中期、长期均线同时呈现空头排列，往往预示着熊市路途还很漫长，投资者应该耐心等待行情反转。

实训示例

上证指数（000001）在 2007 年 11 月上涨到市场顶部区域，11 月 22 日，当 20 日均线下穿 60 日均线后，中短期均线系统出现空头排列形态，预示着长期上升趋势可能结束。同一情况在 2008 年 1 月 28 日后再次出现，意味着下降趋势形成得到进一步的确认，后续下跌幅度可能会很大，投资者应该清仓离场，如图 3-25 所示。

图 3-25　上证指数日 K 线-10

3.3.3　黄金交叉

黄金交叉是指均线向上移动时，周期较短的均线由下而上穿越周期较长的均线，如图 3-26 所示。例如，5 日均线上穿 10 日均线，10 日均线上穿 20 日均线，形成的交叉均为黄金交叉。

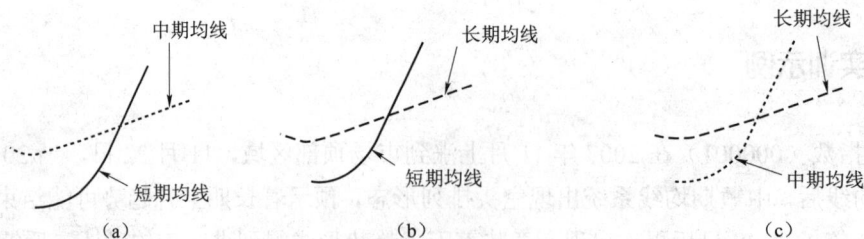

图 3-26　黄金交叉示意图

实战中，一定要注意区分均线的普通交叉和黄金交叉。短期均线由下而上穿过长期均线不一定是黄金交叉。黄金交叉必须同时满足两个条件：① 短期均线由下而上穿越长期均线；② 短期均线和长期均线都向上移动。

普通交叉中，较长周期的均线方向大多是向下的，如果把普通交叉作为买入信号，风险很大。在上涨趋势中，均线黄金交叉预示着股价或指数将会上涨，是一个很好的买入点，尤其是在中长期均线多头排列时，中短期均线所形成的黄金交叉。在市场底部区域，如果出现 20 日均线和 60 日均线黄金交叉，意味着行情反转得到进一步的确认，一轮长期上升趋势或者中大级别的反弹行情就此拉开序幕。如果此处有成交量显著放大的配合，那么确认效果更佳。

实训示例

上证指数（000001）经过长期下跌之后，在 2015 年 12 月处于市场底部并反转上行。12 月 25 日，20 日均线上穿 60 日均线形成黄金交叉形态，意味着反转行情得到进一步的确认，后续指数展开了一轮级别较大的反弹行情，如图 3-27 所示。

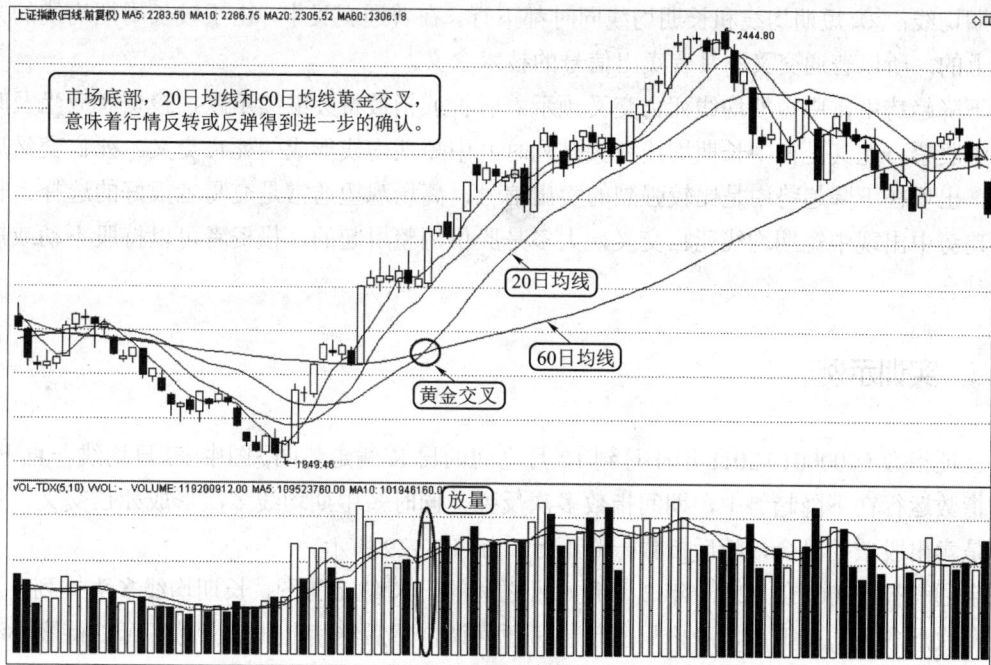

图 3-27 上证指数日 K 线-11

3.3.4 死亡交叉

死亡交叉是指均线向下移动时，周期较短的均线由上而下跌破周期较长的均线，如图 3-28 所示。例如，5 日均线下穿 10 日均线，10 日均线下穿 20 日均线形成的交叉均为死亡交叉。

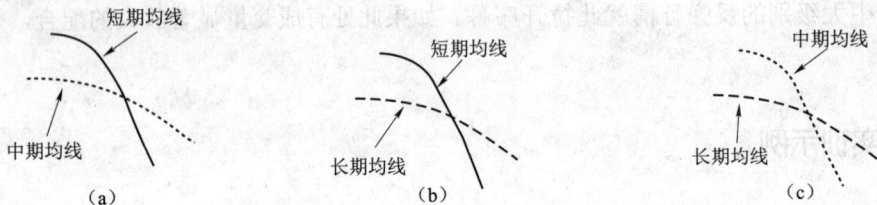

图 3-28 死亡交叉示意图

和黄金交叉一样，实战中交易者也要注意区分普通交叉和死亡交叉。短期均线由上而下穿越长期均线不一定是死亡交叉，死亡交叉必须同时满足两个条件：① 短期均线由上而下穿越长期均线；② 短期均线和长期均线同时都下行。在普通交叉中，由于较长周期均线的方向是向上的，所以普通交叉不具有卖出信号的技术含义。

下降趋势中，中短期均线死亡交叉预示着股价或指数将会继续下跌，投资者应当及时卖出手中股票，尤其是在中长期均线空头排列时，中短期均线形成的死亡交叉。死亡交叉后市看跌，出现在下降趋势中是比较强烈的卖出信号，离场观望通常是交易者很好的选择。长期上升趋势中出现中短期均线死亡交叉，大多是股价调整引起的，投资者可以持股不动或短线适量减仓。

实训示例

上证指数（000001）2011 年 4 月到 12 月之间的日 K 线走势图。图中 60 日均线一直下行，表明指数运行在下降趋势中，期间指数多次反弹，同时短中期均线多次形成死亡交叉，每一次都是卖出股票的机会，随后指数一路下行，如图 3-29 所示。

宝通科技（300031）2015 年 2 月到 6 月之间的日 K 线走势图，长期均线多头排列，短期均线多次形成死亡交叉后，股价只出现了短暂回调，然后继续上涨。交易者可以持股不动或短线适量减一部分仓位，如图 3-30 所示。

上证指数(日线 前复权) MA5: 2170.90 MA10: 2177.20 MA20: 2210.82 MA60: 2355.08 MA80: 2355.08 MA60: 2355.08

2826.96

下降趋势中，中短期均线每次形成
死亡交叉后，指数都继续下跌。

5日下穿10日、20日、60日均线，分
别形成死亡交叉；10日下穿20日、
60日均线，分别形成死亡交叉。

2132.63

VOL-TDX(5,10) VVOL: - VOLUME: 50583056.00 MA5: 51052544.00 MA10: 50562664.00

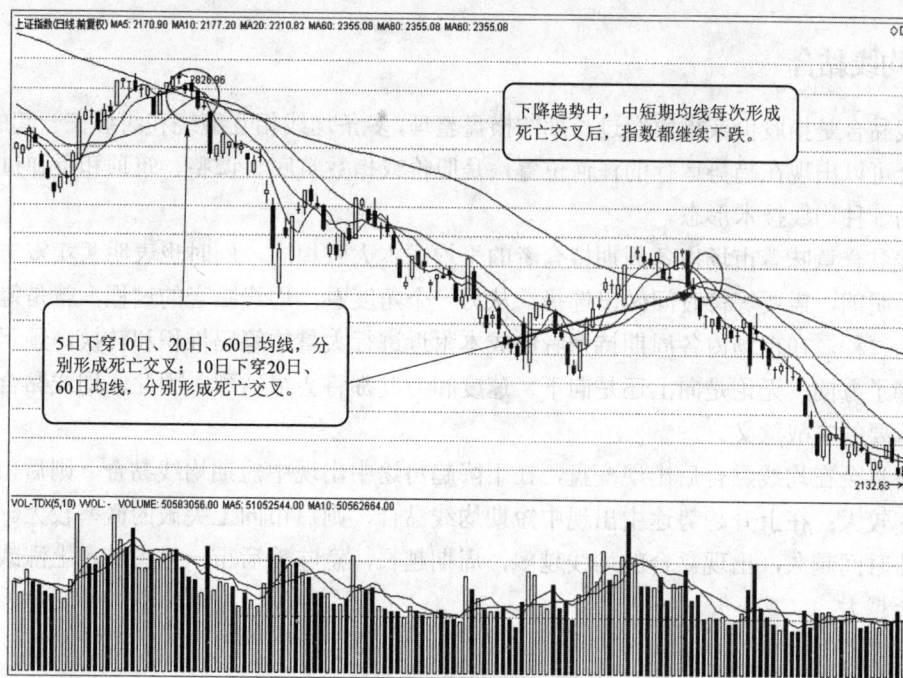

图 3-29　上证指数日 K 线-12

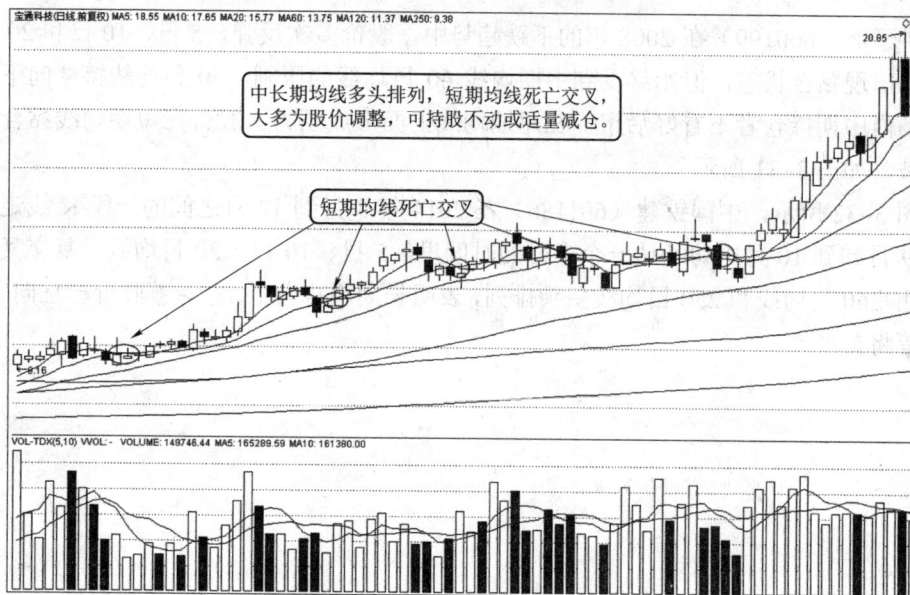

宝通科技(日线前复权) MA5: 18.55 MA10: 17.65 MA20: 15.77 MA60: 13.75 MA120: 11.37 MA250: 9.38

20.85

中长期均线多头排列，短期均线死亡交叉，
大多为股价调整，可持股不动或适量减仓。

短期均线死亡交叉

VOL-TDX(5,10) VVOL: - VOLUME: 149748.44 MA5: 165289.59 MA10: 161380.00

图 3-30　宝通科技日 K 线

3.3.5 均线黏合

均线黏合是指股价或指数经过长期的横盘整理，多条均线相互缠绕和纠缠在一起的形态。均线黏合可以出现在趋势运行的任何位置，是股价或指数筑底、调整、筑顶和反弹过程中比较常见的一种均线技术形态。

均线黏合意味着市场内各周期持仓者的平均成本大致相同，同时也表明买卖双方对后市的看法不明朗，需要等待时间做出选择。从另一个角度看，均线黏合的过程，就是筹码堆积和转换的过程。在市场内各周期持仓者的成本附近进行大量的筹码堆积和转换，预示着后市一旦选择了方向，无论是向上还是向下，速度和力度都将会很猛烈。因此，均线黏合无疑有着比较重要的实战意义。

价格将会在均线黏合后出现变盘，在下降趋势途中出现中短期均线黏合，则后市向下突破的概率较大；在上升趋势途中出现中短期均线黏合，则后市向上突破的概率较大。均线黏合的走势时间越久，出现黏合的均线越多，周期越长，意味着后市一旦突破，上涨或下跌的幅度将会越大。

实训示例

金种子酒（600199）在 2008 年的下跌趋势中，股价多次反弹，5 日、10 日和 20 日短期均线多次出现黏合状态，但始终受到中期均线 60 日均线的压制，60 日均线持续向下移动，表明市场内中期持仓者不看好后市，在短期均线上面形成压力。股价在短期均线黏合处选择向下突破，如图 3–31 所示。

如图 3–32 所示，中国铁建（601186）在 2014 年 3 月到 12 月之间的一段 K 线走势图。其中在 9 月初到 10 月中旬长达一个多月的时间里，5 日、10 日、20 日均线反复交叉黏合在一起，期间 60 日均线和 250 日均线多头排列，表明长期趋势向上，意味着股价一旦向上突破，后市涨幅将会很大。

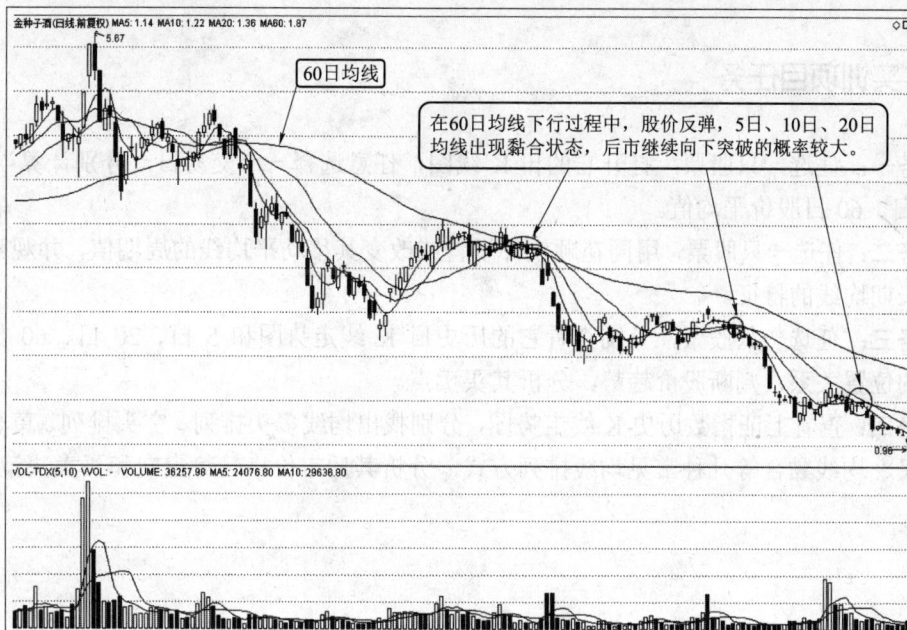

图 3-31　金种子酒日 K 线

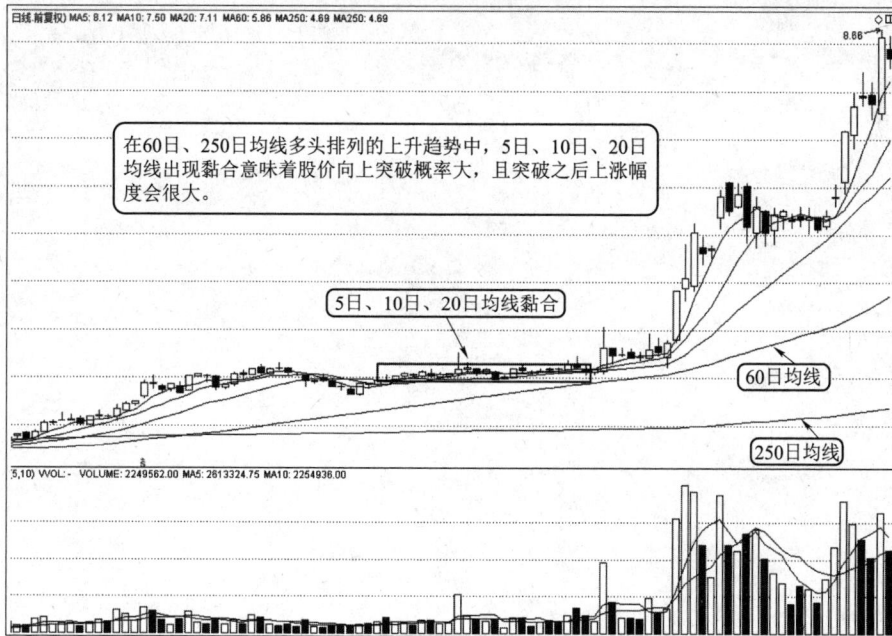

图 3-32　中国铁建日 K 线

实训项目任务

任务一：任选一只股票，打开它的日 K 线图，任意选择一个交易日，分别计算当天的 5 日、20 日、60 日股价平均值。

任务二：任选一只股票，用同花顺软件设置或改变其移动平均线的周期值，并观察短期、中期和长期均线的特征。

任务三：任选一只股票，分别查看它的历史日 K 线走势图和 5 日、20 日、60 日、250 日均线的位置关系，判断股价趋势，分析其买卖点。

任务四：查看上证指数历史 K 线走势图，分别找出均线多头排列、空头排列、黄金交叉、死亡交叉、均线黏合等几种常见均线排列方式，分析其后市价格趋势走向和买卖决策。

实训项目 4 量价关系理论及其在实战中的应用

　　本项目共设计了三个实训内容，分别是成交量指标计算及应用、常见量价关系及实战应用和成交量买卖信号及实战应用。

　　在技术分析中，研究量与价的关系占据了极重要的地位。成交量是推动股价上涨的原动力，市场价格的有效变动必须有成交量配合，量是价的先行指标，是测量证券市场行情变化的温度计，通过其增加或减少的速度可以推断买卖战争的规模大小和指数股价涨跌的幅度。

实训目的

1. 掌握成交量的计量指标。
2. 理解常见量价关系和特殊量价关系的市场含义。
3. 理解成交量买卖信号及在实战中的应用。

实训要求

1. 能够用同花顺软件查看个股或指数的成交量指标。
2. 能够把 K 线图上的成交量和股价结合起来分析。
3. 能够结合个股的成交量和支撑线把握买卖点。

4. 能够利用特殊量价关系判断个股或指数趋势转折点。

实训项目内容

1. 成交量指标实战应用。
2. 常见量价关系实战应用。
3. 成交量买卖信号实战应用。

4.1 成交量指标实战应用

4.1.1 认识成交量

成交股数和成交金额

成交股数是指某一特定时期内，交易市场成交的某种股票或指数的数量，其单位以某种股票的股数计算，是最常见、最常用的一种表达成交量的方式。成交股数主要被用来对个股或指数成交量作纵向比较，因为在成交股数数据中没有考虑个股流通盘大小的差别，投资者难以使用这个数据对不同个股进行横向比较，也就不知道一只股票相对其他股票的交易活跃程度。在证券市场，成交股数一般以"手"为单位，一手为100股。

成交金额是指某一特定时期内，在交易所交易市场成交的某种股票或指数的金额。成交金额直接反映参与市场的资金量，常用于大盘分析。其单位一般为人民币"亿元"。

4.1.2 成交量指标

1. 换手率

换手率（turnover rate）又称周转率，是指在一定时间内市场中股票转手买卖的频率，是反映股票流通性强弱的指标之一。其计算公式为：

换手率=（某一段时间内的成交量/流通总股数）×100%

在行情软件中，投资者可以方便地查看到股票或指数的换手率情况。需要注意的是，在计算换手率的时候，一般只对可流通部分的股票计算换手率，以更真实和准确地反映出股票的流通性。

在实际应用中，该指标常被用于以下几个方面的判断。

第一，利用换手率判断热门股和冷门股。股票的换手率越高，意味着该只股票的交投越活跃，人们购买该股票的意愿越高，属于热门股；反之，股票的换手率越低，则表明该只股票少人关注，属于冷门股。

第二，利用换手率判断股票的流通性。换手率高一般意味着股票流通性好，进出市场比较容易，不会出现想买买不到、想卖卖不出的现象，具有较强的变现能力。然而值得注意的是，换手率较高的股票，往往也是短线资金追逐的对象，投机性较强，股价起伏较大，风险也相对较大。

第三，将换手率与股价走势相结合，可以对未来的股价做出一定的预测和判断。某只股票的换手率突然上升，可能意味着有主力在大量买进，股价可能会随之上扬。如果某只股票持续上涨了一段时期后，换手率又迅速上升，则可能意味着一些获利者要套现，股价可能会下跌。

在实战中，投资者需要注意换手率在两种情况下的用法。

（1）高位时的大换手率

当股价处于一波上涨趋势的后期，尤其是当该股股价已经在高位不断震荡时，换手率突然放大，就表明主力正在不断出货。在这个过程中，一般都伴随着一些利好消息的出台，在散户投资者受到利好消息的刺激而积极入场时，主力趁机完成出货动作。因此，投资者一旦看到高位时的大换手率，要注意伺机卖出。

实训示例

从 2014 年 6 月到 2015 年 12 月，中国中期（000996）处于一波较大上涨趋势之后的盘整阶段，股价在高位不断震荡。在 2015 年 10 月中旬到 2015 年 12 月底，该股三次在高位出现高换手率，表明主力正在不断地出货。投资者要注意及时卖出，如图 4-1 所示。

（2）低位时的大换手率

底部放量的股票，其换手率高，表明新资金介入的迹象较为明显，未来的上涨空间相对较大，越是底部换手充分，上行中的抛压越轻。此外，如果目前市场的特点是局部反弹行情，换手率高有望成为强势股，强势股就代表了市场的热点，因而有必要对它们加以重点关注。

投资者在熊市的后期见到低位高换手率，要引起足够的注意，因为这往往是一波上涨趋势的重要征兆。

实训示例

索菲亚（002572）在 2015 年 6 月股灾发生时经历了一波快速的下跌走势。7 月初，股价跌至阶段性底部，连续几天出现了高换手率，其中 7 月 8 日当天换手率高达 13.87%，是该股自上市以来除了上市当日之外的最高成交纪录，表明新资金介入迹象非常明显，后市上涨空间较大，如图 4-2 所示。

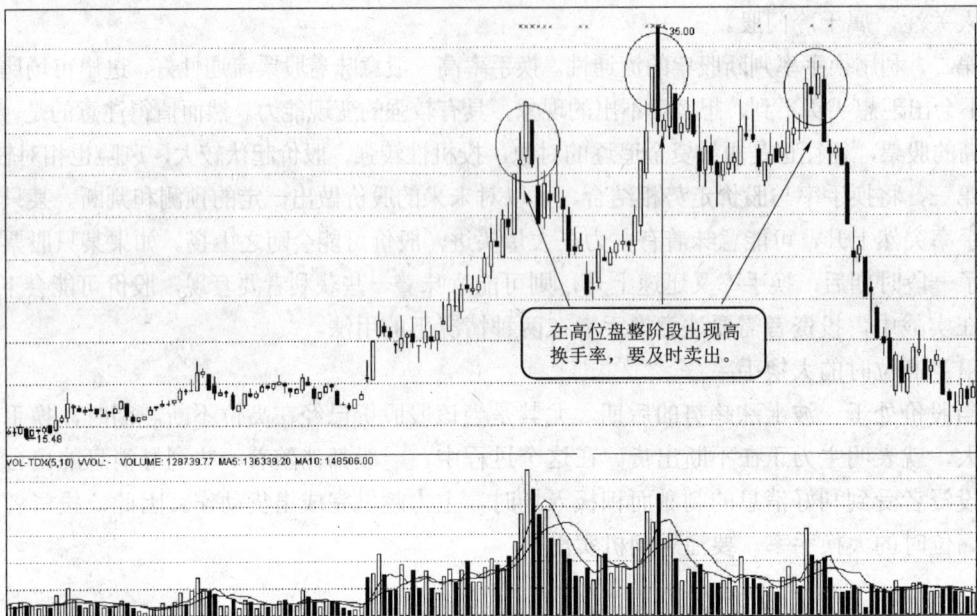

图 4-1　中国中期日 K 线

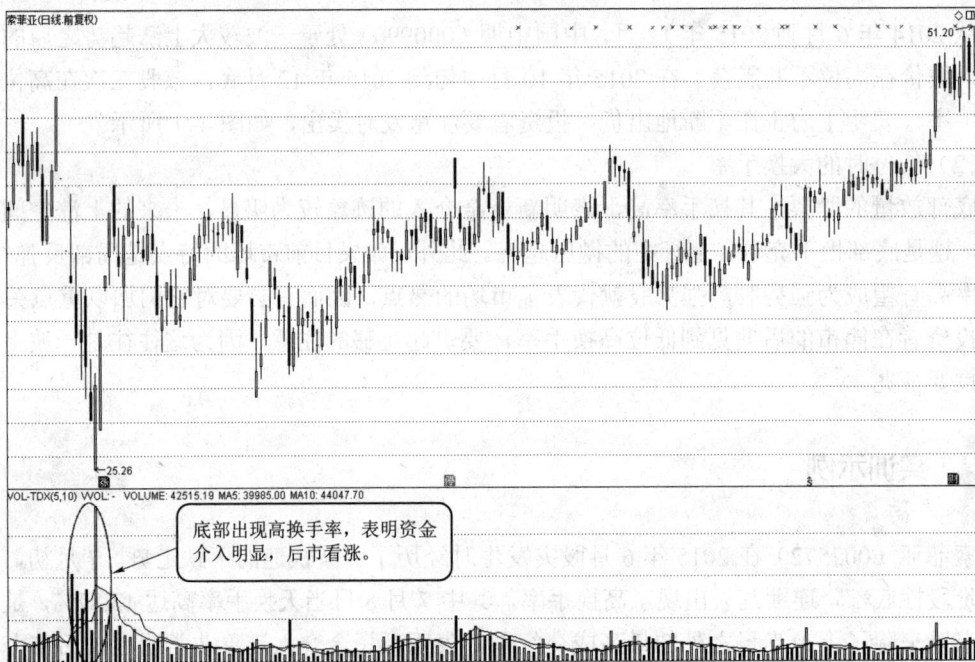

图 4-2　索菲亚日 K 线

2. 量比

量比是衡量相对成交量的指标。它是指股市开始后平均每分钟的成交量与过去 5 个交易日平均每分钟成交量之比。其计算公式为：

量比=现成交总手/（过去 5 日平均每分钟成交量×当日累计开始时间）

从量比的计算过程可以知道，该指标反映当前盘口的成交力度与最近 5 天的成交力度的差别。这个差别值越大表明当日该股流入的资金越多，盘口成交越趋活跃。因此量比数据可以说是盘口语言的翻译器，是发现成交量异动的重要指标。它是超级短线临盘实战时洞察主力短时间动向的秘密武器之一，更适用于短线操作。

由于量比数值单一，投资者在运用时会发现其有先天的不足。如果把当日每分钟的量比数值放在同一坐标系内并连线，就形成了更加直观、便于操作的量比曲线。通过观察量比曲线的运行情况，可以分析当前主流资金的市场行为，如股价拉升、洗盘、出货等。

实训示例

2016 年 4 月 22 日，老板电器的量比曲线从低位开始迅速上扬，越过 2.5，表明市场正在明显放量。再加上该股股价前期有一周左右时间下跌调整，此时突然放量上涨，往往是股价突破前高的征兆，投资者可以适当买入，如图 4-3 所示。

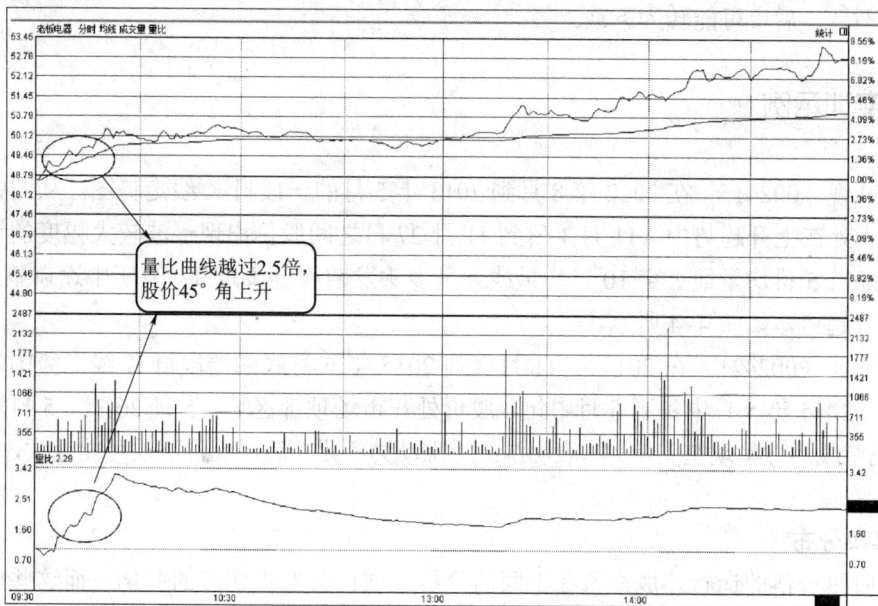

图 4-3 老板电器分时走势

3. 均量线

均量线（MAVOL）是一种反映一定时期内市场平均成交情况即交投趋势的技术性指标。它是将一定周期内的成交量进行移动平均后，连接众多的移动平均数得到的平滑曲线。其计算公式为：

$$MA=(M_1+M_2+M_3+\cdots+M_n)/n$$

其中，M_n 为第 n 期的股票成交量，n 为统计时间周期。

在股票行情软件中，均量线指标由若干条不同时间周期的均量线组成。投资者可以通过这几条均量线的交叉、背离等方法来对股价的走势进行预测、判断。常见的均量线指标由 5 日和 10 日两条均量线组成。

与股价移动平均线指标不同，均量线指标是对成交量进行统计处理而得到的，其对股票价格走势的预测不是直接的，而是通过成交量和股价的关系来进行判断的。投资者想要通过均量线指标对股价进行预测，需要对量价关系有一定的了解。

在实战中，均量线指标并不直接提供所谓程式买卖中的买进或卖出信号，它通常要和价格趋势结合使用才能生效。例如，在市场底部或上升趋势的调整后期，当 5 日均量线上穿 10 日均量线并呈多头排列时，表明市场成交量开始增大，买盘开始活跃，股价上涨的动能正在逐步增强；在市场顶部或下降趋势的反弹过程中，出现 5 日均量线下穿 10 日均量线并呈空头排列时，说明股价的运行失去了交易量的配合，就像汽车的油门正在逐步减少，预示着股价上涨动能不足，后市可能转为下跌。

实训示例

海康威视（002415）在 2012 年 8 月到 2013 年 5 月的一段日 K 线走势图。从图中可以看出，股价正处在上升趋势中，11 月 1 日到 11 月 27 日之间股价出现一波较大幅度的调整，之后股价伴随着 5 日均量线上穿 10 日均量线并呈多头发散而逐步走高，表明中途调整结束，股价延续上升趋势，如图 4-4 所示。

达实智能（002421）在 2014 年 11 月底到 2015 年 6 月底的一段日 K 线走势图。从图中可以看出，2015 年 5 月中旬到 6 月中旬，股价处在市场顶部区域，5 月 26 日，5 日均量线下穿 10 日均量线后并呈现空头排列，表明继续上涨动力不足，后市股价下跌可能性大，如图 4-5 所示。

4. 筹码分布

随着股票价格的运行，成交量在不同的价格区域也会发生相应的变化。而这些成交量在不同价格上的分布数量，就形成了股票不同价位的筹码。

图 4-4　海康威视日 K 线

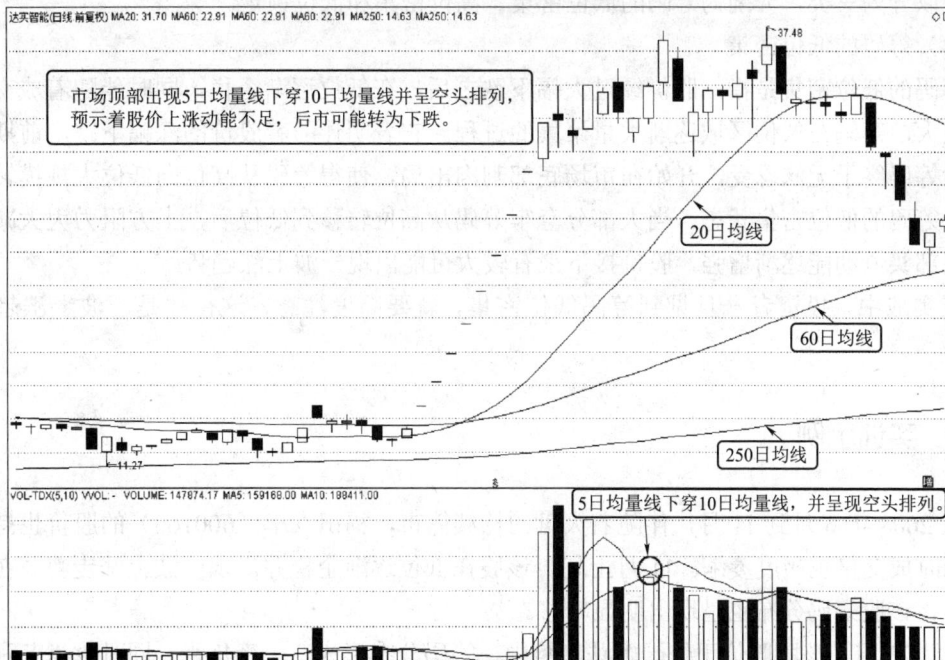

图中文字：
上升趋势调整后期，5 日均量线上穿 10 日均量线，并呈多头排列，表明股价上涨的动能正在逐步增强。

20 日均线
60 日均线
250 日均线

5 日均量线上穿 10 日均量线，并呈现多头排列

图 4-5　达实智能日 K 线图

图中文字：
市场顶部出现 5 日均量线下穿 10 日均量线并呈空头排列，预示着股价上涨动能不足，后市可能转为下跌。

20 日均线
60 日均线
250 日均线

5 日均量线下穿 10 日均量线，并呈现空头排列。

筹码分布，也称为成本分布，是指投资者持有的流通股票在不同成本上的分布数量。

在大部分股票分析软件中，筹码分布图位于 K 线图窗口的右侧，由上下两部分组成。上部分是紧密排列的水平柱状条，每根柱状条与左边的 K 线图价格坐标相互对应。柱状条的长度则表示在这个价位上成交的股票数量占总流通股的百分比，如果某个价位成交的筹码增加，那么相应地其他价位的筹码分布量必然会减少。下部分则是筹码分布的标注，它实时标注了筹码分布的日期、获利比例、平均成本，并且计算了一定价格区间的筹码集中度。

在对筹码分布进行分析时，一般都是从它的形态入手的。筹码分布形态分为密集形态和发散形态。

当一只股票在某个价位上下停留较长时间，形成较大的成交量时，在筹码分布图上，投资者就可以清晰地看到一个高高鼓起的"山峰"。在这个狭窄的价格区间，几乎聚集了该股所有的筹码，而且该"山峰"的上下空间几乎没有筹码分布，我们把这种形态称为筹码分布密集形态，而"山峰"则称为密集峰。

与筹码分布的密集形态相反，当一只股票的筹码没有分布在相对集中的价格区间内，而是相对比较平均地分布在各个价格区间中，我们称之为筹码分布分散形态。

在实战中，投资者主要是通过分析筹码分布的密集形态研判股价的运行趋势。这种密集形态可以分为三类，分别为筹码的低位密集、高位密集和低位锁定。

（1）筹码的低位密集

筹码的低位密集是指，股价经过大幅下跌之后，在低位逐渐企稳，同时伴随着成交量的逐渐放大，筹码在低位区域逐渐大量聚集的过程。它表明伴随着股价的深幅下跌，前期高位被套的筹码终于无法忍受，开始在市场底部割肉出局，使得筹码从高位向低位大规模转移，形成了筹码的低位密集状态。当大部分套牢筹码从高位转移到低位后，上方阻力大大减弱，同时底部买方动能逐渐增强，股价接下来有较大可能出现一波上涨趋势。

在实战中，投资者一旦见到筹码低位密集，就要高度注意，这往往是一波上涨趋势的预兆。

实训示例

从 2008 年 6 月到 11 月，伴随着大盘的持续熊市，福田汽车（600166）的股价也持续下跌，同时成交量也极度萎缩。11 月上旬，该股在低位逐渐企稳并出现一波上涨走势。在这个过程中，该股筹码分布也呈现出明显转移态势。

9 月 23 日，该股股价正处于下跌趋势中，筹码分布形成三个密集峰，同时收盘获利低至0.8%。它表明几乎所有的筹码都处于被套牢的境地，如图 4-6 所示。

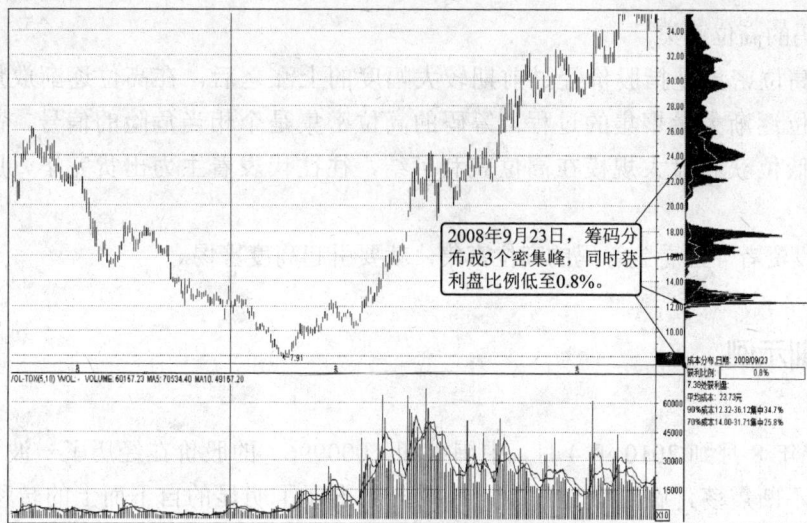

图 4-6　福田汽车日 K 线-1

11 月 3 日，该股股价创下下跌趋势中的新低点，筹码分布和 9 月 23 日相比，高位筹码大大减少，同时收盘获利低至 0.3%，但是低位筹码开始逐渐聚集，如图 4-7 所示。表明虽然所有的筹码都被深度套牢，但从 9 月 23 日到 11 月 4 日的一个多月里，已经有相当多的高位套牢盘已经割肉出局，上方阻力正在减弱。投资者可以加以关注。

图 4-7　福田汽车日 K 线-2

（2）筹码的高位密集

筹码的高位密集是指股价经过前期较大幅度的上涨之后，在高位逐渐放量滞胀，筹码分布在高位逐渐大量聚集的过程。筹码的高位密集是个相当危险的信号，高位密集的市场含义是低位获利盘大规模在高位获利了结，往往代表着主力出货完毕，股价即将连续深跌。

因此，投资者一旦看到筹码的高位密集，就要引起高度警惕。

实训示例

从 2009 年 8 月到 2010 年 4 月，中国中期（000996）的股价在经历了一波上涨趋势之后，在高位不断震荡，在这个过程中，筹码分布出现了明显的自下而上的转移。2009 年 10 月 14 日，股价正处于上涨趋势的发动初期，筹码分布形成低位密集形态，90%的筹码集中在 17.85～21.20 元的狭窄区间，如图 4-8 所示。

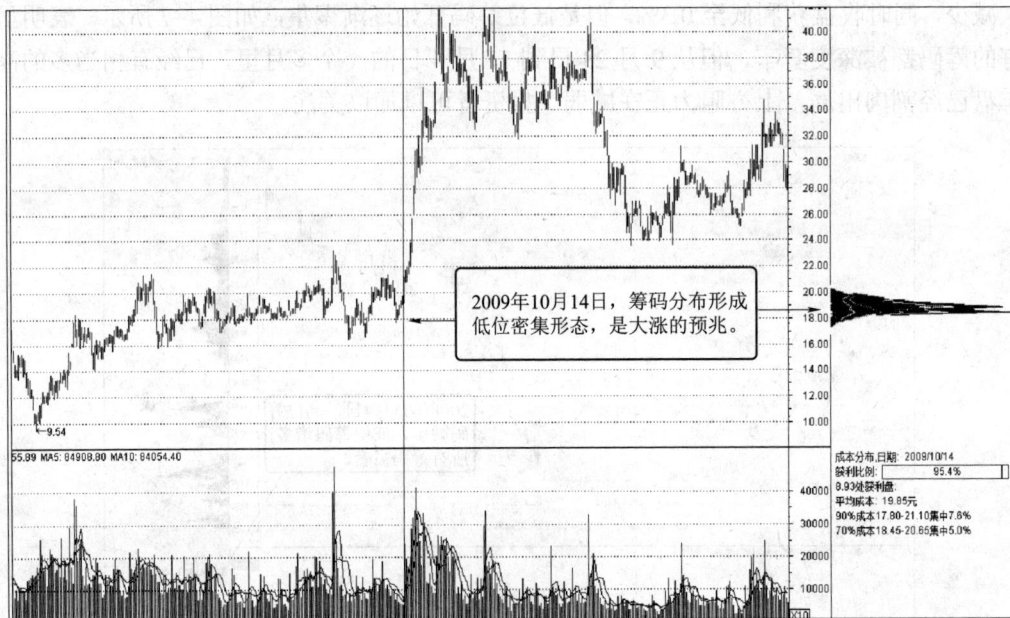

图 4-8　中国中期日 K 线-1

2010 年 3 月 24 日，该股股价经历一波较大的上涨走势之后，在高位不断震荡，与 2009 年 10 月 14 日相比，筹码分布逐渐形成高位密集形态，90% 的筹码分布在 33.92～39.20 元的狭窄区间。它表明股价经过一波大幅上涨之后，几乎所有的低位筹码都已获利了结，现在的持股者几乎都是高位接盘者，市场下跌动能正在不断积聚中，投资者对此要高度警惕，如图 4-9 所示。

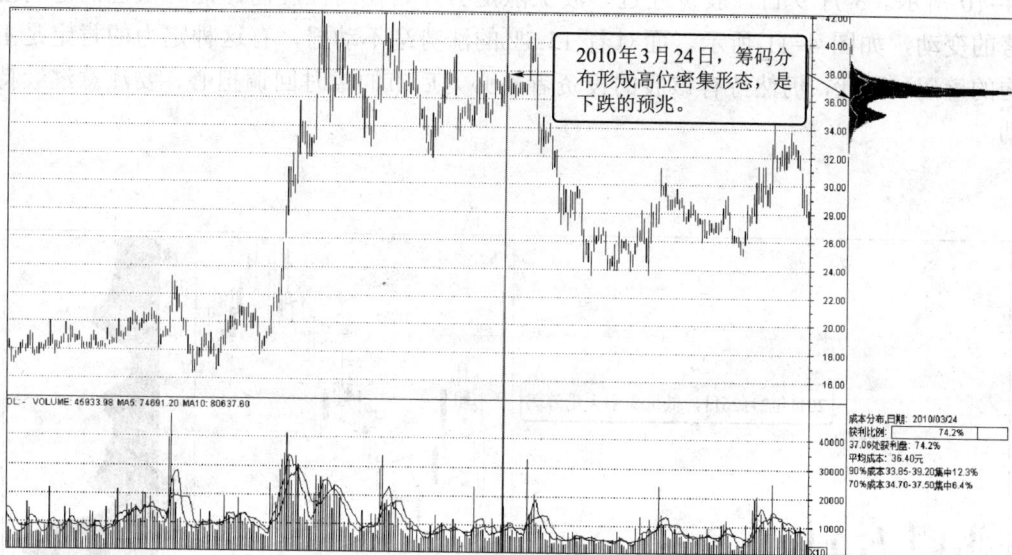

图 4-9   中国中期日 K 线-2

（3）筹码的低位锁定

筹码的低位锁定是指伴随着股价的持续上涨，筹码仍然在低位堆积，继续保持低位密集形态的现象。它是主力在低位大量持有该股的重要标志。

一般来说，能够在股价上涨幅度较大的情况下克服卖出冲动的投资者只能是持有众多筹码的主力机构。因此，筹码的低位锁定，往往是主力机构已经深度介入的标志，主力机构往往选择中长线操作方式。

在实战中，投资者一旦判定有主力机构在低位锁定筹码，一定要持股不动。记住"下峰锁定，行情未尽"这句话，持股的投资者要注意不要轻易卖出筹码，除非下峰已尽，顶部出现卖出信号。

实训示例

2011 年 2 月 24 日到 2011 年 3 月 9 日，招商银行（600036）的股价出现一波上涨走势。在这波走势中，股价涨幅达到 15.5%，但筹码分布却并没有什么显著变化。2011 年 2 月 25 日，该股股价仍处于上涨走势的发动阶段，此处价格附近分布着大量的筹码，如图 4-10 所示。3 月 9 日，股价经过一波上涨走势开始在高位震荡，此时低位的筹码没有显著的变动，如图 4-11 所示。面对着 15.5%的涨势毫不动摇，有这种定力的肯定是主力机构的筹码。因此，仍然持有该股的投资者不必为后市的暂时回调担心，要注意继续持股不动。

图 4-10 招商银行日 K 线-1

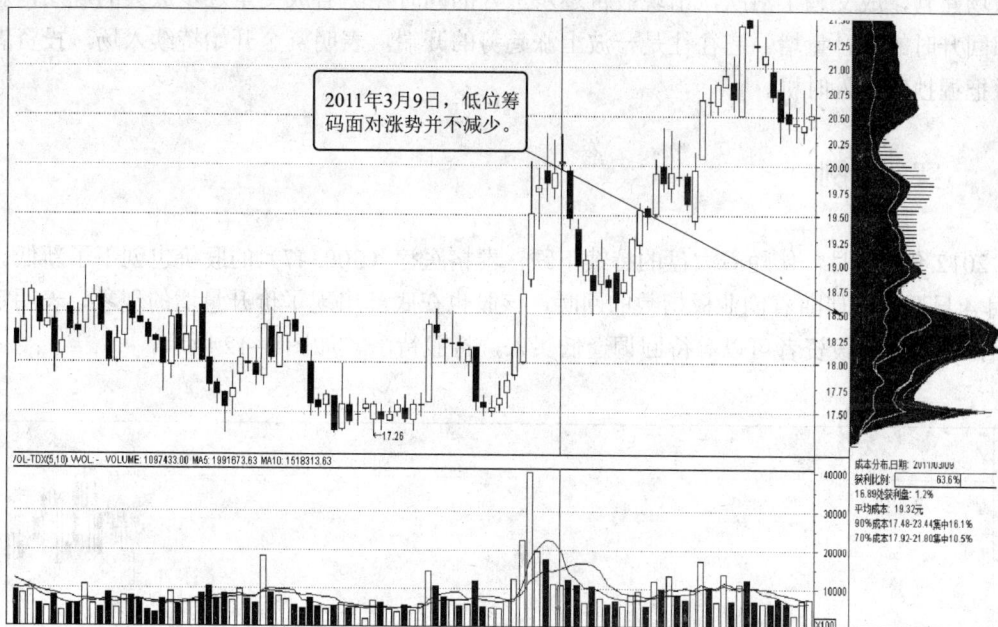

图 4–11　招商银行日 K 线–2

4.2　常见量价关系实战应用

成交量通常和价格一起使用来研判市场走势。价格的涨跌和成交量的升降可以组合成几种不同的量价走势形态，不同的形态特征、位于走势图中不同的位置代表了不同的市场含义，投资者在实战中要仔细区分辨别。

4.2.1　价升量增

价升量增是指个股或指数在成交量增加的同时，价格也同步大涨的一种量价配合现象，是最理想的一种量价配合关系。它表明随着价格的上涨，上升动能也在不断增强，通常预示着股价仍将持续走高。价升量增只出现在上涨行情中，可以分为底部回升时的价升量增、上涨趋势中的价升量增及市场赶顶的价升量增。

1. 底部回升时的价升量增

当股价经过一轮较长时间的下跌和底部盘整后，市场中逐渐出现诸多利好因素，买方逐

121

渐入场建仓，成交趋于活跃，出现股价逐步上升的同时伴随着成交量逐步放大的现象，就是底部回升时的价升量增。它往往是一波上涨趋势的开端，表明资金开始持续入场，投资者应注意把握抄底买入时机。

实训示例

2012 年 12 月，伴随着大盘的持续下跌，泰格医疗（300347）的股价也创下了新低。从 12 月 4 日开始，伴随着创业板指数的回暖，该股也在底部出现了价升量增的现象，表明资金开始持续入场，投资者可以等待回调逢低买入，持股待涨，如图 4–12 所示。

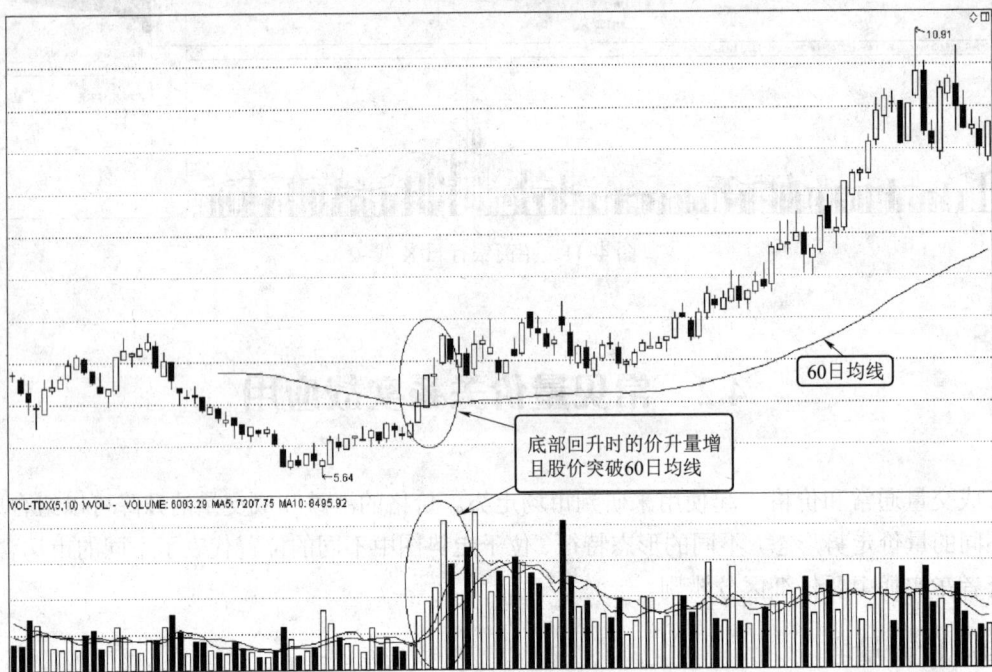

图 4–12　泰格医疗日 K 线

2. 上涨趋势中的价升量增

在一轮中长期上涨行情中，随着股价一浪接一浪地走高，很多时候成交量也会呈现逐步增加的态势，预示着中长期上涨行情仍将持续。在这个过程中，股价每次缩量回调时，都是投资者的入场时机。

实训示例

2014 年 11 月到 2015 年 5 月，伴随着创业板指数的走强，和佳股份（300273）的股价也持续上涨，出现了一波较大的上涨趋势。在这波上涨趋势中，随着股价一浪接一浪地走高，成交量也呈现出逐步增加的态势，如图 4-13 所示。

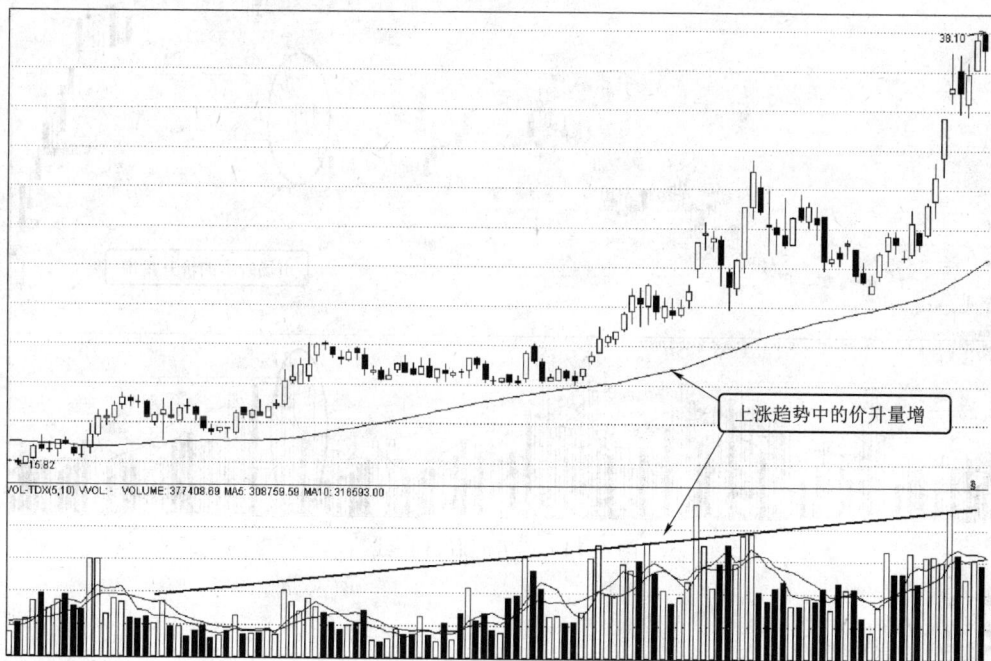

图 4-13　和佳股份日 K 线

3. 市场赶顶的价升量增

在一轮上涨行情快要结束时，通常会出现个股或指数赶顶的现象，即连续出现向上跳空或中大阳线，价格快速上升，并伴随着成交量的显著放大，这往往是主力吸引买盘、股价即将见顶的强烈信号，投资者应该提高警惕，等待行情反转信号出现时清仓离场。

实训示例

三五互联（300051）在 2015 年 1 月到 6 月的一段日 K 线走势图。从图中可以看出，该股经历了一波幅度较大的上涨行情，从 5 月初开始，该股加速上涨，股价上升斜率变得陡峭，

出现几个向上跳空缺口，并伴随着成交量的放大，是市场即将见顶的价升量增现象，如图 4-14
所示。

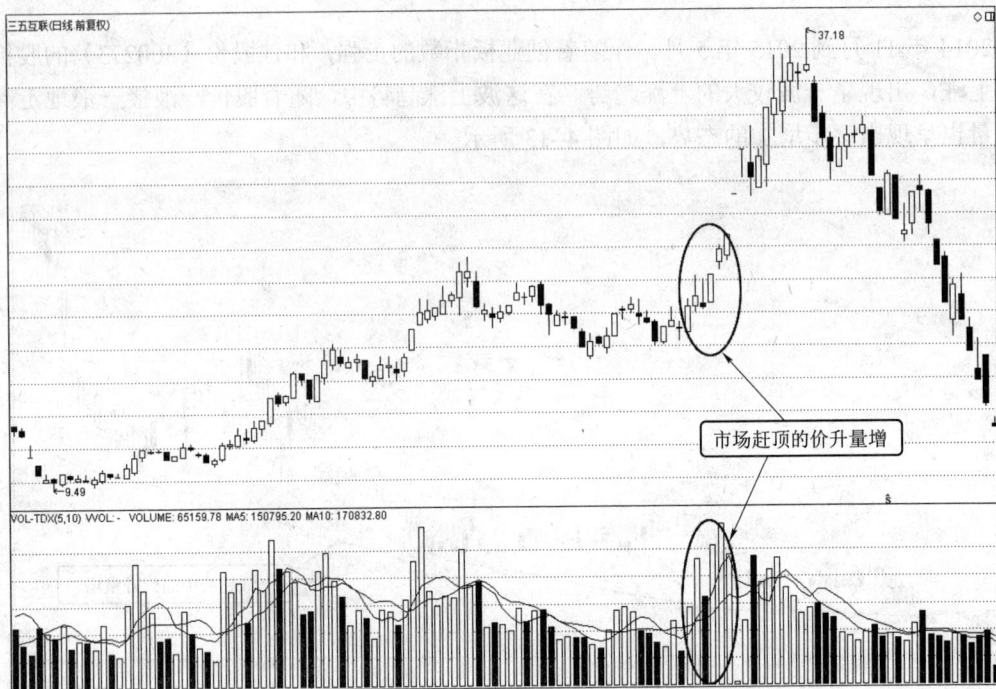

图 4-14　三五互联日 K 线

4.2.2　价升量减

价升量减是指随着价格的上涨，成交量却不断缩减，是最常见的一种量价背离的现象。

当大盘指数或者大盘股出现这种走势特征时，往往预示着价格即将见顶下跌。由于大盘
指数或大盘股不存在被主力控盘的情况，它能够比较真实地反映出市场的成交情况，一旦大
盘指数或大盘股出现价升量减现象，意味着价格上升没有得到成交量的支持，投资者对当前
市场日益谨慎，上涨必定难以持久，因而后市情况不容乐观。

而当小盘股在上升趋势途中出现价升量减形态时，往往预示着该股主力高度控盘，抛压
很小，后市上涨可能很强劲。

无论是大盘股还是小盘股出现价升量减时，价格都会惯性上涨一段时间，投资者应该仔
细观察，如果股价继续上涨，成交量也相应增加则前期量减属于惜售或观望现象，投资者仍
可继续做多。

实训示例

金信诺（300252）在 2012 年 12 月到 2013 年 6 月的一段日 K 线走势图。从图中可看出，此股正处在上升趋势中，中途走势出现一段价升量减形态，之后股价继续放量上涨，表明前面量减是主力高度控盘、抛压减少所致，后市看涨，如图 4–15 所示。

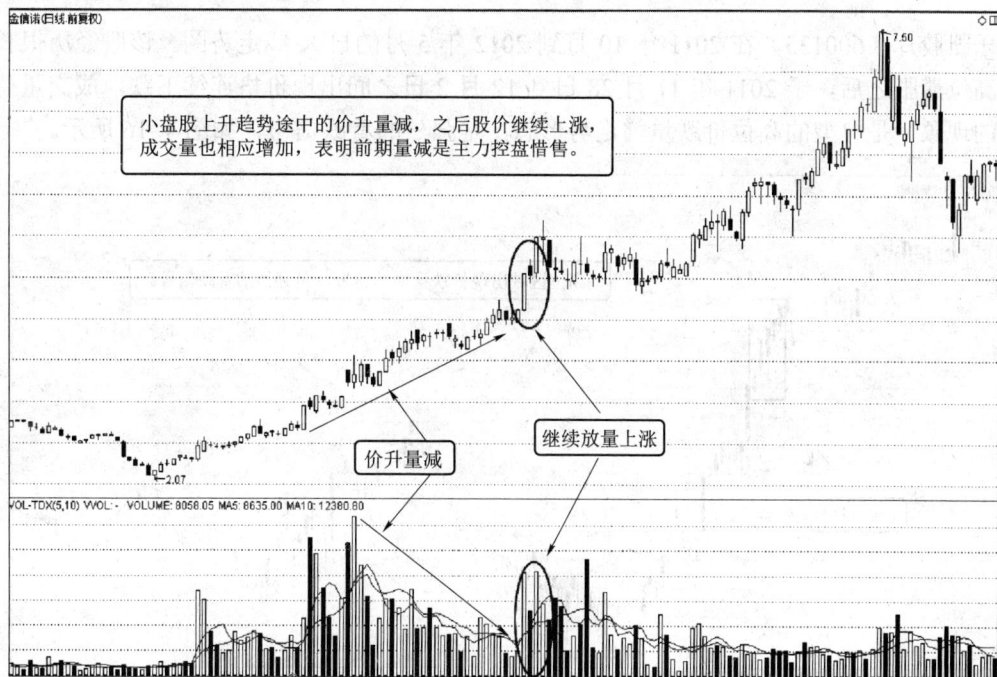

图 4–15　金信诺日 K 线

4.2.3　价跌量增

价跌量增是指随着价格的不断下跌，成交量反而持续放大的情形，是一种典型的短线价量背离的现象。

当市场出现价跌量增现象时，需要结合这种形态所处的具体位置进行研判。总体而言，它表明市场上一方持仓者已经看空后市行情，纷纷抛售手中持股，投资者短线上应该清仓或观望回避风险。

在实战中，价跌量增形态可分为高位价跌量增和低位价跌量增。

1. 高位价跌量增

当价格处在高位区域，特别是价格高位滞胀时，一旦走势出现价跌量增的情形，往往是强烈的看跌信号。它表明获利筹码开始疯狂抛售，从而导致价格在巨大的抛压之下，放量走低。

实训示例

乐凯胶片（600135）在 2011 年 10 月到 2012 年 5 月的日 K 线走势图。该股经历很长时间的高位滞胀之后，于 2011 年 11 月 28 日到 12 月 2 日之间出现价格连续下跌，成交量持续放大的现象，是典型的高位价跌量增走势形态，是强烈的看跌信号，如图 4-16 所示。

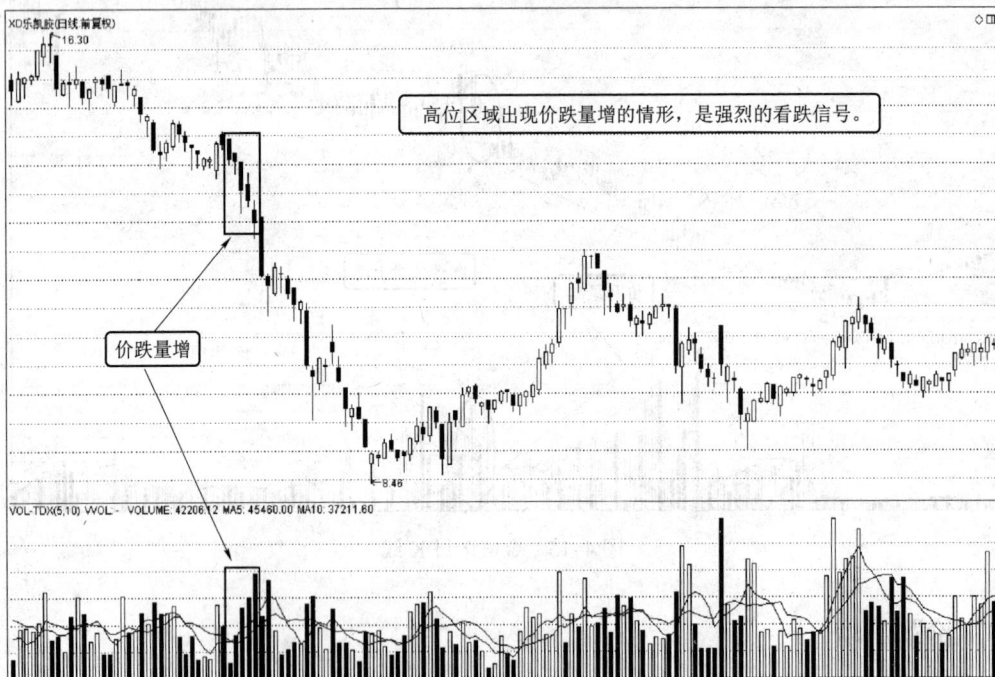

图 4-16　乐凯胶片日 K 线

2. 低位价跌量增

当价跌量增形态出现在某一相对低位，或在价格已大幅下跌之后，则有可能是主力制造恐慌情绪，诱使散户投资者低价抛售手中持股，从而达到吸筹建仓的目的。此时的价跌量增，可能是卖方力量的最后释放，是股价见底的信号，投资者可等待后市股价明显企稳后择机入场。

实训示例

易华录（300212）在 2015 年 6 月到 11 月之间的一段日 K 线走势图。该股价格在 6 月见顶之后，一路下跌，直到 9 月初才见底回升。8 月 24 日到 26 日股价处于下跌末端的低位区域，这三天股价连续跳空跌停，成交量持续放大，是卖方力量的最后释放，可能是股价见底的信号，如图 4-17 所示。

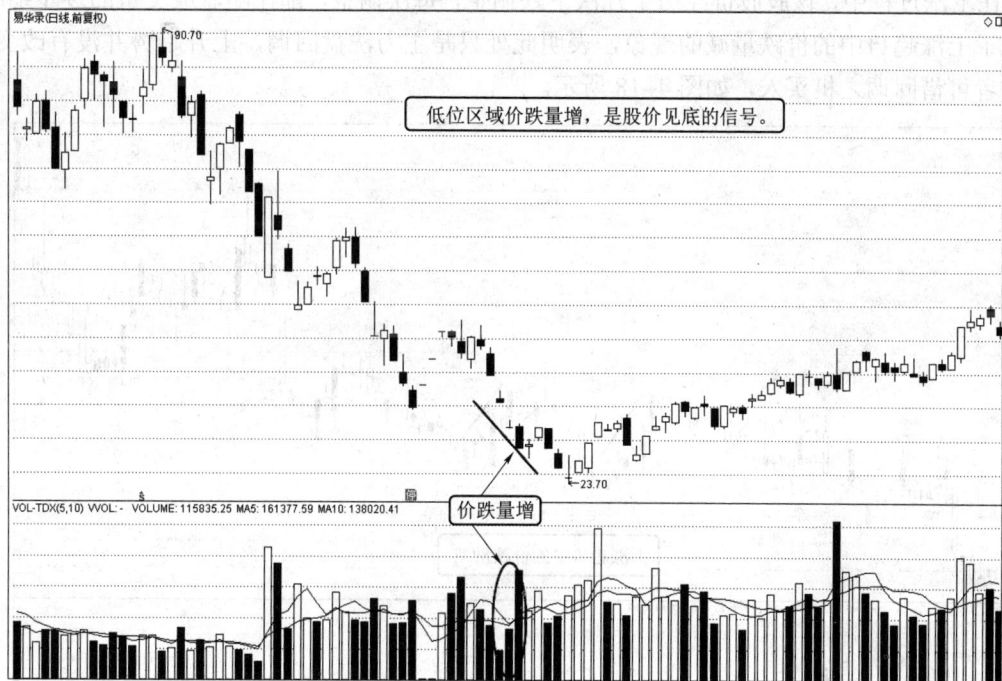

图 4-17 易华录日 K 线-1

4.2.4 价跌量减

价跌量减是指随着股价的不断下跌，成交量也在不断缩减，一般称"量价齐跌"，是除了"价升量增"之外的另外一种"量价同向"的表现形式。这种走势特征表示随着股价的下跌，投资者惜售心理日趋严重。

价跌量减形态可分为上升趋势中的价跌量减和下降趋势中的价跌量减。

1. 上升趋势中的价跌量减

在一波上升趋势中，股价在到达一个阶段性高点后通常会下跌回调，同时伴随着成交量的缩减，这往往预示着一次正常的回调。调整结束后，股价仍将延续上涨走势。这种上升趋势中出现的价跌量减情形为踏空投资者提供了良好的介入时机。

实训示例

深赛格（000058）在 2014 年 6 月 20 日到 2015 年 6 月 18 期间，股价一直处在上涨趋势中。在上涨过程中，该股股价经历了几次下跌调整，每次调整，都伴随着成交量的逐步缩减，形成了上涨趋势中的价跌量减的现象，表明此处只是主力洗盘回调，上升趋势并没有改变，投资者可借回调之机买入，如图 4-18 所示。

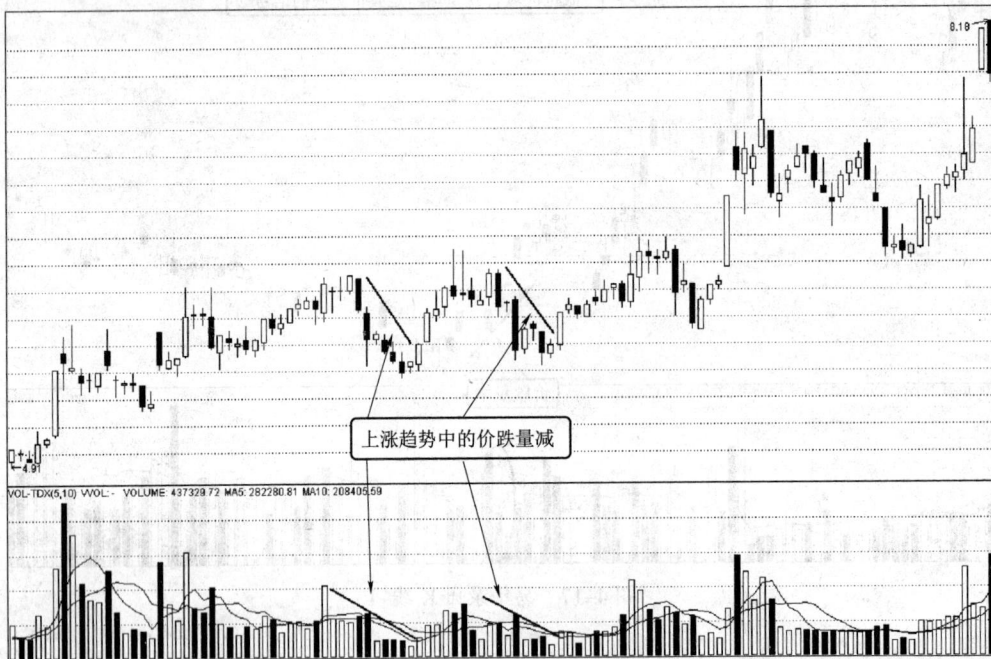

图 4-18　深赛格日 K 线

2. 下降趋势中的价跌量减

价跌量减形态若出现在股价下跌初期，表明投资者普遍看空，买盘不愿意入场接盘，跌势仍将持续；若出现在股价长期下跌后，跌幅趋缓，成交量也逐渐萎缩，此时买盘虽还有顾虑，但卖压也逐渐收敛，行情将止跌回稳。

实训示例

易华录（300212）自上市以后，一路下跌，同时伴随着成交量的逐步萎缩。2011 年 6 月 15 日到 22 日之间，股价连续下跌，但成交低迷，是市场见底信号，投资者可重点关注，等待趋势反转后介入，如图 4-19 所示。

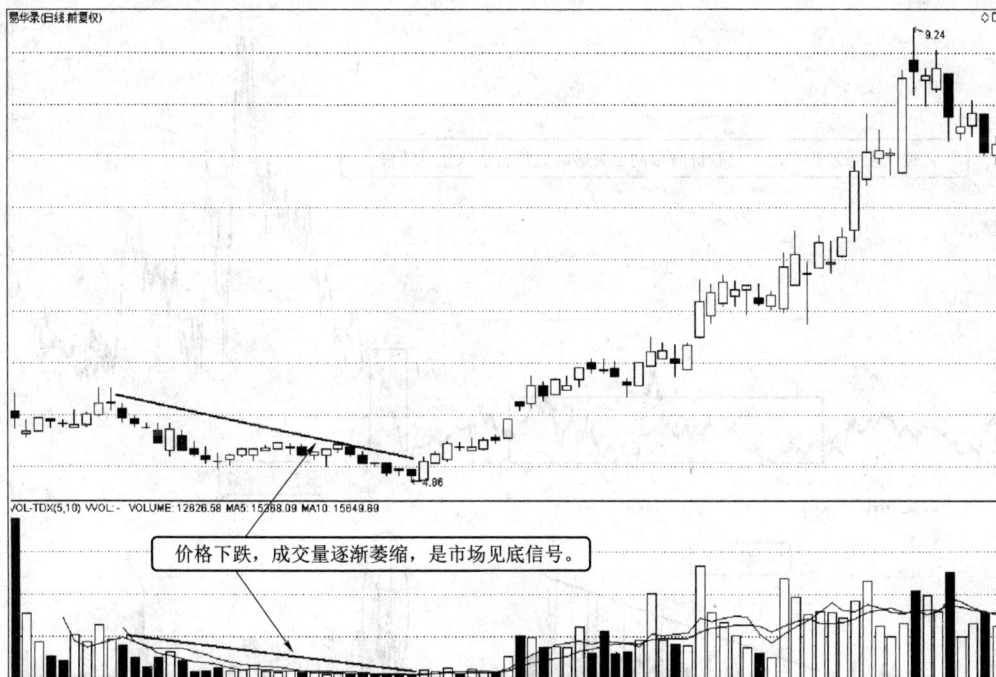

图 4-19 易华录日 K 线-2

4.2.5 量增价平

量增价平是指在成交量放大的情况下，个股或指数维持在一定的价位水平上下波动的情形。

量增价平可分为低位量增价平和高位量增价平。

1. 低位量增价平

股价经过一段时期的下跌之后出现量增价平的走势，预示着可能有主力故意打压股价。一旦股价出现量价配合向上突破整理区位，标志着底部已经形成，股价即将进入拉升阶段。

实训示例

农发种业（600313）在 2012 年 8 月到 2013 年 11 月之间，股价一直在相对低位的水平通道区间上下波动，期间成交量逐步放大，拉长时间周期来看，形成低位量增价平的走势形态，后市股价放量突破整理区域，出现了快速拉升，如图 4-20 所示。

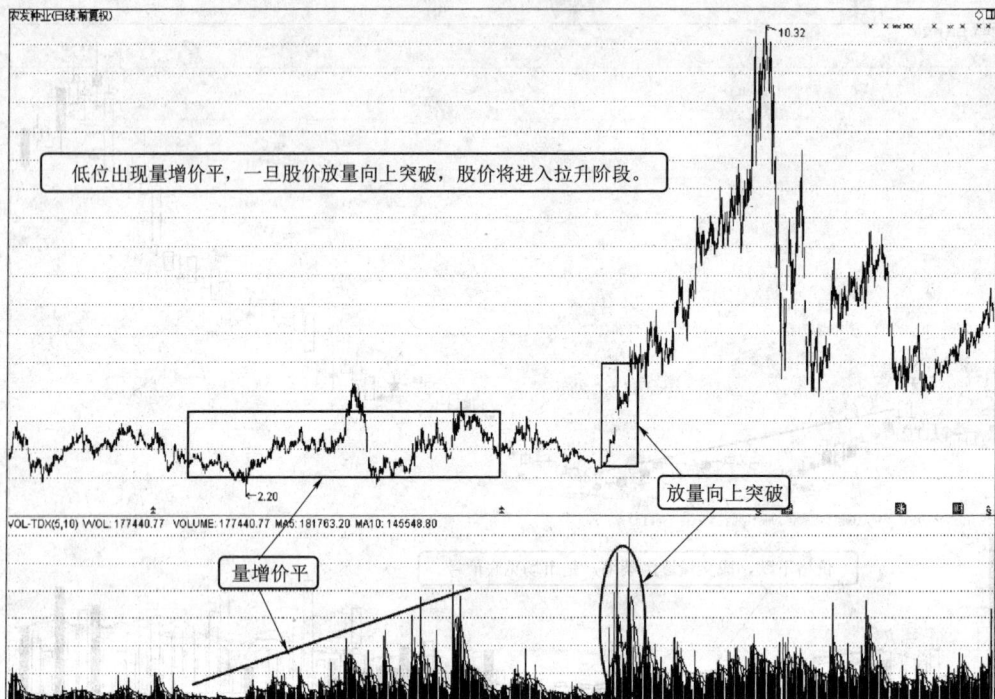

图 4-20　农发种业日 K 线

2. 高位量增价平

股价上涨之后的高位区域出现这种量增价平的走势，表明股价出现了放量滞胀，很有可能是主力正在出货，导致成交量放大，投资者不要轻易追高。

实训示例

从 2009 年 10 月到 2010 年 1 月，中国石油（601857）的股价在一个狭窄的区间内上下震荡，同时成交量逐步增加，形成量增价平的走势，2010 年 2 月 1 日，股价向下跌破前期震荡区间，卖出信号出现，投资者要注意及时出场，如图 4–21 所示。

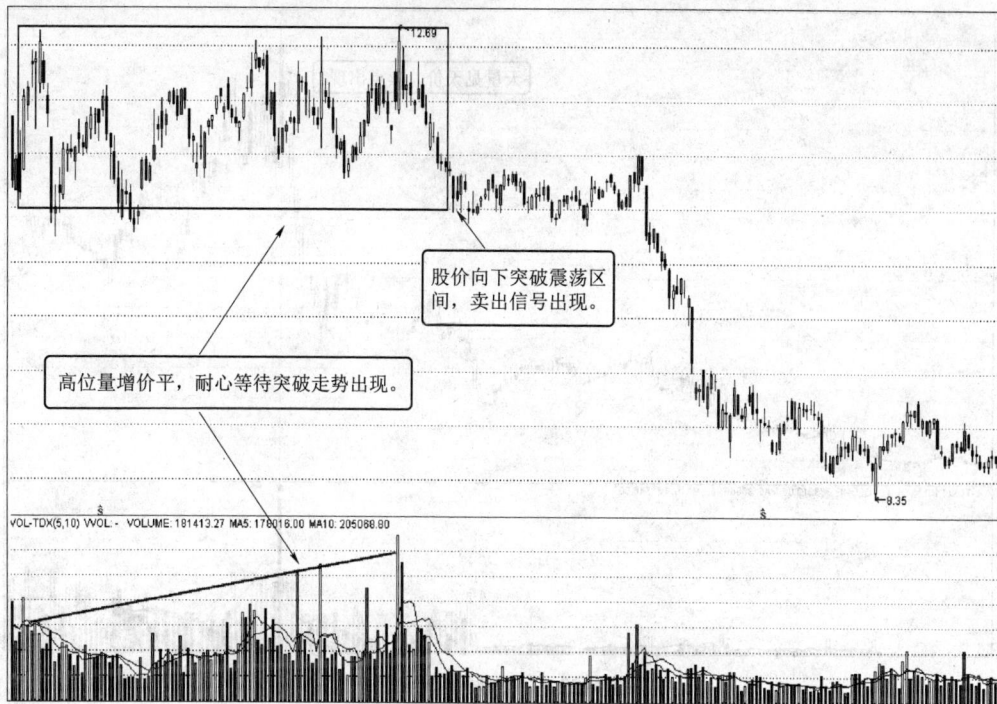

图 4–21   中国石油日 K 线

4.2.6   天量见天价

天量见天价是指个股或指数经历了一段时间或一定幅度的上涨之后，突然放出巨大的成交量，此时价格往往是一个阶段甚至是相当长时间内的最高价。这里的天量通常是指相对量，即某个交易日创下了这轮行情以来的最大成交量。

此形态通常出现在上升趋势的末端，是价格见顶的信号。市场顶部出现天量见天价，通常伴随着一根高开低走的大阴线，表明主力大量抛压股票造成股价大幅下跌，意味着市场情绪由多转空，主力资金纷纷出逃，后市行情很可能反转为下跌趋势。

实训示例

中海发展（600026）的股价经过一段时间大幅上涨之后，2014 年 12 月 22 日，股价创出了新高，当日价格高开低走，收盘跌幅 9.10%，同时成交量也创出了新高，形成天量见天价的形态。表明主力正在大量出货，投资者要注意及时出场，如图 4-22 所示。

图 4-22　中海发展日 K 线

4.2.7　地量见地价

地量见地价通常意味着趋势跌无可跌了，是市场行为的真实表现。地量是个股在人气极度低迷时形成的成交量，是主力在成交量中唯一不可做假的地方，是最有价值的指标。因为主力可以虚增成交量，却无法减少市场上的成交量。需要说明的是，交易者在判断地量地价时，需要从较长的时间周期来观察，比如趋势下跌了半年或一年后，此时观察地量地价方显成效。

地量见地价通常出现在股价或指数长期下跌的末端，它表明卖盘稀少，买盘意愿不强，市场跌无可跌。这一时期往往是长线投资者进场的时机。

实训示例

兴业矿业（000426）股价经常长时间下跌之后，在 2014 年 4 月 29 日到 5 月 8 日之间，市场处于底部区域，成交量极度萎缩，形成地量见地价的形态，表明此处跌无可跌，可能是市场见底的信号。很快股价放量上涨，开始了一波持续时间很久，上涨幅度很大的上升行情，如图 4-23 所示。

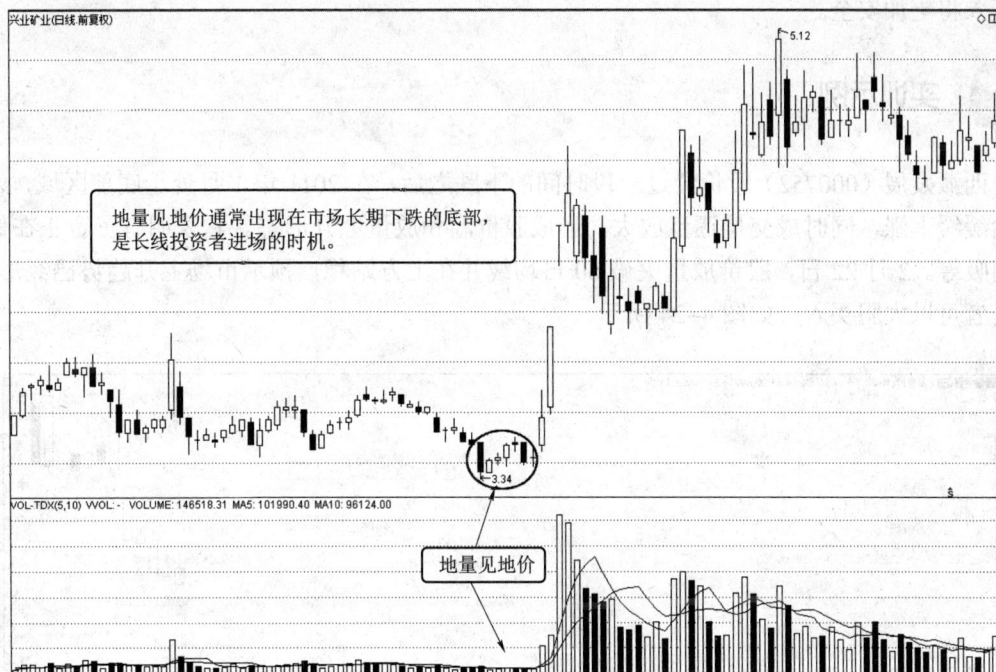

图 4-23　兴业矿业日 K 线

4.3　成交量买卖信号实战应用

成交量是价格的先行指标。在实战应用中，有时候仅仅通过成交量的变化就能大概率地预测价格走势，如果能把成交量和价格趋势结合起来研判，对股票买卖点的选择将更加有效。

4.3.1　成交量的买入信号

1. 底部温和放量上涨

底部温和放量上涨是指股价在经历一波下跌走势之后开始逐步回升，同时成交量呈现出有规律的逐步递增的现象。它表明有资金正在低位不断吸筹，市场接下来有较大可能从下跌趋势转为上涨趋势。

在出现温和放量拉升之前，股价最好有一个筑底的过程，哪怕这个筑底的过程只有短短的几天。如果温和放量上涨之后股价能够站上 60 日均线，表明中长期上升趋势可能形成，此时买入将更加安全。

实训示例

西藏发展（000752）股价经过一段时间的下跌之后，在 2011 年 1 月处于底部区域，之后开始缓缓上涨，同时成交量逐步放大，形成股价温和放量上升形态。它表明有资金正在低位悄悄吸筹。2 月 22 日，股价放量突破 60 日均线并在上方站稳，预示市场上升趋势已经形成，投资者可以大胆买入，如图 4-24 所示。

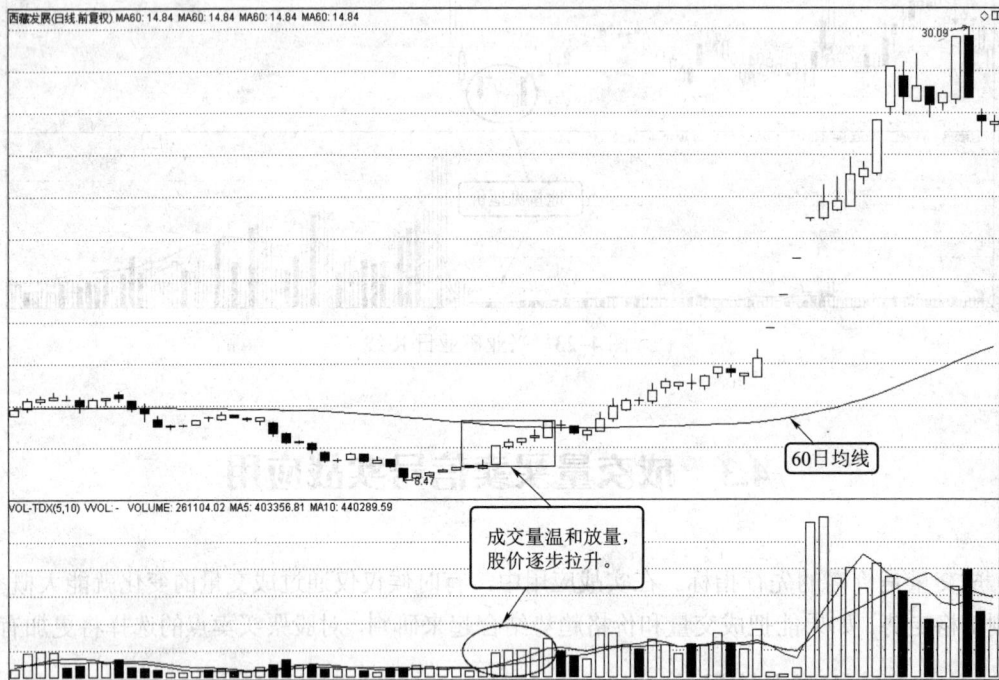

图 4-24 西藏发展日 K 线

2. 上升趋势中的缩量回调

在一波正常的上涨趋势中，股价不可能直线上升，中途总会出现阶段性的回调，并伴随着成交量的逐步缩减。通常情况下，股价缩量回调到支撑线位置时，会止跌企稳并再次放量上涨，越过前期高点，延续原来的上升趋势。

因此，投资者一旦确定上升趋势成立，便可在股价缩量回调到支撑线附近开始买入，持股待涨。谨慎的投资者可以等到股价放量突破前期高点时，再行买入。

实训示例

从 2012 年 12 月 24 日到 2013 年 7 月 12 日，和佳股份（300273）的股价一直运行在 60 日均线之上，表明市场正处于一波上涨趋势中。2013 年 3 月 25 日到 4 月 15 日之间，股价在创阶段性高点之后下跌调整并得到 60 日均线的强烈支撑，同时成交量持续萎缩。之后开始放量上涨并突破前期高点，延续原来的上涨趋势，如图 4-25 所示。

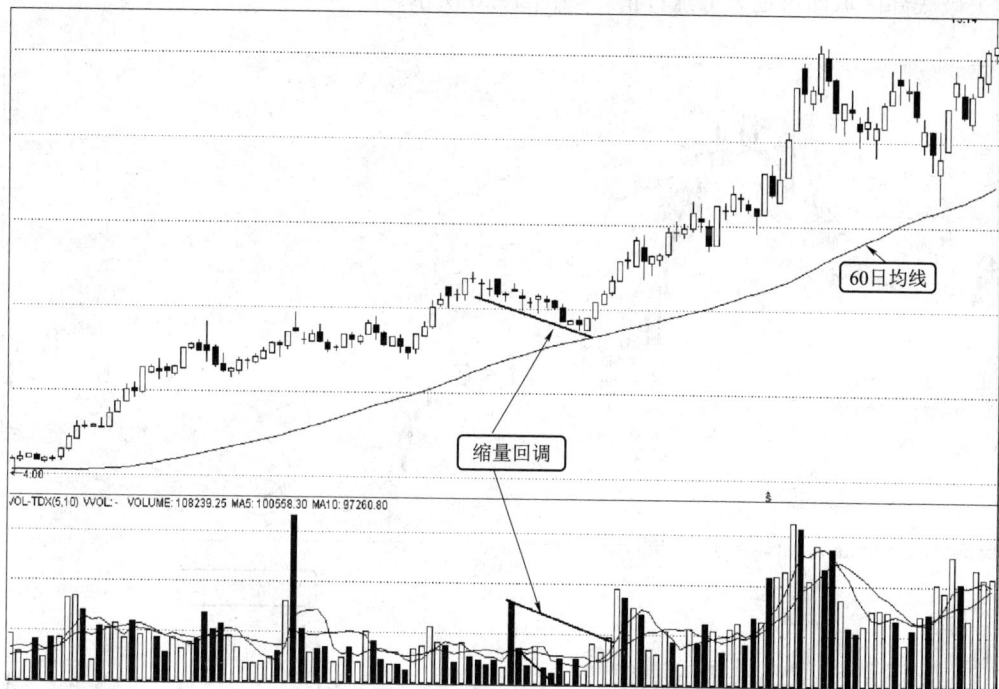

图 4-25 和佳股份日 K 线

3. 底部缩量止跌

在下跌趋势的后期，股价经过大幅下跌之后，开始逐渐止跌企稳，同时成交量显著缩减。K 线走势图上形成小阴小阳的形态，意味着价格变化幅度很小；成交量图上呈现一排低矮的、几乎没有起伏的柱状形态，表明此时市场已经无量可跌。股价经过前期的大幅下跌后，卖方卖出意愿极度减弱，此时正是长线投资者入场买入的最佳时机，随着买盘的增多，上涨动能逐步积累，市场供求关系将发生变化，股价接下来有可能出现一波上涨走势。

在实际操作中，此信号一般要结合均线系统综合研判会更加准确，如果底部缩量的同时短中期均线走平收敛并出现粘合状态，意味着一波反弹或上涨行情即将展开。

实训示例

东方证券（600958）在 2015 年 6 月的股灾中经过了 3 个多月的下跌，跌幅达到 66%。8 月 26 日后，股价止跌企稳，同时成交量逐步萎缩，特别是 9 月 24 日到 9 月 30 日之间，成交量出现地量状态，价格波动幅度很小，意味着卖盘衰竭，投资者可入场买入，等待出现价格放量突破底部区域即可迎来上涨行情，如图 4-26 所示。

图 4-26　东方证券日 K 线

4. 底部连续放量上涨

股价经过大幅下跌之后，在底部开始长时间筑底。在这个过程中，成交量明显缩减。某一天盘中突然出现巨量成交（当天的成交量是前一天的一倍以上），紧接着几天成交量持续放大，同时股价也出现较大幅度的上涨，这种形态表明大资金强烈看好后市行情，纷纷入场抢筹，后续股价经过短暂回调后可能开始一波较大级别的上涨。

实训示例

方大特钢（600507）经过一段时间的下跌后，2014年7月初形成一个底部区域。7月2日到7月11日之间，该股突然连续放量上涨，表明大资金强烈看好后市，纷纷入场买入，接下来该股走出了一波幅度很大的上涨行情，如图4-27所示。

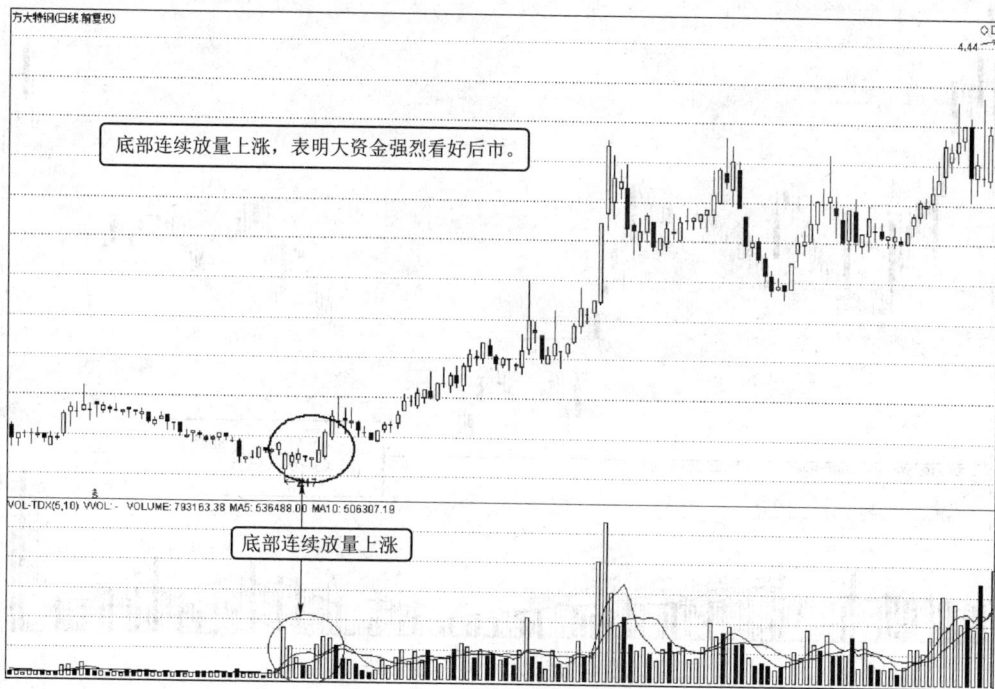

图4-27　方大特钢日K线

5. 放量突破缺口

缺口是股价在快速大幅变动中有一段价格没有任何交易，显示在股价K线图上的是一个真空区域。它表明市场某一方向的动能十分强烈，一旦缺口形成，该区域将成为强有力的支撑或阻力位置。

在下跌趋势中，股价如果以缺口的形式加速下跌，则该缺口将成为重要的阻力位。当在下跌趋势的后期，市场积极筑底后，股价一旦放量向上突破缺口位置，就表明市场上涨趋势已经形成，股价接下来将出现一波较大的上涨趋势，投资者可以果断买入。

实训示例

方大炭素（600516）在 2015 年 8 月 24 日和 25 日之间股价形成了一个下降缺口，2015 年 9 月 25 日和 10 月 12 日放量突破上述缺口，表明股价上升趋势形成，投资者可在 10 月 12 日突破缺口上方之后择机买入，如图 4-28 所示。

图 4-28　方大炭素日 K 线

6. 放量突破 60 日均线

60 日均线是股价的生命线，在弱势行情中，能否突破并站稳 60 日均线成为了股票强弱的一个重要标准。在市场长期下跌趋势中，股价一般都运行在 60 日均线下方，受到 60 日均线长久的压制，下方积累了大量的筹码，要突破需要放大成交量，但一旦向上突破，意味着 60 日均线下方建仓的筹码都将盈利，表明主力强势做多的意图，激进的投资者可积极介入，谨慎的投资者可耐心等待 60 日均线走平向上，股价回调站稳 60 日均线后再买入。

实训示例

中国软件（600536）在 2014 年 5 月 22 日放出巨量突破 60 日均线，预示着此处是强烈的上涨趋势开始的信号，投资者可以等缩量回调到 60 日均线附近买入，如图 4-29 所示。

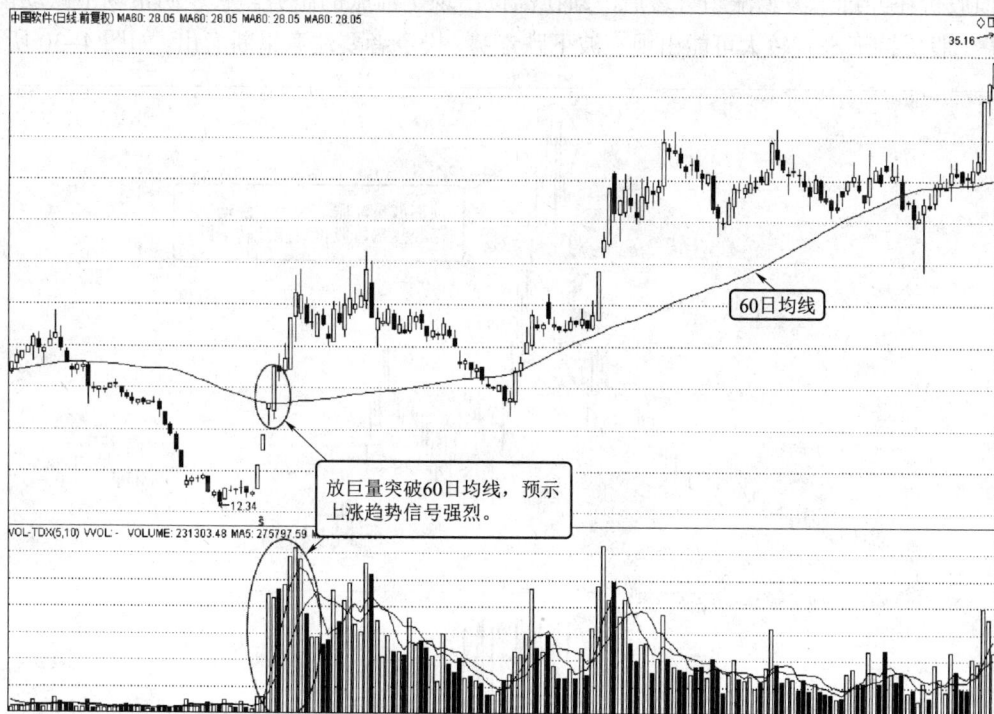

图 4-29 中国软件日 K 线

4.3.2 成交量的卖出信号

1. 顶部放量滞胀

顶部放量滞胀是指在上涨走势的后期，当股价经过前期大幅上涨而处于市场高位时，尽管成交量出现明显的放大，但股价却没有随着成交量的放大而上涨，反而出现高位震荡甚至不涨反跌的走势。它表明市场下跌动能正在积聚，股价接下来有较大可能出现一波下跌走势，投资者要注意及时卖出。

在实战中，股价在顶部放量滞胀时，股价 K 线组合往往形成反转形态。投资者一旦见到

"顶部放量滞胀+K线反转形态",基本可以确定一波下跌走势要出现了。

实训示例

美锦能源（000723）在2015年6月8日到2015年6月24日之间成交量出现了明显的放大,但股价在经过一波上涨趋势之后,却在高位出现了滞胀的态势。它表明市场下跌动能正在积聚,股价接下来有较大可能出现一波下跌走势,投资者要注意果断卖出,如图4-30所示。

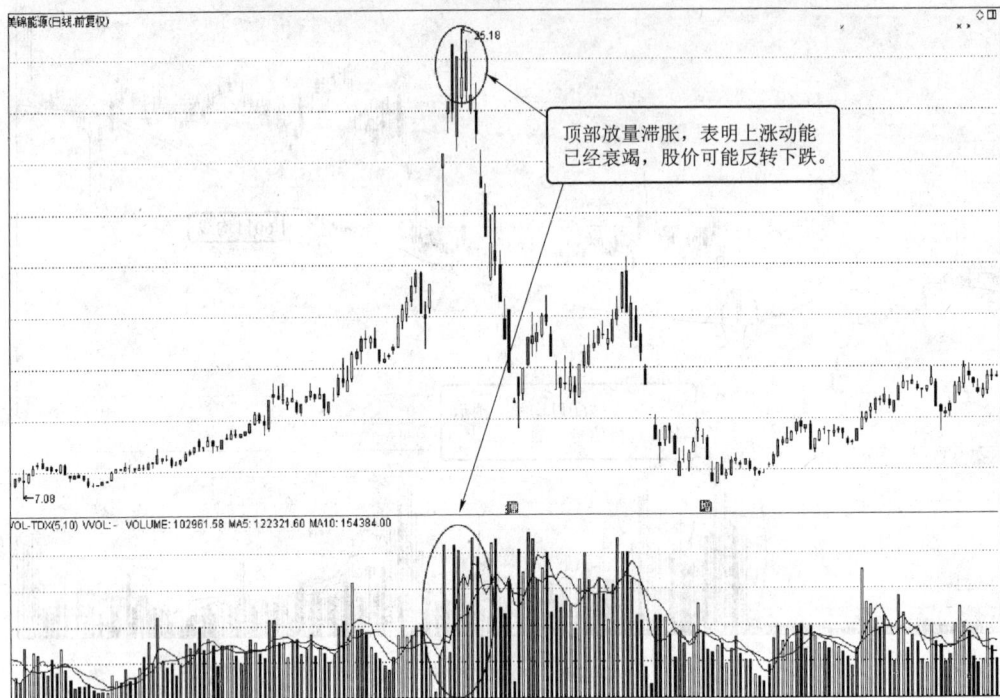

图4-30　美锦能源日K线

2. 放量跌破支撑线

在上涨趋势或者反弹行情的后期,股价在高位开始滞胀,随后调头向下转为下跌。一旦股价放量跌破前期重要支撑线,就表明市场下跌趋势已经彻底形成,股价接下来的大幅下跌将不可避免,投资者要果断卖出。在这个过程中,支撑线包括中长期均线、前期震荡高点连线等。

一般来说,在支撑线上下分布着大量的高位筹码。因此,股价跌破支撑线,就意味着在支撑线附近的大量高位筹码将要被套。此时,如果放量,说明这些高位筹码纷纷止损出场,股价下跌趋势将不可避免；如果没有放量，说明这些筹码继续看涨，后续股价还可能上穿支撑线延续上涨行情。

实训示例

许继电气（000400）2015 年 10 月初股价反弹到 60 日均线之上并运行一段时间，11 月 27 日放量跌破 60 日均线，表明下跌趋势形成，投资者应该果断卖出，如图 4–31 所示。

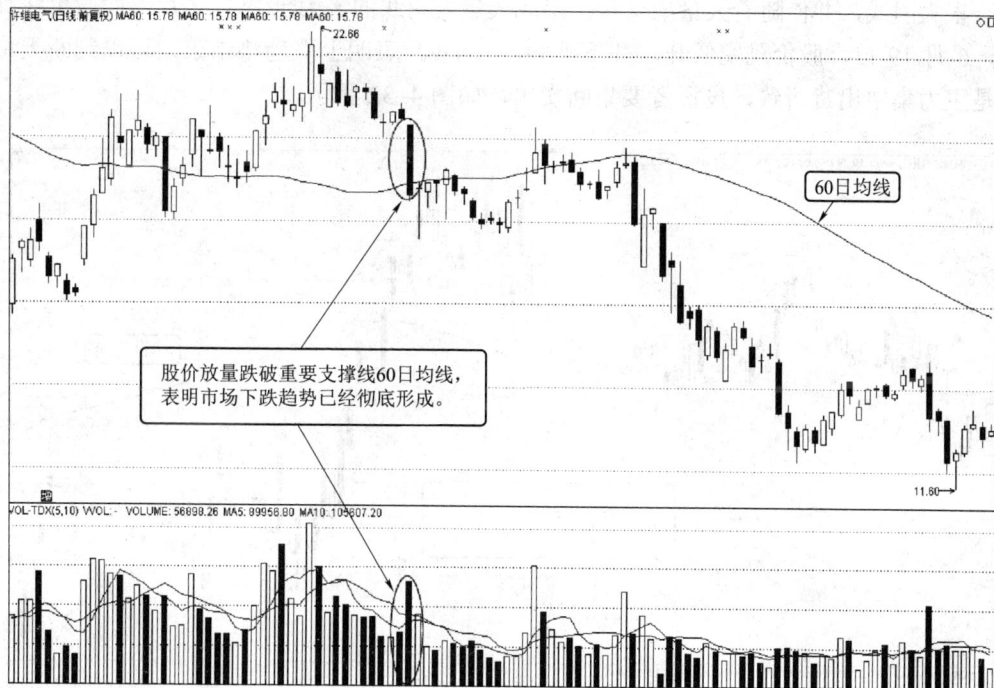

图 4–31　许继电气日 K 线

3. 天量大阴线

天量大阴线是指在上涨走势中，股价突然收出一根大阴线，并且伴随着成交量的显著放大。一般情况下，当日成交量是前一天的一倍以上，或者当日的成交量是近期较长时间的最高量。

这种形态如果出现在上升趋势的顶部区域，是主力资金大量抛压筹码，导致股价大幅下行所致，接下来，上升趋势可能发生反转，投资者要引起足够的警惕，最好清仓离场，一旦后续价格跌破前期低点，意味着下降趋势已经形成。

这种形态也可能出现在股价连续涨停后的阶段性高位，它表明经过大幅上涨之后，低位获利筹码正在不断涌出，该股在短期内有可能出现一波较大幅度的下跌调整走势，投资者最好短线离场观望或者适当减仓，等待趋势明朗后再做操作方向的选择。

实训示例

2015年5月28日，东旭光电（000413）的股价在经过一段时间的上涨之后，当天突然收出一根大阴线，并伴随着天量成交量，形成天量大阴线的K线形态，之后该股股价在高位震荡，6月19日，股价跳空低开，并下破60日均线，表明上涨趋势结束，可以判断天量大阴线是主力集中出货所致，投资者要果断卖出，如图4-32所示。

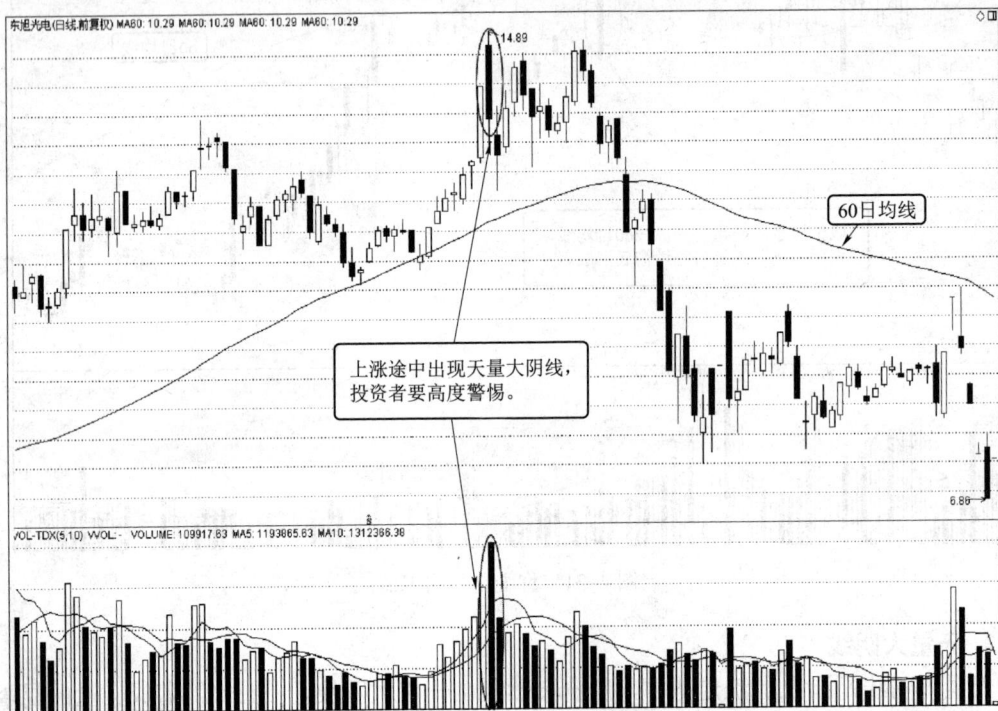

图4-32　东旭光电日K线

从2014年6月5日到2015年1月6日，赤天化（600227）的股价连续九个涨停板后形成放量大阴线的走势，表明低位获利筹码大量出逃，股价面临着向下调整的需要，短线应该清仓离场，长线投资者要适当减仓，如图4-33所示。

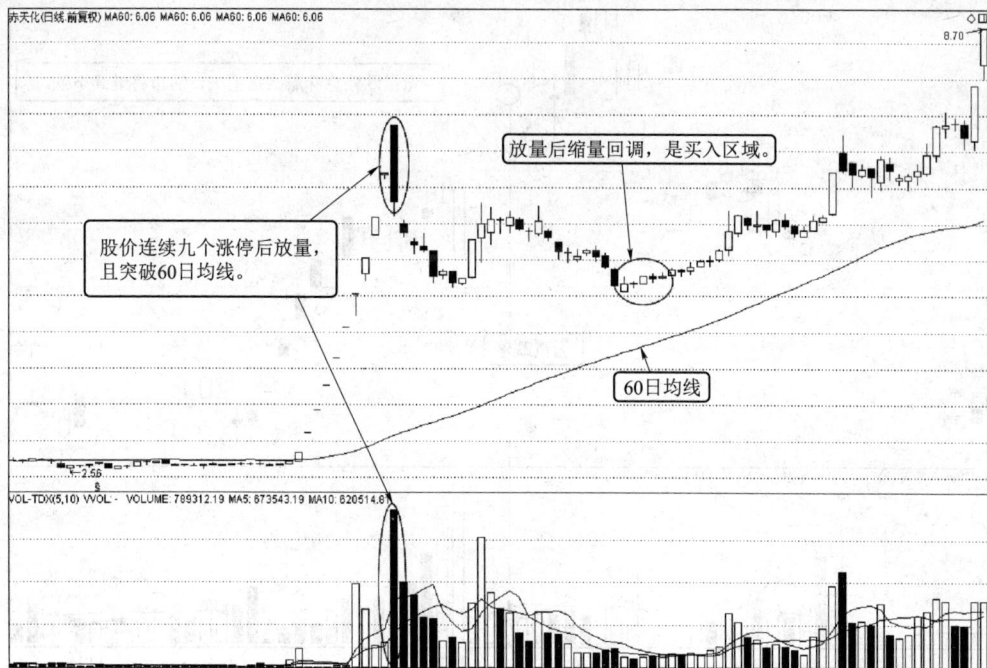

图 4-33　赤天化日 K 线

4. 无量跌停

无量跌停是指成交量极小的状态下，个股的价格跌至当日市场下限。通常情况下，这种形态出现在市场突发重大利空，大盘指数开盘后即快速下跌，买盘突然消失，卖盘只能挂在跌停价上出货。

这种形态一般出现在市场顶部区域，预示着后市将延续下跌走势，可能会连续下跌数天，跌幅巨大，造成上升趋势的终止并转为下跌趋势。投资者见到这种形态，由于当日几乎没有买盘，所以想卖也卖不出来，只能等待第二天开盘后择机卖出。

实训示例

茂业通信（000889）经过一段时间的上涨之后，在 2015 年 6 月处于市场顶部区域，之后停牌。8 月 4 日开盘后，出现无量跌停状态，当日股价开盘即封死在跌停板上，成交量接近于零，换手率仅为 0.09%。预示着后市将延续下跌，持仓的投资者后续几天应该择机卖出，如图 4-34 所示。

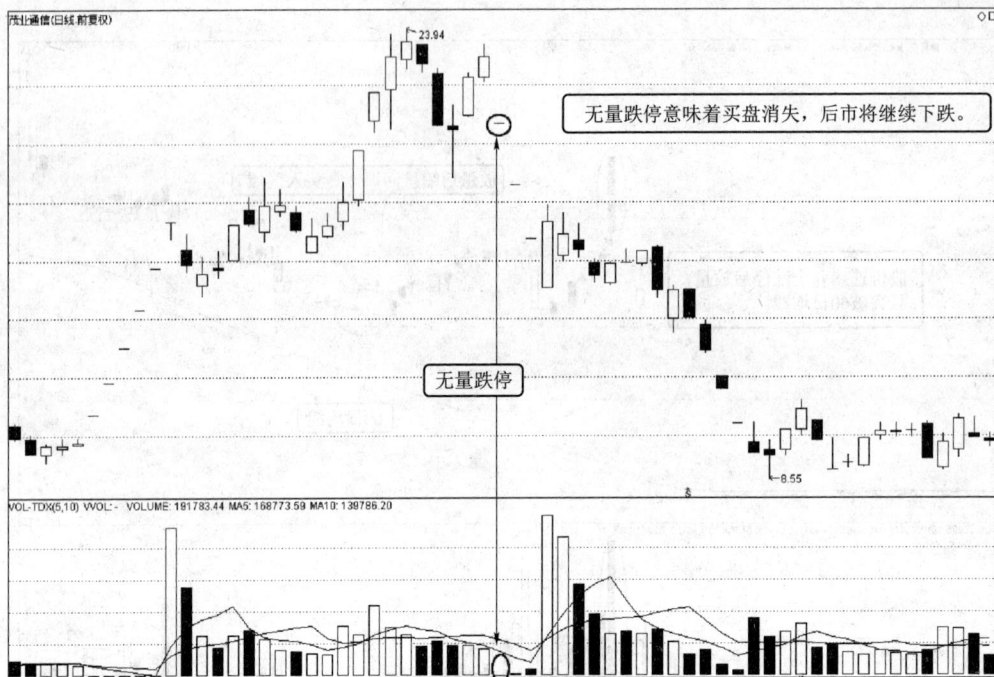

图 4–34　茂业通信日 K 线

实训项目任务

任务一：找出大盘指数熊市底部和牛市顶部，分别查看它们的成交股数和成交金额，并进行比较，分析股市牛熊转换成交量的变化规律。

任务二：任选几只股票，分别查看某一天的换手率、量比、均量线和筹码分布等指标，并分析这些指标在股票买卖决策中的应用。

任务三：找出常见量价关系走势，如价升量增、价升量减、天价天量、地价地量等，并分析它们在股价不同位置所代表的实战意义，以及在股票买卖决策中的应用。

任务四：找出几种常见的成交量买入信号，如底部温和放量上涨、上涨趋势中的缩量回调、底部放量突破等走势，并查看它们后期股价走势情况，验证这些买入信号的有效性。

任务五：找出几种常见的成交量卖出信号，如顶部滞胀、放量跌破支撑线、天量大阴线等，并查看它们后期股价走势情况，验证这些卖出信号的有效性。

实训项目 ⑤ 形态理论及其在实战中的应用

本项目共设计了三个实训内容,分别是顶部反转形态、底部反转形态和K线整理形态及其在实战中的应用。

形态分析理论是技术分析的重要组成部分,它通过对市场横向运动时形成的各种价格形态进行分析,并且配合成交量的变化,推断出市场现存的趋势将会延续还是反转。价格形态可分为反转形态和持续形态,反转形态表示市场经过一段时期的酝酿后,决定改变原有趋势,而采取相反的发展方向,持续形态则表示市场将顺着原有趋势的方向发展。形态理论是通过研究股价所走过的轨迹,分析和挖掘曲线的一些买卖双方力量的对比结果,指导投资行动。

实训目的

1. 理解不同顶部反转形态的图形特征和形成机理。
2. 理解不同底部反转形态的图形特征和形成机理。
3. 理解不同K线整理形态的图形特征和形成机理。

实训要求

1. 能够快速识别常见顶部反转形态,如岛形顶、潜伏顶、M顶、头肩顶等,并分析它们价格走势的变化和买卖点。

2. 能够快速识别常见底部反转形态,如塔形底、圆弧底、W底、三重底等,并分析它们价格走势的变化和买卖点。

3. 能够快速识别常见K线整理形态,如三角形、楔形、旗形、喇叭形等,并分析它们价格走势的变化和买卖点。

实训项目内容

1. 顶部反转形态实战应用。
2. 底部反转形态实战应用。
3. K线整理形态实战应用。

5.1 顶部反转形态实战应用

顶部反转形态就是指股价由升势转为降势的形态,常见的顶部反转形态包括岛形顶、塔形顶、潜伏顶、M顶、头肩顶、圆弧顶等。了解这些顶部形态所代表的意义后,投资者就可以及早抽身,从而降低被套的风险。

5.1.1 岛形顶

岛形顶形态远远看上去就像一个远离海岸的孤岛,该形态出现在涨势末期,是大势转弱的信号。该顶部形态出现后,投资者应及时卖出避险。

岛形顶形态通常在股价的顶部出现。它是指股价持续上升了一段时间后,突然有一天跳空高开,使股价的上升加速,随后股价不再前进,盘整较短时间后,以跳空低开的形式开盘,最后以低于开盘价的价格收盘,如图5-1所示。

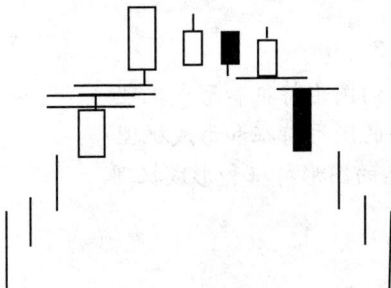

图5-1 岛形顶示意图

岛形顶形态在形势一片大好的上涨途中出现,出现向上跳空的缺口后,多数投资者会以为这是继续上涨的信号，纷纷买入，但是买入后，股价却停滞不前，随着向下跳空缺口的出现，这一轮的升势宣告结束，转而进入下跌趋势。该形态的要点提示有：

① 岛形顶形态中第一个缺口为向上消耗性缺口，第二个缺口为向下突破性缺口，这两个缺口的形成时间可短至一天，也可以是数天之间完成，两个缺口间隔的时间越短，该形态的看跌信号也就越强。

② 岛形顶形态的两个缺口之间的总换手率越大，所预示的反转信号就越强。

③ 岛形顶形成后，突破性缺口的水平线会变成重要的压力线，未来股价上涨到该位置时，就会遇到较大阻力，股价很难再有所上涨。

实训示例

天齐股份（002009）在 2015 年 5 月 19 日之前一段时间股价一直处于盘整中，5 月 19 日突然跳空高开，并且走势一路向上，当日以涨停收盘，之后股价在顶部盘整一段时间后，6 月 18 日跳空低开，并且以跌停收盘，至此"岛行顶"形态已经形成，可以判断后市股价将会下跌，如图 5-2 所示。

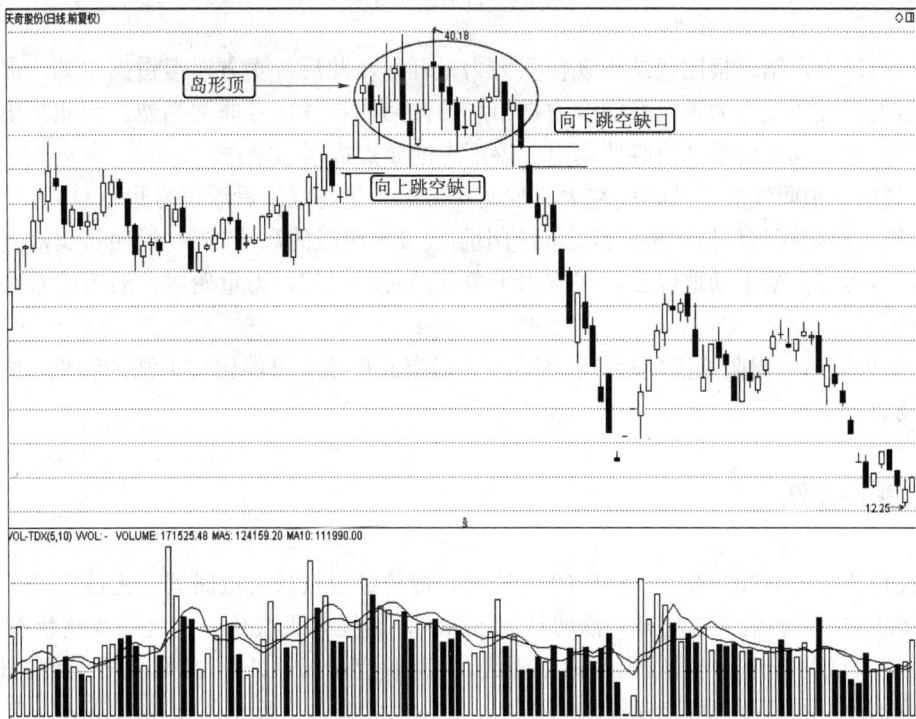

图 5-2　天齐股份日 K 线

5.1.2 塔形顶

塔形顶因其形态与现实生活中的"塔"相似而得名，该形态出现在上升趋势中，是一种市场反转的信号。

塔形顶形态的形成过程为：在市场的上升趋势中，某一日出现一根大阳线或中阳线，表现出超强的上升趋势，但随后的一段时间里，涨势放缓，并慢慢回落，当最后一根收盘价低于第一根阳线开盘价的大阴线或中阴线出现后，该形态便形成了，如图5-3所示。

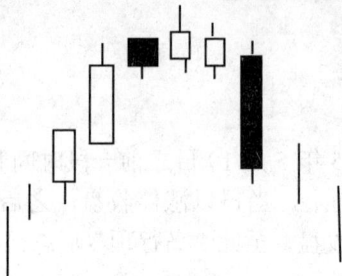

图5-3 塔形顶示意图

在塔形顶中，第一根阳线的出现使买方力量耗尽，此后，卖方慢慢占据主动，最后一根阴线的出现，说明卖方力量已经完全占据市场，此后的看跌信号非常强烈。因此，出现该形态后，投资者应及时将手中的股票卖出。该形态的要点提示包括：

① 最后一根阴线的下跌幅度越大，说明卖方的力量越强，看跌信号也就越强。

② 第一根阳线与最后一根阴线之间的小阳线或小阴线的数量越多，说明买卖双方的争斗越激烈，当卖方占据主动地位后，买方由于争斗的时间较长，力量殆尽，后市的看跌信号也就越强。

③ 如果最后一根阴线出现后，股价高开，后市股价还有可能出现上涨的转机，投资者可继续持股观望。

实训示例

现代制药（600420）在2014年10月底前，股价经过很长一段时间的上涨，处于阶段性顶部，10月27日股价大幅拉升，涨幅达到5.78%，后续4天股价一直处于盘整状态，至11月3日，股价低开低走，当日收出一根中阴线，并且收盘价明显低于27日的开盘价，此时"塔形顶"形态便形成了，预示市场反转信号，在后续走势中，股价将会继续下跌，如图5-4所示。

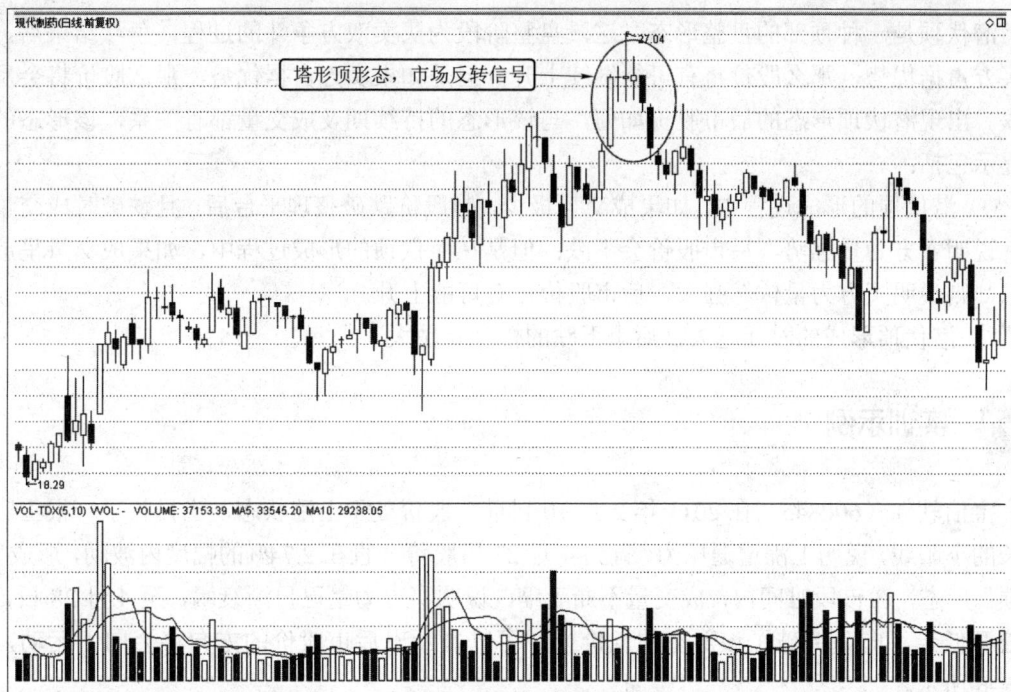

图 5-4　现代制药日 K 线

5.1.3　潜伏顶

潜伏顶是指股价顶部变化幅度不大，并且成交量也极少，类似于平顶的一种形态，常出现于一些冷门股中。

潜伏顶形态在 K 线图中出现的频率较高，一般出现在一段上涨行情之后。其形成过程为：股价经过一段时间的上涨后，便开始在一个区间内波动，该区间的范围比较小，波动的幅度也比较小，并且该形态形成过程中必须伴随极小的成交量，如图 5-5 所示。

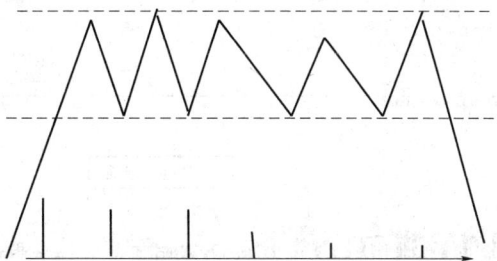

图 5-5　潜伏顶示意图

潜伏顶是一种顶部的盘整形态，这段盘整阶段为买卖双方争斗的过程，争斗结束后，如果买方占据优势，那么股价将有可能继续上升，但是如果卖方占据优势，那么股价将会反转下跌。出现潜伏顶形态的后市股价如何，与该形态的持续期及成交量都有关系，该形态的要点提示包括：

① 潜伏顶的形成过程中，如果成交量极少，当股价跌破整理平台后，且跌破时成交量放大，说明卖方力量强势，后市股价会下跌；但是在潜伏顶的形成过程中，如果成交量呈放大状态，则说明买方力量依然强大，后市股价还有可能上升。

② 潜伏顶形成的时间越久，后市下跌的幅度就越大。

实训示例

宝信软件（600845）在 2011 年 2 月 10 日前，股价处于上涨状态，当日收了一根上影线很长的小阳线，说明上涨遭遇压力，直到 4 月 27 日股价一直在 2.74%的幅度内波动，形成"潜伏顶"形态，在该段时间内，成交量不断萎缩，说明买方力量已日渐衰竭，至 4 月 28 日，股价低开低走，向下突破了该形态的低价位，可以判断出后市股价的方向将会向下运动，如图 5-6 所示。

图 5-6　宝信软件日 K 线

5.1.4　M 顶

M 顶也称为双顶，其形态像两座相连的山头，又因其形状酷似英文字母 M 而得名。在 M 顶中，两个顶峰之间的最低点被称为"颈线"，颈线以上的部分为 M 顶，以下的部分为普通区域。

M 顶形态形成于股价顶部。股价在上涨过程中，迅速下跌，进入阶段性大调整，不久后，再次进入上攻阶段，但是再一次遭受上攻失败的打击，当此次下跌的价格突破颈线后，M 顶便形成了。这两次上攻的顶点很接近，如图 5-7 所示。

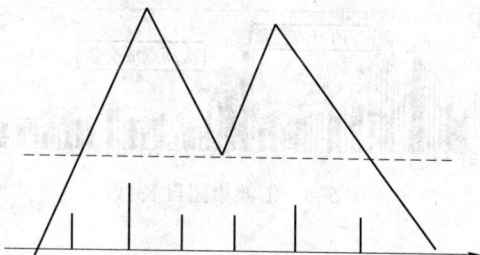

图 5-7　M 顶示意图

M 顶是一个主要的顶部反转形态，在其形成的过程中，两个峰顶都具有明显的成交量，但形成第二个顶点的成交量略小于第一个顶点的成交量，说明市场的购买能力已有所减弱，紧接着一旦股价跌破颈线，说明上涨行情已经结束，虽然此时可能会有一些投资者入场抄底，拉动股价小幅回抽，但这种回抽难以突破颈线，此后股价将进入持续下跌的行情。此时投资者应该卖出股票，清仓观望。另外，M 顶中顶部与颈线之间的距离越长，未来股价下跌的幅度就越大。

在 M 顶的形成过程中，当第二个顶点的股价跌至颈线时，便预示着该形态已经成功，即使在该形态后出现回抽现象也不会影响股价的整体下降趋势。因此，当股价向下突破颈线时，投资者便应及时将股票卖出。

实训示例

汇鸿集团（600312）在 2015 年 11 月 4 日至 2016 年 1 月 4 日之间在经过一段时间的反弹上涨之后，在阶段性顶部形成典型的 M 头 K 线形态，2016 年 1 月 5 日，股价低开跌破 M 头颈线位置，预示着顶部反转成立，此后股价将进入下跌行情，如图 5-8 所示。

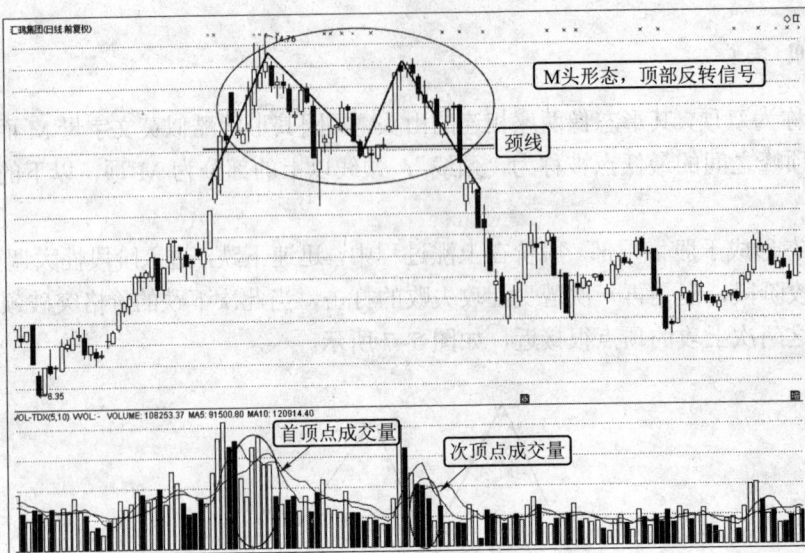

图 5-8　汇鸿集团日 K 线

5.1.5　头肩顶

头肩顶是常见的顶部反转形态，该形态中包括左肩、头部、右肩三个顶部，该形态中有一条颈线，是左肩和头部两次回落的连线。

头肩顶形态出现在上涨行情中，在股价经过一段时间的上涨后，遭遇压力，股价回落，至某一低点后，买方再次发力，当股价上涨至超过第一个高点的位置时，再次遭遇压力导致股价再次回落，再至同一低点附近时，买方又一次发动进攻，这次当价格涨至第一个高点附近后，便无法再上涨，转而下落，形成三个山峰，这三个山峰依次被称为左肩、头部、右肩，其中左肩、右肩的最高点基本相同，头部的顶点处于最高位置，如图 5-9 所示。

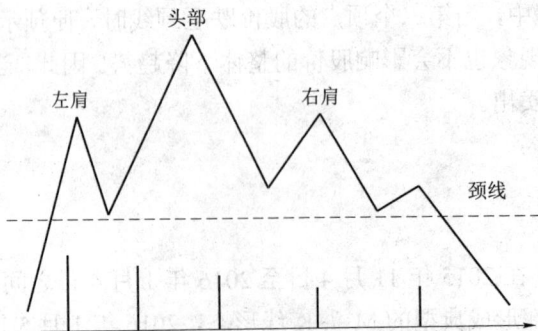

图 5-9　头肩顶示意图

头肩顶在形成过程中，买方一次次地攻击，一次次地失败，到右肩时，买方力量基本用完，股价下跌后，很难再有力量进行反击，所以此次进攻失败后，未来股价将会下跌。该形态的要点提示包括：

① 头肩顶形态中，当左肩、头部、右肩三个部位的成交量状态为从高到低时，说明上升追涨的力量越来越小，股价下跌的可能性也就越强。

② 头肩顶形态的颈线方向如果是向下倾斜，说明买方力量不足，跌势信号更加强烈。

③ 头肩顶形态所预示的跌势大小，与该形态形成的时间有关，其形成的时间越久，跌势越大。

头肩顶形成后，多数情况下股价都会下跌，此时投资者可通过成交量及颈线的方向来协助判断，如果形成头部时成交量萎缩，而在形成右肩时出现缩量上涨行情，投资者就可以认为头肩顶形态已经基本完成，此时投资者可以先卖出部分股票，轻仓观望；形成右肩后，股价一旦跌破颈线，投资者应将手中的股票全部卖出。

实训示例

长城汽车（601633）在 2015 年 2 月 3 日到 6 月 17 日之间，在顶部形成了一个头肩顶形态，6 月 18 日，股价低开低走下跌 7.14%，跌破颈线位置，预示行情反转下跌信号出现，持股的投资者应该果断卖出，如图 5-10 所示。

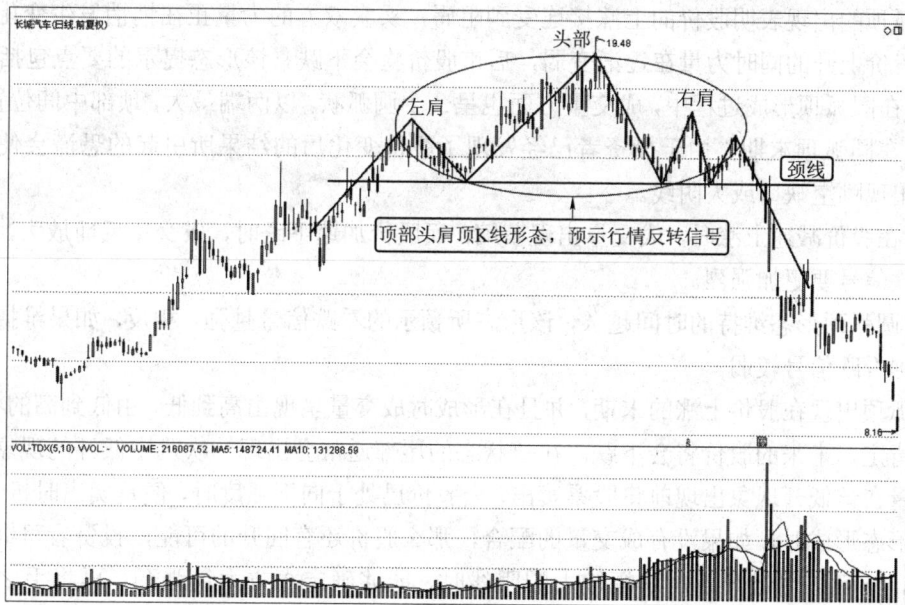

图 5-10 长城汽车日 K 线

5.1.6 圆弧顶

圆弧顶是指整个形态呈下弯状态的圆形顶部，该顶部形态为看跌信号，但未来股价的下跌幅度不会很大。

圆弧顶形态出现在上涨行情末端。在股价经过一段时间的上涨后，上涨速度开始放缓，股价虽然在不断地升高，但每个高点的上升幅度却在减小，并且稍微上升后，便回落，到了最高点后，股价又开始回落，高点一个比一个低，最后将这些高点相连，便形成了一个圆弧形，如图 5-11 所示。

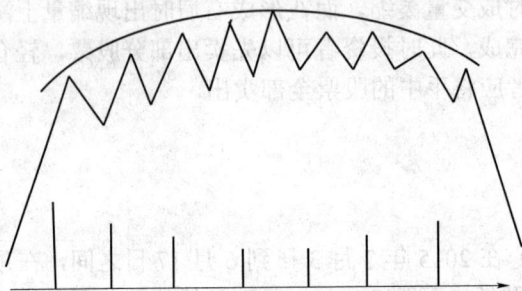

图 5-11　圆弧顶示意图

圆弧顶的出现表明股价的上涨接连受到阻碍，买卖双方的力量正在悄悄发生变化，买方在维持股价上升的同时力量在逐渐变弱，后市股价将会下跌。该形态提示的要点包括：

① 在圆弧顶形成过程中，成交量方面也呈一个圆弧状，以两端最大，顶部中间位置最小。

② 在圆弧顶末期，由于投资者已经发现了股价变化后的结果所引起的恐慌会使跌幅加剧，常出现跳空缺口或大阴线。

③ 在股价减速上涨时，成交量出现萎缩；而股价加速下跌时，成交量反而放大，则该形态的看跌信号要更加强烈。

④ 圆弧顶形态维持的时间越久，该形态所预示的看跌信号越强。相反，如果维持的时间较短，则看跌信号较弱。

圆弧顶出现在股价上涨的末期，并且在形成时成交量呈现由高到低、由低到高的状态时，便可以肯定，未来的股价将会下跌。在该状态的尾部通常会出现一次跳空低开的现象，投资者应尽量在该低开现象出现前将股票卖出，当股价已处于向下弧度时，便是卖出时机。在"圆弧顶"形态形成时，如果没有成交量的配合，那么股价还有回升的可能，投资者可继续持有该股票，一旦出现低开或是跌幅较大的阴线时，能够确定卖方力量强劲，再将手中的股票卖出。

实训示例

万马股份（002276）股价经过较长一段时间的上涨之后，于 2015 年 5 月 25 日到 6 月 26 日之间，在股价顶部形成一个典型的圆弧顶 K 线形态，并且伴随着成交量由高到低，又由低到高的状态，预示着未来的股价将会下跌，如图 5-12 所示。

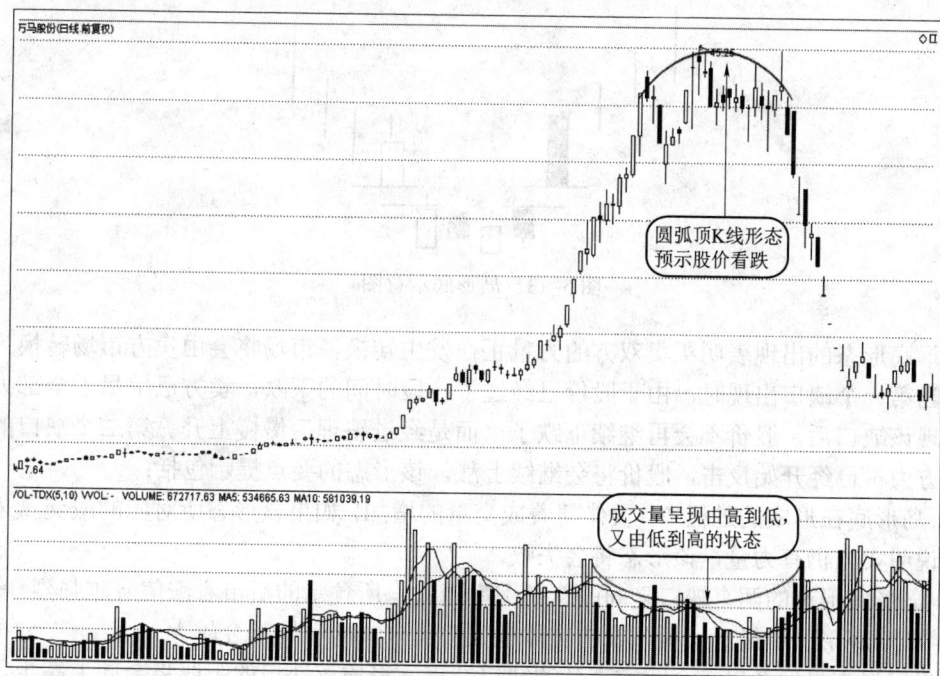

图 5-12 万马股份日 K 线

5.2 底部反转形态实战应用

底部反转形态是指股价由降势转为升势的形态，这是投资者最喜欢看到的形态，这种反转形态预示着股票价格开始上升，是投资者由亏转赢的契机。股票的不同波动情况形成了不同的底部形态，投资者在研究底部反转形态时应该重点考虑何处是最佳买入点。

常见的底部反转形态有岛形底、塔形底、W 底、潜伏底、圆弧底、头肩底、V 行底和三重底等。

5.2.1 岛形底

岛形底形态是一个对买方有利的形态，该形态形成后，表明股价已见底，有可能开始回升。

岛形底形态出现在股价底部。在股价的下降过程中，突然出现一个向下跳空的缺口，之后股价便不再下跌，而是进入整理状态。一段时间后，当股价上涨到缺口附近时，向上跳空高开，并且高走，当日收一条中阳线或大阳线，就形成了岛形底形态，如图 5-13 所示。

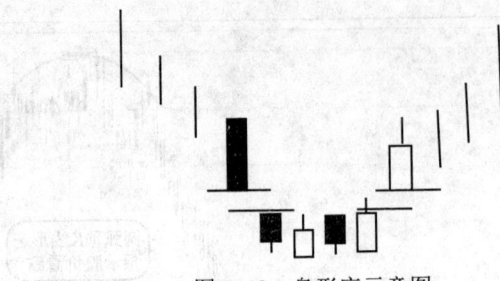

图 5-13 岛形底示意图

岛形底形态的出现表明买卖双方的力量正在发生转换，市场将会由卖方市场转换为买方市场。当第一个缺口出现时，由于股价已经过了一段时间的下跌，卖方已用尽了全部力量，所以出现该缺口后，股价不会再继续下跌了，而是经过整理后慢慢上升。第二个缺口的出现表明买方力量已经开始反击，股价将会继续上涨，该形态的要点提示包括：

① 岛形底在形成的过程中，要伴随着成交量的增加，如果该形态所对应的成交量未增反降，则说明卖方仍有力量，该形态将会失败。

② 岛形底形态的两个缺口之间的总换手率越大，所预示的后市看涨信号越强烈。

③ 岛形底形态中最后一根阳线的实体越大股价未来的涨幅就会越大。

岛形底形态最后会以一个跳空高开的缺口结束，形成该缺口的阳线将会向上高走，该阳线的实体越长，说明买方力量越强，后市股价的涨幅也就越大，所以当这根 K 线出现后投资者就可以买入了。

当该形态形成后，如果有成交量放大的配合，那么当向上跳空的缺口出现后，便可买入；如果未得到成交量放大的配合，那么可观察一下缺口后的阳线实体大小，如果实体较大，可在下一个交易日时买入，如果实体较小，那么可继续观察，确定股价上涨后再买入。

实训示例

沪电股份（002463）股价在经过一段时间的下跌之后，于 2014 年 3 月 7 日到 19 日之间，9 根 K 线形成岛形底组合形态，预示着市场已见底。3 月 19 日，该股向上跳空高开高走，以放巨量涨停收盘，反转信号强烈，后续该股走出一波幅度较大的上涨行情，如图 5-14 所示。

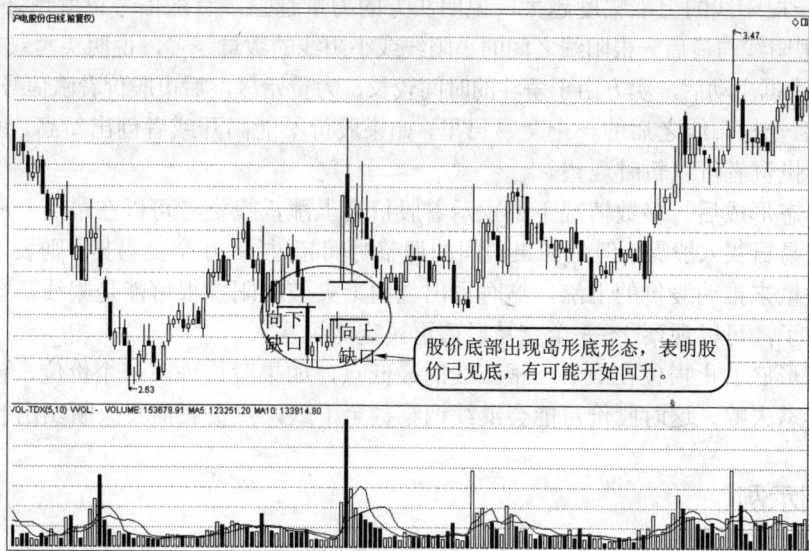

图 5-14　沪电股份日 K 线

5.2.2　塔形底

塔形底和塔形顶的形态相似，只是该形态出现在下降趋势中，是股价由跌转升的信号。

塔形底形态的形成过程为：在股价的下降趋势中，某一日出现一根大阴线或中阴线，表现出超强的下降趋势，但随后的一段时间里，跌势放缓，并慢慢回升，经过一段时间的横盘整理后，出现一根大阳线或中阳线，至此塔形底形成，如图 5-15 所示。

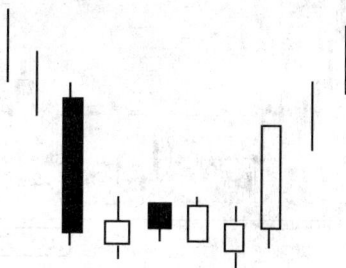

图 5-15　塔形底示意图

在塔形底形态中，第一根阴线的出现使卖方力量耗尽，此后，买方慢慢占据主动，最后一根阳线的出现，说明买方力量已经完全占据市场，此后的看涨信号非常强烈，出现该形态后，投资者应及时买入股票。该形态的要点提示包括：

① 最后一根阳线的上涨幅度越大，说明买方的力量越强，看涨信号也就越强。

② 第一根阴线与最后一根阳线之间的小阳线或小阴线的数量越多，说明买卖双方的争斗越激烈，当买方占据主动后，卖方由于争斗的时间较长，力量殆尽，后市股价看涨信号也就越强。

③ 在最后一根阳线之后的一个交易日里，如果股价不能高开或者创出新高，说明买方力量减弱，这时投资者可以暂时观望。

塔形底形态形成后，多数情况下都预示着股价会上涨，投资者可以在最后一根阳线出现后的第一个交易日买入股票。但是如果中间的调整时间超过了 10 个交易日，则表示买方可能没有足够的力量来推动股价的上涨，这时再出现向上突破的阳线很可能是骗线，投资者此时就要谨慎操作了，可以观察 2~3 个交易日后再决定是否买入。

另外，塔形底的止损位在最后一根阳线的最低点，如果股价跌破这个价位，说明反弹行情被破坏，形态失败。这时股价可能会继续调整甚至下跌，投资者需要果断卖出股票。

实训示例

沪电股份（002463）在经过较长一段时间的下跌之后，于 2016 年 2 月 25 日到 3 月 18 日之间，在股价底部区域形成一个典型的塔形底 K 线形态，并且最后一根阳线放出巨量涨停，突破塔形底第一根阴线最高点，预示着底部反转信号强烈，如图 5-16 所示。

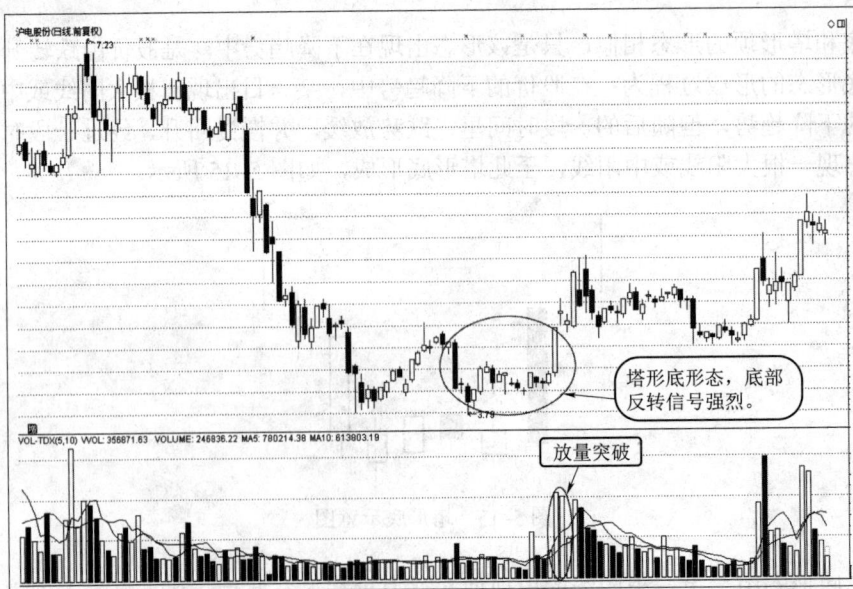

图 5-16　沪电股份日 K 线

5.2.3　W 底

W 底也称双重底，它是指股价经过两次探底所形成的底部形态，两次探底的价位基本相同，该形态为见底反转信号，是常见底部形态的一种。

W 底形态通常出现在股价的下跌末期。在下跌过程中，股价第一次跌至最低点后，遇到支撑开始回升，不久当股价回升到一定高度后，某些原因导致股价再次回落，至第一个低点附近的价位后，再次遇到支撑力量，股价再次回升，当股价超过第一次回升的高度时，就形成了 W 底，如图 5-17 所示。

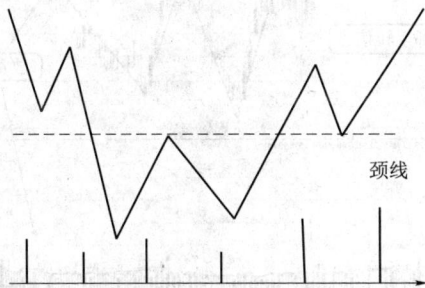

图 5-17　W 底示意图

W 底形态告诉投资者股价在第一次探底回升后，再度发力展开新的上涨行情，紧接着第二次探底回升，表明买方力量占据上风，在未来的走势中，股价将会大幅上涨。该形态的要点提示包括：

① W 底在形成过程中如果第二个低点的成交量小于第一个低点，就说明买方力量强盛，后市看涨的信号要更强一些。当股价向上突破颈线时，成交量必须有效增大。

② W 底形态中两个低点的总换手率越高，后市的看涨信号就越可靠，未来股价上涨的空间也就越大。

在 W 底中当股价突破颈线的位置，便说明 W 底已经形成了，如果该形态有了成交量的配合，那么在突破颈线后，便是买入的时机；但如果当 W 底形成时，未得到成交量的配合，或是第二个底部的价格低于第一个底部的价格，那么说明趋势仍然向下，此时在突破颈线后，投资者应该继续观察，在 3 个交易日内如果股价没有回调或是回调至颈线位置止跌企稳，就可以买入了。

实训示例

酒鬼酒（000799）经过半年多的下跌之后，2016 年 1 月份形成底部区域。在 2016 年 1 月 12 日到 3 月 25 日之间，K 线走势为典型的 W 底形态，预示着股价见底反转信号。3 月 25

日，股价放量上涨突破颈线位置，表明股价即将进入一波上升行情，如图 5-18 所示。

图 5-18　酒鬼酒日 K 线

5.2.4　潜伏底

潜伏底是指股价长时间在一个价格范围内波动的底部形态，该形态中股价的波动范围很小，很难看出未来股价的走势会如何，如图 5-19 所示。

潜伏底出现在一段下跌行情尾端，股价长期在一个狭窄的区间内小幅波动，其实这是买方在底部长期潜伏，蓄势待发，一旦时机成熟就会拉升股价。

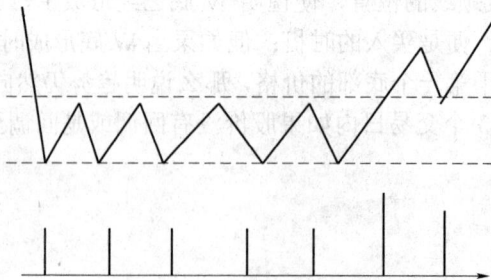

图 5-19　潜伏底示意图

潜伏底在形成的过程中，成交量会很小，卖方无力打压股价，而买方在长期的僵持中已经积蓄了足够的力量，此时只要买方能够向上抵抗住压力，突破颈线，市场就会迎来买方市场。该形态的要点提示包括：

① 潜伏底形态盘整的时间越久，该形态的看涨信号就越强烈，股价的涨幅也就越高。

② 潜伏底在向上突破时，如果伴随着成交量放大，那么它的看涨信号要更加强烈，在突破颈线成功后，也要伴随着大成交量，才能继续上升。

潜伏底形态形成后，多数情况下会向上突破，当股价向上突破时，如果成交量能够放大配合，那么就是投资者买入的最佳时机；但是如果成交量未配合股价的变化，就有可能是卖方力量仍然很足，股价仍有可能向下跌，此时即使股价突破了颈线，也要继续观察，3 个交易日后，如果股价未出现反抽，或是反抽没有成功，而股价有继续上涨的势头，此时投资者就可以买入了。

实训示例

国栋建设（600321）在 2013 年 6 月 25 日到 2014 年 7 月 31 日之间长达一年多的底部横盘整理，K 线走势构成一个潜伏底形态，2014 年 7 月 31 日放量突破潜伏底顶部区域后，股价开始一段幅度巨大的上涨行情，如图 5–20 所示。

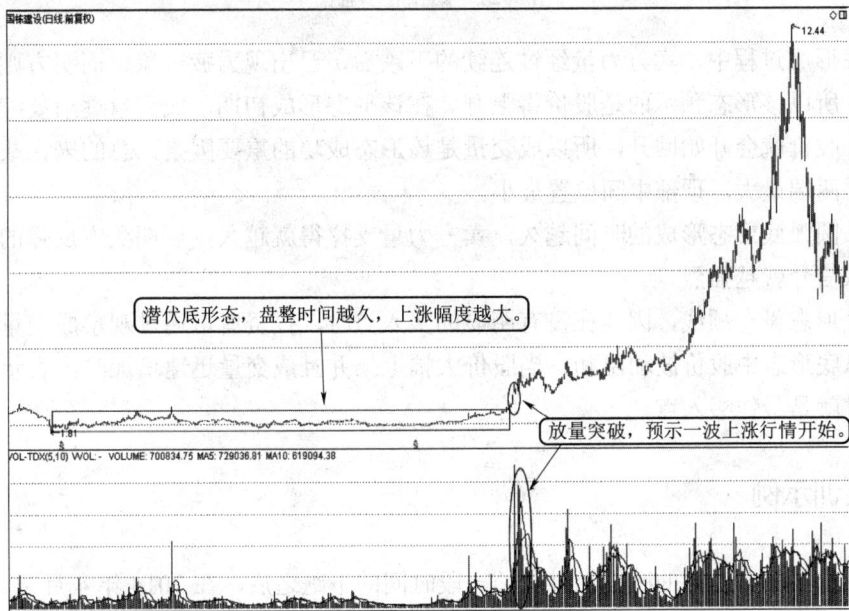

图 5–20 国栋建设日 K 线

5.2.5 圆弧底

圆弧底是由于股价不断下降而形成的,在下跌末期,由于卖方力量顽固,所以股价下跌的幅度不会太大,当股价下跌到了一定程度后,又开始上升,但上升的幅度也不大,所以就出现呈弧线上升的圆弧形态。

圆弧底出现在股价底部。当股价经过连续的下跌后,买方开始反攻,所以下跌速度放缓。在这个过程中,由于卖方力量大于买方,所以股价会继续下跌,下跌到一定低位后,买方力量慢慢大过卖方,股价便开始缓慢上涨,其上涨幅度仍然不大,将这段时间的最低点连接起来就是一个圆弧形态,如图 5–21 所示。

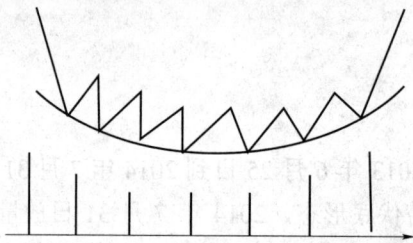

图 5–21　圆弧底示意图

圆弧底形成过程中,卖方力量经过连续的下跌后,已出现力疲现象,而买方则慢慢占据主动位置,所以该形态预示的是股价将上升。在该形态形成初期,成交量逐渐萎缩,萎缩到最低量后,股价就会开始回升,所以成交量是该形态成功的重要因素,总的来说成交量呈一个圆弧状,两端最大,顶部中间位置最小。

另外,圆弧底形态形成的时间越久,卖方力量支撑得就越久,后期买方反弹的力量也就越足,看涨信号就越强烈。

圆弧底形态没有颈线,因此在没有明显的买入点时,投资者可通过观察成交量来确定买入点。圆弧底形态中股价波动温和,当股价大幅上扬并且成交量迅速增加时,表示股价将要上涨,此时就是最佳买入点。

实训示例

建发股份(600153)的股价经过较长一段时间的下跌之后,在 2014 年 4 月 29 日到 7 月21 日之间,股价开始筑底,期间的 K 线走势形成一个典型的圆弧底形态,并且成交量也呈一个圆弧状。7 月 22 日,该股股价放量突破前期缺口位置,脱离圆弧底部区域,开始一轮上涨行情，如图 5-22 所示。

图 5-22 建发股份日 K 线

5.2.6 头肩底

头肩底形态中包括三个低峰，其中中间一个是最低的，被称为"头部"，而左右两个低峰的价位要略高于头部，它们的价位很接近，被称为"左肩"和"右肩"，这三个低峰的最高点价位非常接近。

头肩底形态出现在股价底部。股价经过下跌后，先经过一次探底，遭遇抵抗后，价格开始回升，到达第一个顶点后，股价开始回落，再次探底，此次要比第一次探底深，再次遭遇阻力后，再次回升，当股价涨至第一个顶点附近的价位时，股价又一次回落，又经过了第三次探底，第三次回升，当股价涨至前两个顶点附近的价位时，就形成了头肩底形态，如图 5-23 所示。

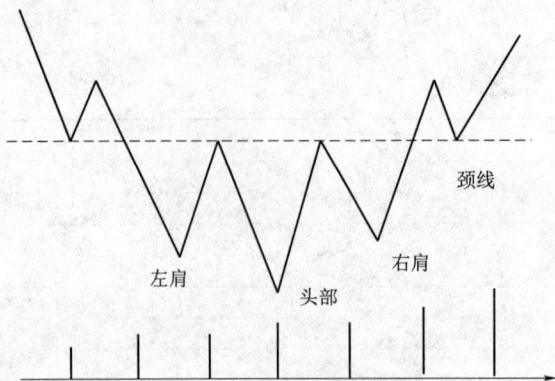

图 5-23　头肩底示意图

头肩底是强烈的底部反转形态，在该形态中卖方力量不断消耗，而买方则趁此机会积蓄力量，一旦时机成熟，股价将会大幅上涨，即使有小幅回抽，也是暂时的。该形态提示的要点包括：

① 在头肩底形态中，右肩的成交量最大，其次是头部，最小的是左肩的成交量，即成交量的大小关系为右肩＞头部＞左肩，成交量呈递增现象。另外，当股价突破颈线时，成交量越大，该形态的看涨信号就越强烈。

② 头肩底形态中必须有两个肩，如果第三个低点要低于第二个低点，那么该形态就失败了。

③ 头肩底形态中的颈线如果是向上倾斜的，说明买方力量强盛，未来看涨的信号更加可靠。

头肩底形态形成后，会产生一条颈线，当在头肩底形态末期时，股价突破颈线后，如果伴随着成交量的放大，那么突破后的第一个交易日便是买入的时机。如果突破时没有放大的成交量配合该形态，那么该形态将有可能失败，在股价突破颈线后，三个交易日内如果股价没有回抽，或者回抽未成功，并且没有下跌的迹象时，再进行买入。

实训示例

东方电热（300217）股价在 2012 年 6 月至 2013 年 4 月间周 K 线走势图形成头肩底形态，并且成交量呈现逐步放大状态，在右肩处突破颈线位置，回抽后以颈线为支撑线，头肩底形态确认后股份开始长期的上涨行情，如图 5-24 所示。

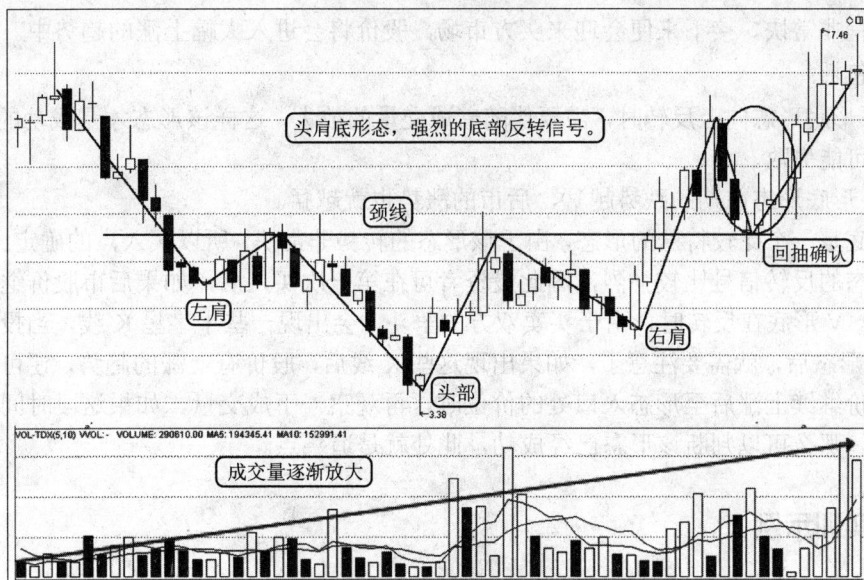

图 5-24　东方电热周 K 线

5.2.7　V 形底

　　V 形底形态又称尖底，因其形态类似于英文字母 V 而得名，该形态反映的是一种股价大跌大涨的情况，该形态形成的时间比较短，并且没有颈线，所以投资者不好把握买入时机。

　　V 形底形态出现在股价的下跌途中。形成前股价的下跌速度比较缓慢，突然一天下跌幅度加大，之后下跌速度加快；下跌至某一低点后，股价又急转向上，开始上涨，其转势速度非常快，形成一个尖锐的底部，如图 5-25 所示。

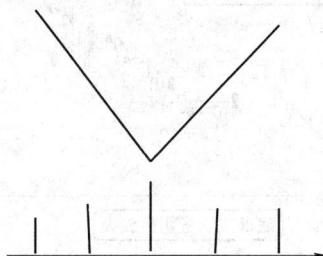

图 5-25　V 形底示意图

　　当 V 形底处于下跌趋势时，卖方力量非常强大，一路下跌没有任何阻拦，持续一段时间后，卖方力量释放完毕，买方开始集聚，由于下跌速度过快，卖方已无力再进行抵抗，所以反转的过程非常快，接下来便会迎来买方市场，股价将会进入大幅上涨的趋势中。该形态的要点提示包括：

① V 形底形态向上反转时，需要伴随着成交量的放大，这样该形态才是成功的，否则该形态很有可能失败。

② V 形底形态前期的跌势越猛，后市的涨势也就越猛。

V 形底是一个比较特殊的形态，由于该形态的转势非常快，所以买入点的确定比较困难。由于该形态的反转信号比较强烈，因此投资者可在第一次买入后，如果后市股价继续看好可再次追买。V 形底在反转时，由于买卖双方的争斗，会出现一些十字星 K 线，当投资者发现这些 K 线形态后，就需要注意了，如果出现这些 K 线后，股价有上涨的趋势，便可以趁机买入，当股价继续上涨后至形态入口处的价位时，再观察一下成交量，如果这段时间伴随着成交量增长，那么可以判断该形态已经成功，此处就是追买点。

实训示例

永利股份（300230）2015 年 6 月 3 日到 7 月 8 日之间经历了一波迅猛的下跌走势，7 月 8 日放出巨量止跌，此后连续 4 天连拉涨停，并伴随着成交量的放大，形成一个典型的 V 形反转形态，该股后市走出了一波幅度很大的上涨行情，如图 5-26 所示。

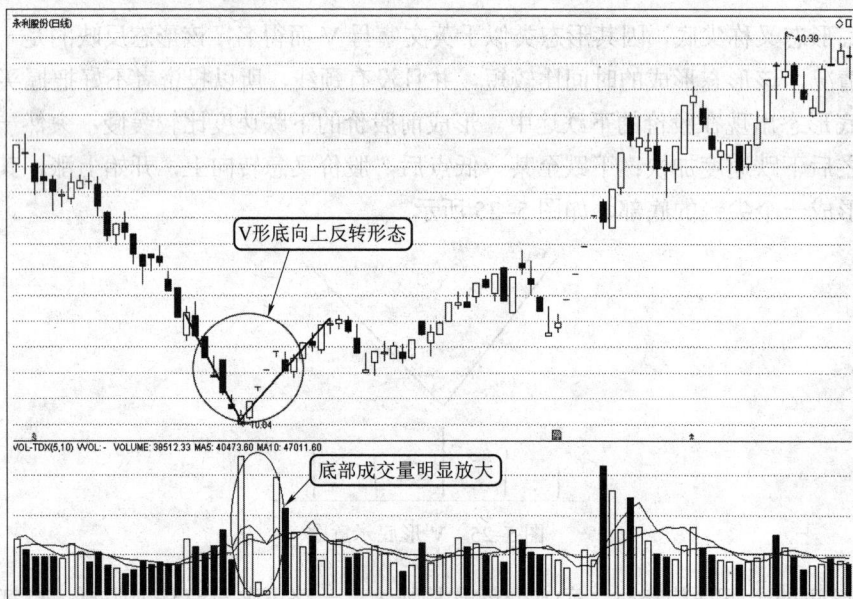

图 5-26　永利股份日 K 线

5.2.8　三重底

三重底是指股价在低位连续出现三个低谷，该形态形成后，会产生一条颈线，可以帮助投资者确定买入点。

三重底出现在股价底部。股价经过三次下跌，每次都在同一个价位点上获得支撑，该形态中包括二个低点，两个顶点，将两个顶点相连便形成了颈线，如图 5-27 所示。

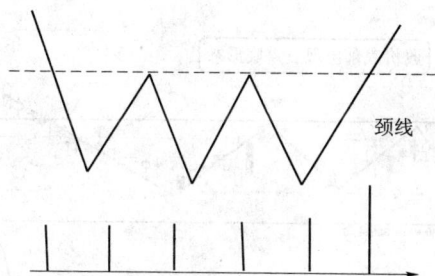

图 5-27　三重底示意图

三重底形态为股价见底反转形态，卖方力量的压力在股价底部一次又一次被破坏，在经过第三次的打压后，卖方力量已经竭尽，股价将会一路上涨。该形态的要点提示包括：

① 三重底形态中总换手率越高，说明卖方力量被消耗得越厉害，该形态的看涨信号就越强。

② 三重底形态中第二个低点的成交量是最少的，第三个低点的成交量与前两个低点相比，有大幅增加的趋势，当股价突破颈线时成交量将明显放大。

③ 三重底形态中低点到颈线的距离越远，股市后期的上攻力度越强。

三重底形态形成后，如果有了成交量的配合，那么可在股价突破颈线后第一个交易日买入。如果成交量未配合，则在突破颈线后再观察 3 个交易日，如果该段时间过后，股价没有下跌的迹象则可以放心买入。

实训示例

世联地产（002285）股价在经过调整后，在 2013 年 6 月底至 7 月在低位形成一个三重底的形态，8 月 20 日股价放量突破颈线位置后，股价迎来了一波上涨行情，如图 5-28 所示。

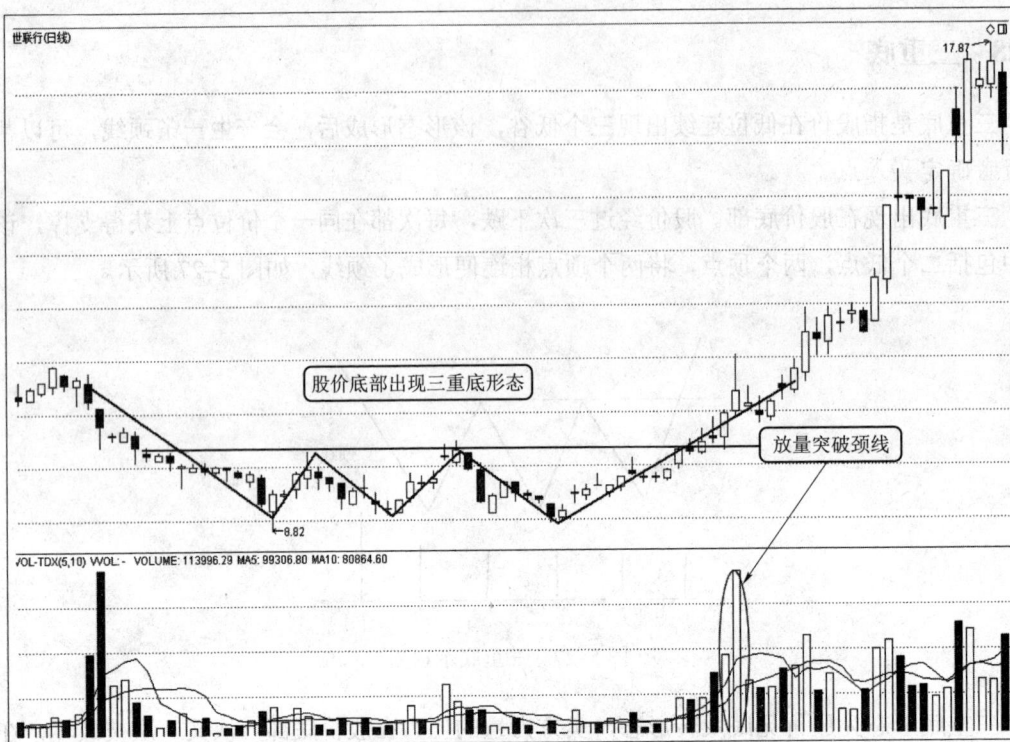

图 5-28　世联地产日 K 线

5.3　K 线整理形态实战应用

整理形态是指买卖双方力量相差无几，趋势还未明朗，暂时维持现状的阶段。通过一段时间的整理后，双方力量开始发生变化，变强的一方就会占据主动，将局势扭转过来。

整理形态是股价发生反转前的过渡，常见的整理形态有三角形、楔形、旗形等，经过整理后的股价方向有可能向上，也有可能向下，至于到底方向如何，投资者可根据整理形态的具体类型及其他因素判断。

5.3.1　三角形

三角形整理形态是股价快速变动后不再前进,而在一定区域内上下窄幅变动形成的形态。根据其变动的幅度及角度，该形态又分为上升三角形、下降三角形、对称三角形三种，它们所预示的未来股价走势是有所不同的。

1. 上升三角形

上升三角形是一种在股价上升过程中，遇到压力，但经过整理后还会继续上升的形态，为看涨信号。

上升三角形形态出现在股价的上涨行情中。股价经过上升后，买方力量逐渐薄弱，卖方趁机开始打压股价，至第一个顶点出现回落，但回落后不久股价再次上升，至第一个顶点附近的价位时，再次遭遇压力，股价再次开始下跌，此次下跌未到达第一个低点的价位便开始回升，接下来股价又在同一位置遭遇压力，并且此次回落的低点仍高于前一个低点，如图 5-29 所示。

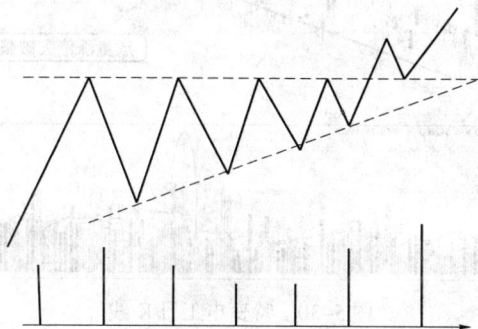

图 5-29 上升三角形示意图

在上升三角形形态形成的过程中，成交量会不断萎缩，而当股价向上突破时，成交量就会放量，此时的成交量越大，看涨信号也就越强烈，相反如果此时的成交量不大，则说明上涨行情难以维持。另外，上升三角形往上突破的时间越早，后劲力量越充足，后市上涨的信号也就越可靠。

上升三角形形态中，虽然股价在上升途中遭遇压力不断回落，但每次回落的低点都高于前一个低点，将这些低点连接起来后，是一条向上倾斜的直线，表明买方力量仍然很足，卖方力量越来越弱，经过整理后，买方仍然占据主动，一旦股价向上突破，卖方将无力反击，股价会继续上升。

实训示例

特变电工（600089）在 2013 年 6 月初至 9 月初期间，股价多次在一个几乎相同的价位遇到阻力回调，但每次回调的低点都越来越高，并且在这期间，成交量随着股价的回调而下降，从而形成了一个上升三角形形态。9 月 3 日，股价放量涨停突破整理形态，开始一波上涨行情，如图 5-30 所示。

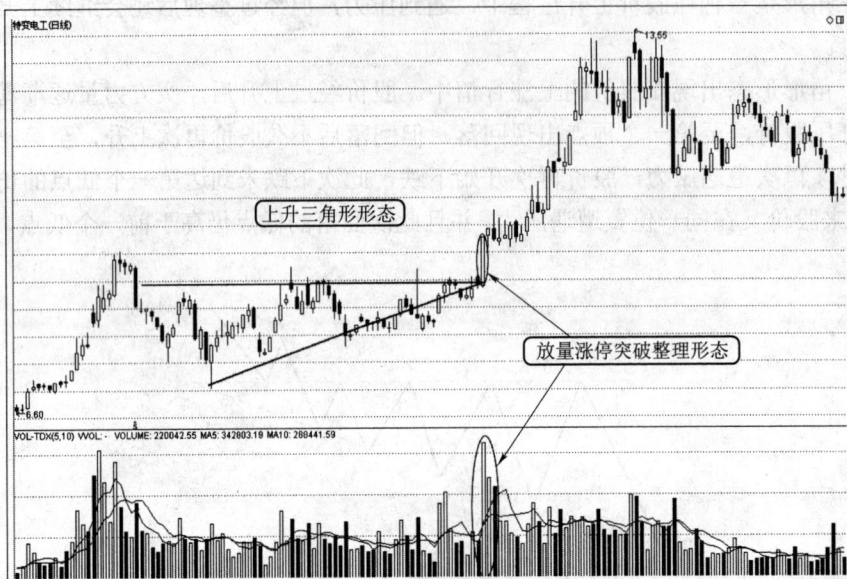

图 5-30　特变电工日 K 线

2. 下降三角形

下降三角形形态在形成的过程中，所形成的高点价位是越来越低的，而低点价位几乎不变。该形态预示股价将会下跌，为卖出信号。

下降三角形形态出现在股价的下跌行情后。在该形态形成期间股价反复震荡，每次震荡均在同一价位获得支撑，而每次震荡的高点所在价位却越来越低，在该形态中支撑线为一条水平线，而压力线则是向下倾斜的，如图 5-31 所示。

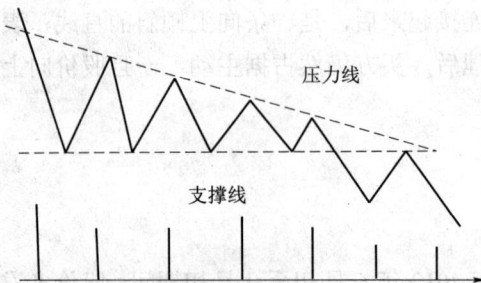

图 5-31　下降三角形示意图

在下降三角形的形成过程中，成交量是不断减少的，并且跌破支撑线时不必要有放大的成交量相配合。在股价跌破支撑线后，股价可能会出现小幅的回抽，但回抽的动能明显不足，在到达支撑线位置处就会再次被打压，而后股价一路下滑。

下降三角形形态中，压力线的向下倾斜说明买方力量不足，在连续的反弹中力量损失殆尽，而卖方则利用此次反弹的机会积蓄力量，当股价跌破支撑线后，说明买方已经落败，接下来股价将会持续下跌。

下降三角形是一个看跌的信号，一旦股价向下跌破支撑线后的第一个交易日就是卖出时机，此时可以积极卖出。

另外，当股价跌破支撑线后，可能会有一个小幅的回抽，如果股价回抽到支撑线附近遇阻继续下跌，说明市场弱势已经形成，此时投资者应尽快将手中剩余的股票全部卖出。

实训示例

天坛生物（600161）在 3 月 12 日至 9 月 19 日期间，股价多次在同一价位获得支撑，但是获得支撑后反弹的高点却越来越低，这表明买方力量不足，已经渐渐无力支撑股价，伴随着成交量的减少，形成了一个下降三角形形态，如图 5-32 所示。

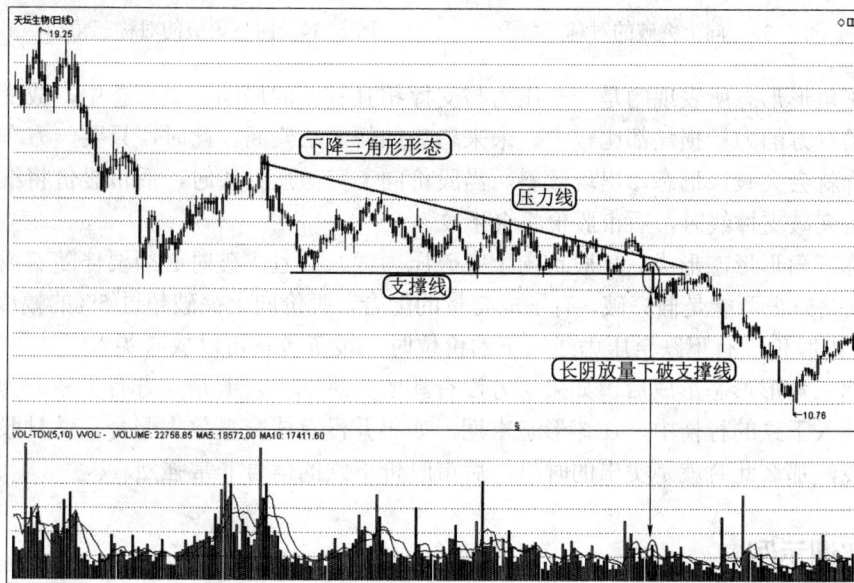

图 5-32 天坛生物日 K 线

3. 对称三角形

对称三角形是指股价在整理的过程中，最低点越来越高，而最高点却越来越低，从而形成上边向下倾斜，下边向上倾斜，最终收敛的一个三角形。该形态预示未来的趋势有可能向上也有可能向下。出现该形态后，投资者不能轻易地下结论而是要看股价到底是突破上方的压力线还是跌破下方的支撑线。

对称三角形可分为向上突破的对称三角形和向下突破的对称三角形两种，分别出现在股价上涨与下降行情中。该形态是由于股价的波动而出现的，在其波动过程中，幅度不断缩小，低点逐渐提高，高点逐渐降低，将低点和高点连接起来后，就形成了一个压力线向下，而支撑线向上的三角形，如图 5-33 和图 5-34 所示。

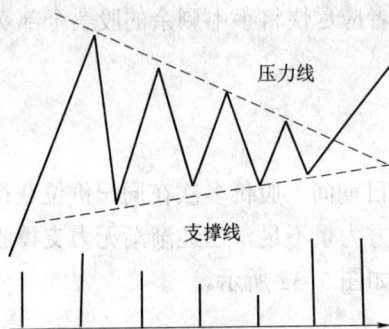

图 5-33　向上突破的对称三角形　　　　图 5-34　向下突破的对称三角形

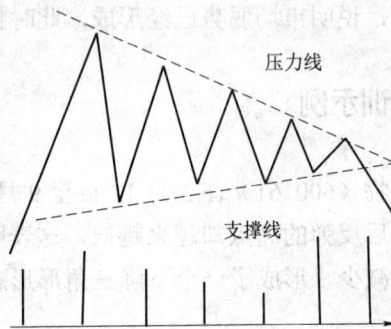

对称三角形形态所表现的是一个压力与支撑相互制衡的局面。该形态中，成交量会不断萎缩，买卖双方的力量损耗都比较大，未来趋势如何无法判断。此时，只要一方有新的力量介入，股价就会突破该形态，出现倾斜。当股价向上突破压力线时，后市股价将继续上涨；当股价向下突破支撑线时，后市股价将会下跌。

当对称三角形形态形成后，股价向上突破压力线，并且突破时必须要伴随着成交量的增加，否则该突破很可能是假突破，有了成交量的配合，股价向上突破超过 5% 的幅度，或连续 3 个交易日内股价没有下跌至压力线以下的价位时，投资者就可以放心买入了。

当对称三角形形态形成后，如果买方没有新的力量加入，或是卖方有了新的力量，那么股价都会转入下跌的行情中，在该形态末期，如果并没有成交量放大配合，并且股价向下突破了支撑线，那么此时就是卖出的时机，后市股价下跌的信号非常强烈。

实训示例

金枫酒业（600616）股价经过前期的上涨，于 2007 年 1 月底至 3 月底形成一个对称三角形形态，并于 3 月 27 日开始放量上涨 6.04%，突破对称三角形的压力线，延续原来的上升趋势，如图 5–35 所示。

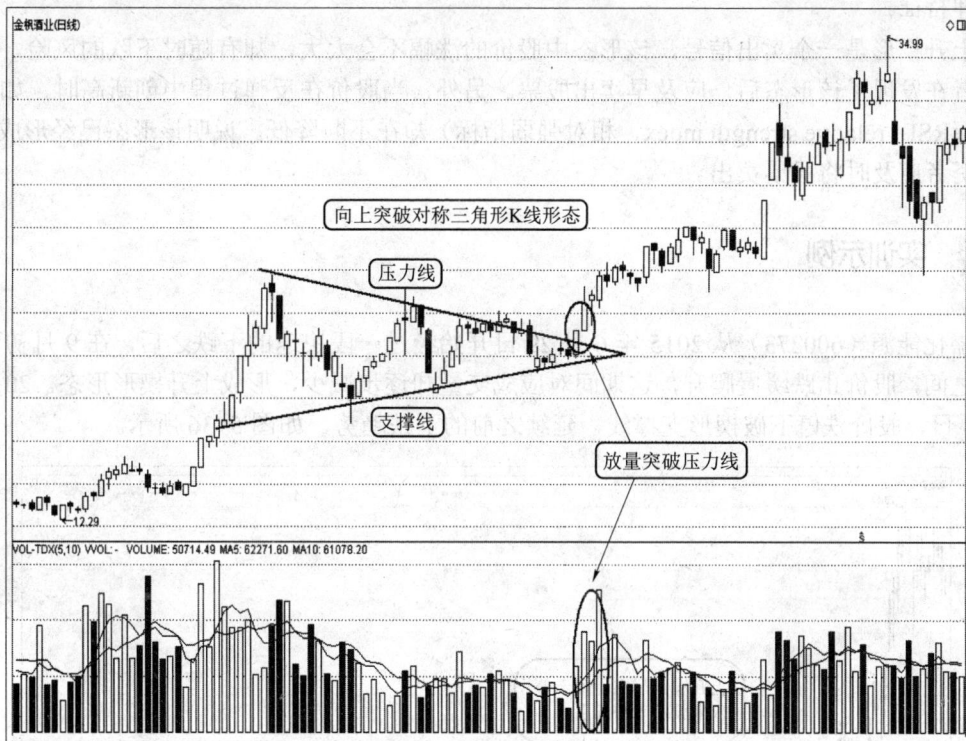

图 5–35　金枫酒业日 K 线

5.3.2　楔形

楔形的形态类似一个木楔，它主要包括向上倾斜的上升楔形和向下倾斜的下降楔形，前一个为卖出信号，后一个为买进信号。

1. 上升楔形

上升楔形是指支撑线和压力线都向上倾斜的形状，虽然该形态是向上的，但是它所预示的未来股价走势却是向下的。

上升楔形形态出现在下降趋势中。股价在经历了下跌之后开始反弹，反弹不久遭到压力，转而下跌，然后再次反弹，连续几次，每次反弹的低点和高点价格都逐渐提高，该形态的压力线和支撑线都是向上倾斜的。

上升楔形形态的压力线走势要比支撑线平缓许多，说明买方虽然能够支撑股价，但没有太多力量拉升股价，所以该形态只是一次无力的反弹，当股价跌破支撑线后，股价就会再次进入连续的下跌行情中。另外，上升楔形形成的过程中，成交量不断减少，呈现出价升量减的反弹特征。

上升楔形是一个卖出信号，该形态中股价的涨幅不会太大，却有随时下跌的风险，因此投资者在发现了该形态后，应及早卖出股票。另外，当股价在反弹过程中创新高时，如果技术指标RSI（relative strength index，相对强弱指标）却在不断降低，说明该形态已经形成，此时投资者应及时将股票卖出。

实训示例

嘉化能源（600273）从 2015 年 6 月 29 日开始经过一段快速的下跌之后，在 9 月初至 12 月底之间，股价止跌缓慢爬升，这期间对应成交量却逐步减少，形成上升楔形形态。2016 年 1 月 4 日，股价跌停下破楔形支撑线，延续之前的下跌趋势，如图 5-36 所示。

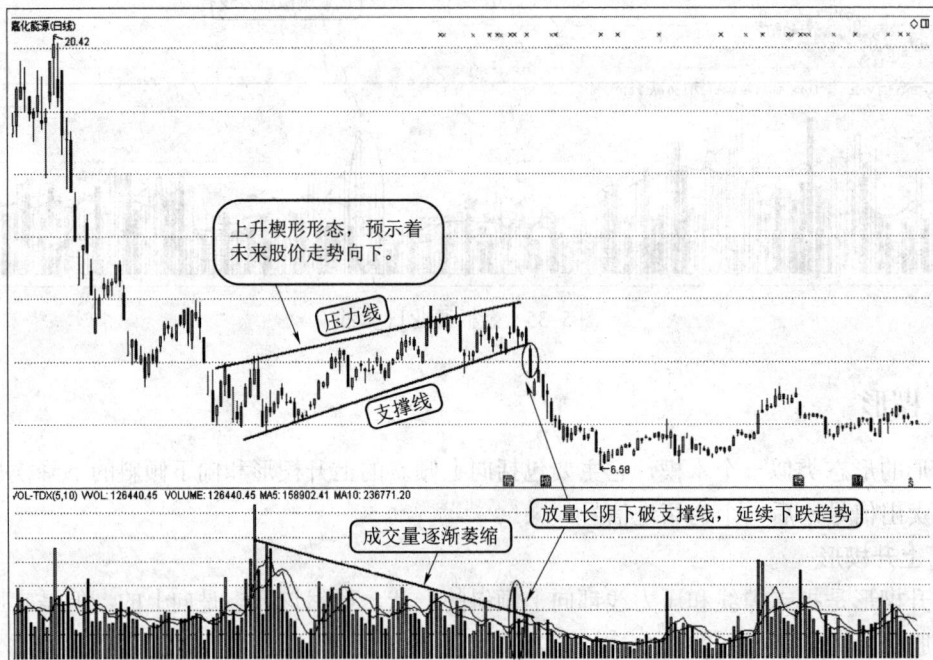

图 5-36　嘉化能源日 K 线

2. 下降楔形形态

下降楔形是指形态的压力线和支撑线都向下倾斜的情况，但是该形态形成后，后市的股价将会出现上升的情况。

下降楔形出现在上升趋势中。当股价经历了一轮上涨之后，开始回落，至最低点后，又出现反弹，在价格未达到前一高点的价位时，又再次出现回落。在至少经历了两次回落与反弹后，如果每次回落的低点与反弹的高点都低于前一低点和高点，且压力线倾斜的角度大于支撑线时，就形成了下降楔形形态，如图5-37所示。

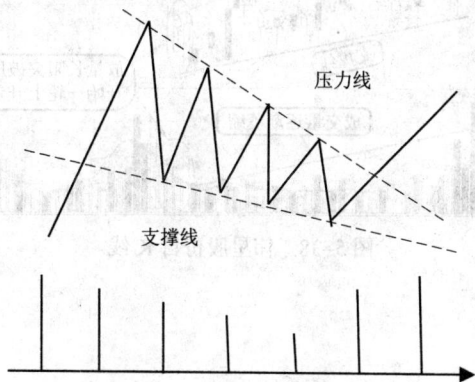

图5-37 下降楔形示意图

下降楔形形态中压力线出现回落表明股价经过一段时间上升后，出现获利回吐的现象，支撑线向下倾斜说明市场承接力不强，但由于每个回落点的价格下跌幅度很缓慢，说明买方力量正在恢复，所以下降楔形只是上升过程中的一个调整形态，该形态出现后，买方将继续占优势，如果有了成交量放大的配合，股价还是会继续上升。另外，在下降楔形形态形成的过程中，成交量会逐渐萎缩，当股价突破上方压力线后，成交量将放大配合。

在下降楔形形态中，当股价放量向上突破压力线时，是买入的好时机。但是如果股价向下跌破了支撑线，并且成交量有放大的迹象，则说明该形态已经失败，未来股价下降的可能性非常大，此时投资者应继续观察，不要贸然入市。

实训示例

伟星股份（002003）2014年5月初之前经过一段快速下跌后，在2014年5月8日至6月27日期间，跌幅趋缓，形成一个下降楔形的形态，并伴随着成交量的逐渐萎缩，在下降楔形的末期，股价放量突破压力线，开始一轮上升走势，如图5-38所示。

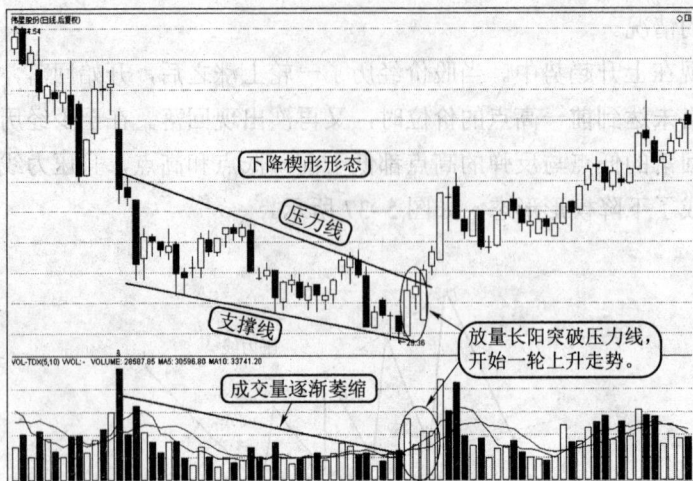

图 5-38　伟星股份日 K 线

5.3.3　旗形

旗形是指在股价的走势过程中，形成的类似飘扬的旗子一样的形态。旗形包括上升旗形和下降旗形两种形态。

1. 上升旗形

上升旗形出现在股价的上涨途中，上升旗形是上升途中的整理形态，整理完毕后，股价将继续上涨。

上升旗形形态在形成时，股价经过一段时间上涨后，遇到卖方抵抗进入下跌状态，之后经过几次波动，每次波动的最高点与最低点都越来越低，将最高点与最低点连接，就形成了两条呈向下倾斜并平行的直线，此时便形成了上升旗形形态，如图 5-39 所示。

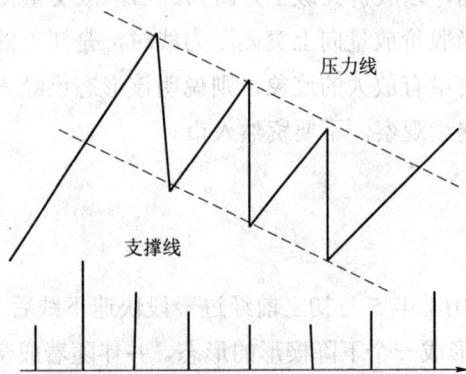

图 5-39　上升旗形示意图

　　从外表上看，上升旗形很像一个下降通道，但这只是主力的洗盘动作，经过这段时间内买卖双方的争斗，卖方力量会不断减弱，后期股价上涨时，就会遭遇很小的阻力，所以当买方开始拉升股价时，股价将会大幅上涨。这段时间内的累计换手率越高，后市看涨的信号就越强烈。另外，上升旗形在形成过程中成交量逐渐减少，当股价向上突破时，会伴随着成交量大幅放大。

　　上升旗形是上涨趋势会持续的信号，所以当看到该形态，持股的投资者不必急于卖出手中股票，可以持股观望。而对于还没有买入股票的投资者，可以在股价向上突破压力线时积极买入。如果股价放量向上突破压力线时，则在第二个交易日便可买入；但如果未得到成交量的配合，那么投资者可继续观察，如果 3 日后，股价未出现回抽，或是回抽跌幅未超过支撑线后又转而向上，则可以买入。

实训示例

　　2015 年 1 月 15 日，牧原股份（002714）股价经过一段时间的反弹上涨后，开始下跌调整，并且伴随着成交量的萎缩，这期间 K 线走势形成上升旗形形态，2 月 11 日，股价放量突破旗形压力线，延续上升趋势，如图 5-40 所示。

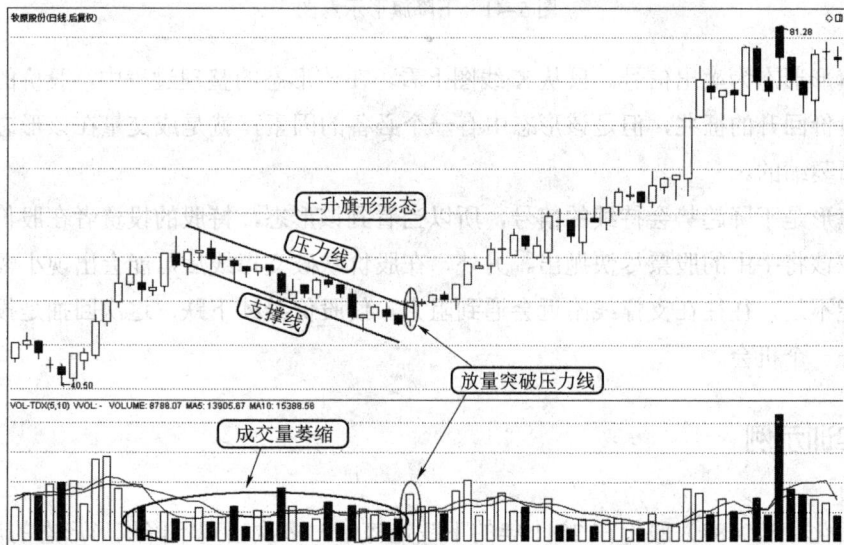

图 5-40　牧原股份日 K 线

2. 下降旗形

下降旗形出现在下跌途中，形状类似一面倒挂的旗子，该形态形成后，后市股价看跌的可能性较大。

在下降旗形的形成过程中，股价经过一段时间下降后，遇到买方支撑进入上升阶段，接下来又经历了几次波动，每次波动的最高点与最低点不断向上移，将最高点与最低点进行连接，就形成了两条呈向上倾斜的平行直线，此时便形成了下降旗形形态，如图 5-41 所示。

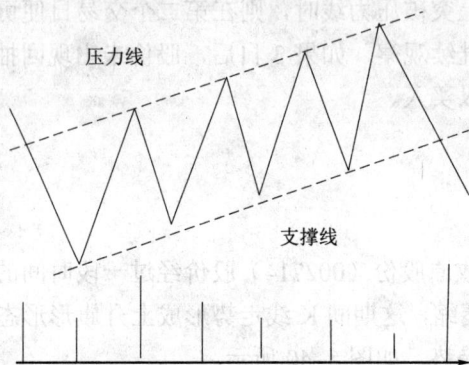

图 5-41 下降旗形示意图

下降旗形形态为卖出信号。只从 K 线图上看，在该形态的整理过程中，股价的高点不断升高，是股价回升的征兆，但是该形态中有一个必备的因素，就是成交量在该形态的形成过程中是不断萎缩的。

下降旗形是下降趋势会持续的信号，所以当看到该形态，持股的投资者在股价跌破支撑线后，就应该将手中的股票尽快抛出。另外，在股价跌破支撑线后可能会出现小幅的回抽，但回抽动能不足，往往在支撑线附近会遇到阻力，使股价继续下跌，这次回抽是投资者卖出股票的另外一个机会。

实训示例

上海石化（600688）股价在 2011 年的下跌走势中，多次出现下降旗形形态的反弹走势，但在股价每次跌破下降旗形的支撑线后继续原来的下跌趋势，如图 5-42 所示。

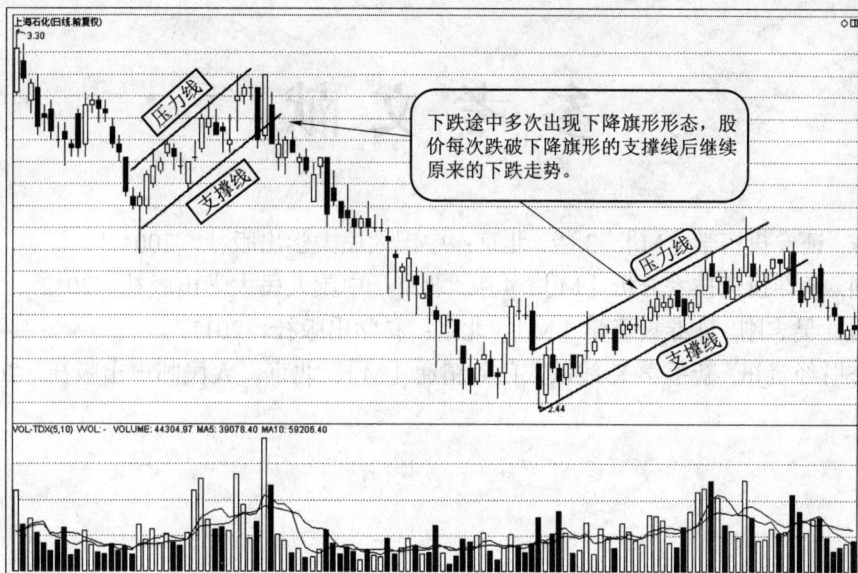

图 5-42 上海石化日 K 线

实训项目任务

任务一： 找出几种常见的顶部反转形态，如岛形顶、潜伏顶、M 顶、头肩顶等，分析它们的价格走势变化，并在 K 线图上标出股价买卖点。

任务二： 找出几种常见的底部反转形态，如塔形底、圆弧底、W 底、三重底等，分析它们的价格走势变化，并在 K 线图上标出股价买卖点。

任务三： 找出几种常见的 K 线整理形态，如三角形、楔形、旗形等，分析它们的价格走势变化，并在 K 线图上标出股价买卖点。

参 考 文 献

[1] 吴晓求. 证券投资学 [M]. 3 版. 北京：中国人民大学出版社，2004.

[2] 李向科. 证券投资技术分析 [M]. 4 版. 北京：中国人民大学出版社，2012.

[3] 李占雷，吴志刚. 证券投资学 [M]. 北京：科学出版社，2011.

[4] 恒盛杰财经资讯. 新手学 K 线从入门到精通 [M]. 北京：人民邮电出版社，2015.